八指將軍與辛亥革命

黃興評傳

左舜生 原著
蔡登山 主編

後任該會執行部主任。一九二〇年任中華書局編譯所新書部主任，先後編印《新文化叢書》、《教育叢書》、《嘗試叢書》、《音樂叢書》、《少年中國學會叢書》，名噪一時。一九二三年，與曾琦、李璜等發起組織中國青年黨。一九二四年任中國青年黨黨刊《醒獅週報》總經理，自校勘以至發行，皆一手包辦。一九二六年得中華書局之助，赴法留學一年後復歸中華書局。一九三一年「九一八事變」後，再創《民聲》週報，鼓吹抗戰。一九三二年「一二八」淞滬戰起，左舜生辭去書局職務，協助十九陸軍抗戰，並在復旦、大夏等大學授課。一九三四年七月赴廬山晉謁蔣委員長，開國、青兩黨聯合抗日之先聲。一九三五年應邀至中央政治學校任教，同年七月並當選青年黨中央執行委員會委員長，並發行《國論》月刊。一九三七年抗戰爆發後，國民黨成立了國民參政會作為戰時最高民意機構，並把各黨派領袖和各界社會名流悉數網羅進來。左舜生自始至終參與其事，開大會時擔任大會主席團主席，休會時任駐會委員。他也積極參與、推動了抗戰中期和後期的兩次聲勢浩大的民主憲政運動。

為了於國共兩黨外形成一種制衡力量，進而組建一具有較大規模的大黨，青年黨與國家社會黨、鄉村自治派、農工黨、職業教育社等於一九四一年三月成立中國民主政團同盟（簡稱「民盟」），黃炎培任主席，左舜生擔任祕書長直至青年黨退出「民盟」。這期間他長期主持「民盟」中央工作。「民盟」的重要文件大多出自左舜生之手。一九四五年七月，左舜生還以

「民盟」代理主席身分與黃炎培、傅斯年等五名參議員一同訪問延安。左舜生等人受到了熱烈歡迎並多次會談外，還與曾同為少年中國學會會員的毛澤東、張聞天進行了單獨會談，加深了他對中國共產黨的認識和瞭解。

一九四七年四月，青年黨與國民黨、民社黨共同簽訂《國民政府改組後施政方針》，組成所謂三黨聯合政府。左舜生出任國民政府政務委員兼農林部長，至一九四九年三月因行政院總辭職離任，時間將近兩年。同年四月自滬來臺，九月又赴香港定居。從此不再涉足青年黨的黨務，其政治生涯基本結束。在港期間先創辦《自由陣線》週刊，又與友人合辦《自由人》三日刊。一九五七年任教於新亞書院。翌年創辦《聯合評論》。一九六五年應邀在香港清華書院講授中國近代史。一九六九年返台，促成青年黨團結後返港，舊疾復發。九月十四日來臺入榮民總醫院就醫，十月十六日病逝，終年七十六歲。

左舜生治史受梁啟超和章太炎的影響較大。他稱讚梁啟超說：「梁任公為現代中國做啟蒙運動最努力的一人，他治學重點關於史學的一面，更為我所私淑。」章太炎與左舜生曾在一九三一年「九一八事變」後交往了兩年多的時間。章太炎建議左舜生看陳壽《三國志》中之裴松之注，說「此書簡練謹嚴，如能同時細看裴注，則可悟古人運用史料之法」。對此，左舜生說：「余於此書曾翻閱三四遍，得先生之力為多也。」

左舜生對中國近現代史料至為嫻熟，一方面他曾長期在中華書局做編輯，接觸了許多史料，另一方面他當年活躍在中國政壇，相識遍天下的豐富人生經歷，近六十年來中國歷史重大事件之發展變遷和歷史人物的為人、學問、掌故，他或參與其事，或熟知內情，對史料瞭解甚多。早在上個世紀二十年代初期就有許多研究成果問世，如《近代中英外交關係小史》、《近代中日外交關係小史》、《辛亥革命小史》、《中國近百年史資料初編》及《續編》等。陳啟天認為：「這幾種書的出版，確立了先生終身研究中國近代史的基礎，也引起了我國學人研究中國近代史的興趣。」

一九四九年左舜生遷居香港後，在香港新亞、清華、珠海、華僑等大專院校講授中國近代史和史學名著等課程。根據他多年從事近代史研究的心得，他精心編寫了《中國近代史四講》，他說：「這部書是我近九年來在香港兩處大專級學校講中國近代史的一種講義。」，「我這部簡陋的講義是一面編寫，一面發表，發給學生們作為他們聽講後整理筆記的參考用的；其目的在使他們知道清代之所以亡，與民國之所以興，而禍根所伏，已貽害及於今日。」他又說：「假定我們把這一百多年間的大事，依先後次序逐一的講下去，這會近於一篇流水帳，看來應有盡有，實際按之無物，可能引不起聽者的興趣，講者的責任感也未免過於輕鬆。」於是他說：「近年在香港乃只講『甲午戰爭』、『戊戌維新』、『庚子拳變』以及『辛亥革命』這四大段。我所持的理由如下：第一、中國真正的政治和文教改革運動，確實是甲午戰後才逐漸起來的。第二、儘管我的講稿主題僅從甲午開始，但要追溯這四件大事的根源，則自《江寧條約》訂立以來的若干事實，仍不能不有所涉及，這不僅我在口頭上的講述如此，即在這部講義文字的表現也是如此。第三、現在各大學的必修科，另有中國通史，通史的講法如何我不大清楚，但我相信自五口通商迄甲午戰敗的經過，也一定會要講到，因此，像我這樣一種的講法，對聽講的人也不見得會有什麼不能連貫之處。」

左舜生在講課時，除了精心地準備他的講義外，在課堂上也儘量做到生動有趣，引人入勝。他的學生陳鳳翔在〈我所見晚年的左舜生先生〉一文中，就說到：「先生上課之前，有充分準備，常帶參考書數種。講時徐速有節，井井有條，而不用看看書本，由於近代史一課，至為生動，每講一事、論一人，皆如親歷其境，如數家珍。講到激動處，語調突變，聲容俱動，白眉略蹙，手指作勢；說到國運蹇困處，萬方多難，則不禁卷長歎；說到平生際會之奇或興奮之處，則撫胸呵呵長笑，淋漓興會而不覺疲倦；學生聽講，亦如沐春風，心焉嚮往。」

《黃興評傳》是左舜生晚年的代表作之一，主要論述黃興（克強）在辛亥革命中的活動，充分肯定了其歷史地位。左舜生感慨於：「以我近三十年教書的經驗，各地大學生，在我沒有和他們講明以前，能舉出克強先生的姓氏，或略知道他生平梗概的，已絕無僅有；甚至在某些敘述中華民國開國史的書籍，能有三兩處提到克強先生的也不多。」但他認為黃興「對於創建民國的勳業，其地位僅次於中山先生；在民國初年，中外人士無論在口頭，在文字，一提到中國革命，大抵以孫、黃並稱；甚至連袁世凱在民元招待兩先生北上，也用了同樣隆重的典禮。」對於這位同是湖南前輩的表彰，左舜生有其敬意與感情在，但不因此而失其治史之嚴謹和理性。

對於黃興死後，一度因二次革命失敗及與孫中山之間鬧分歧等問題而遭致某些人的詬病，左舜生在書中都有其辯解，他認為二次革命的失敗不應由黃興一人負責，他說：「以宋案發生後，國民黨與袁世凱兩方的形勢論，國民黨發動對袁用兵，無論是由中山或克強出而指揮軍事，結果必至失敗。」其原因在於：當時一般國民求苟安之心甚切，國民黨雖擁有幾省地盤，但形勢散漫，其武力與財政都相當空虛。而「用兵以財政為第一，自辛亥首義以迄二次革命，國民黨的失敗，實以財政無辦法為一主要原因……可見，二次革命失敗，實敗於財政而非戰之罪。」加之此時的國民黨「原為一新造的政團，其所以能結成一個大黨，取得國會多數議席制袁，實以宋教仁之力為多，宋死以後，即失去主要的領導人物。」另外後人對於孫、黃的分歧，左舜生雖說不敢發表揣測之語，但卻借用章士釗和周震鱗的話來表達自己對黃興的支持，指出孫、黃之間的分歧，並不是對待革命的原則性分歧，而黃興就算去美國養病期間，也不忘宣傳孫中山的「三民主義」。因此儘管有人認為黃興是「革命黨裡妥協派的最大代表」，在左舜生看來，根本就是無稽之談。

另外左舜生在娓娓道來的舒緩風格中，往往會借重詩詞作品來增加其感染力。在《黃興評傳》黃興聽聞好友劉道一為革命犧牲的消息後悲痛欲絕的心情，左舜生引用黃興當時所做的一首緬懷詩來呈現；而黃興為鼓舞「東方暗殺團」完成刺殺李準的行動時，左舜生也以一首〈蝶戀花〉的詞來表達黃興的高昂情緒。其所以如此，左舜生說：「我寫這篇〈譚、黃、宋、蔡四先生評傳〉，剛好這四位先生都能做詩，我在全篇的結構上，擬就他們每人的作品各選錄一二首或三五首。我選錄的標準，不全在詩的好壞，乃是擇其足以代表作者個性，使讀者能想像其為人；同時又有以激發青年的志氣，庶幾使之感奮能步四先生之後，起而效忠於國族。」

《中國近代史話集》包括有初集和二集兩冊，左舜生說：「我這本《中國近代史話初集》，錄正文十五篇，附錄十五篇，合計三十篇，半數以上是十年前在幾種刊物上發表過的，而且曾以舊版新版的方式，編入《萬竹樓隨筆》，印過四次，共六千冊。後來因為發行隨筆的「自由出版社」停頓了，也就沒有再印。這次又加入最近寫的若干篇，在臺灣發行，並使我有一個淘汰、訂正、補充的機會，但究竟能有多少貢獻，卻很難說。惟有向我的同行們求教。」至於《中國近代史話二集》則主要收入《宋教仁評傳》和讀書雜記十七篇。在這些文章中，左

自序

在三年前，我便發願為譚嗣同（復生）、黃興（克強）、宋教仁（鈍初）、蔡鍔（松坡）四先生寫成一篇合傳。後來因為時間不能集中使用，而連續在一種雜誌上登載，因篇幅的關係，也不很方便；再加上每寫完一人，我照例要休息一會，或離開香港旅行去了，因而仍只好分別發表。現在勉強寫完的，還只有譚、黃、宋三篇，松坡一篇，則尚有所等待。

現在我回想，最初我要把四位先生的生平用合傳的方法來寫，不是沒有理由的：

一、他們四位都出生於湖南，他們在治事、治學和做人方面所表現的個性，不無相似之點，實際他們都是湖南近代學風一線相承的人物。

二、他們殉國的年齡，最高的不過四十出頭，低的則剛過三十，假定他們各能延長二十年以上的壽命，他們對國家的貢獻可能更多，所以最可痛惜。

三、他們同在短短的二十年左右，直接或間接，先後一一為袁世凱所摧毀，而影響了中國近八十年間的政治、軍事和學術思想的全面。

四、他們幾位都是文人的底子，又都富有文采，但實際復生與鈍初兩位干政治，政治便是他們的戰場；克強在革命過程中，松坡在護國一役，又都表現了最高的軍人本色，足資後起者的模範，是以難能可貴。

梁任公先生為現代中國做啟蒙運動最努力的一人，他治學重點關於史學的一面，更為我所私淑。他和復生與松坡的關係，在師友之間，且同患難，共生死，情感最為篤厚。現在我們從任公的遺著中，不難在他那種墨與淚俱的字裡行間，窺見譚、蔡兩先生的風貌，而悵想其生平。

石陶鈞（醉六）先生，是我的老友，老同志；民國十四、五年之交，他住在上海哈同路民厚里的一段時期，又是我的鄰居，因而我和他常有見面談天的機會。他在光緒二十二、三年即為湖南有名的青年秀才，與克強、松坡同出學使江建霞（標）之門，頗為當時長沙維新與守舊兩派人士所爭取，新派以梁啟超為代表，舊派以葉德輝為代表。稍後留學日本士官畢業，參加革命，列名「同盟會」祕密組織「丈夫團」。辛亥湖南獨立，任都督府軍政部部長。曾加入青年黨，關係不深。晚年專攻哲學，略通德文，一度遊德。他和克強、松坡的友誼甚篤，共事甚久：當中華民國臨時政府北遷，克強任南京留守，醉六是他的重要幕僚，克強赴美，醉六和他同行；護國之役，松坡率少數滇軍，與袁世凱所遣壓倒優勢的雄兵悍將，在川南瀘敘一帶作戰，歷時凡四閱月，艱苦備嘗，卒染不治的喉症，其時醉六即在松坡的身邊，參與最高謀議，而且後來他們兩家還結成了兒女姻親；我從醉六所得有關黃、蔡兩先生的口碑，有非其他史料所詳者。「不知其人視其友」，即看醉六那種熱情內蘊，而表面則其「淡如水」的神態，也可以使我想像黃、蔡兩先生的風範。

克強先生對於創建民國的勳業，其地位僅次於中山先生；在民國初年，中外人士無論在口頭，在文字，一提到中國革命，大抵以孫、黃並稱；甚至連袁世凱在民元招待兩先生北上，也用了同樣隆重的典禮。可是，以我近三十年教書的經驗，各地大學生，在我沒有和他們講明以前，能舉出克強先生的姓氏，或略略知道他生平梗概的，已絕無僅有；甚至在某些敘述中華民國開國史的書籍，能有三兩處提到克強先生的也不多。抗戰初期，政府發號施令的重心，已轉移武漢，我抽暇回過長沙一次，除訪問我童年時舊居追思我的父母以外，曾約同兩位少年同學，渡湘江到嶽麓山，展謁過黃、蔡兩先生的墓地。其時去兩先生的逝世，剛過二十年，墳墓周圍的情況已零落不堪，幾已淪於荒煙蔓草，好像從來沒有人過問，更不必說為他們建立銅像這類的事了。我認為這不是小事而是大事，共匪毛澤東，膽敢把中華民國一筆勾銷，現代的中國人不重視歷史，而敘述民國以來歷史的人，更失去公平，即為最主要原因之一！

請本書的讀者不要誤會：以我對譚、黃、宋、蔡四先生了解的淺薄，乃冒昧為他們寫傳，以為只是動於一種鄉情，實際我對近代湖南的人才，另有看法，例如十年前我寫的一部《中國近代史四講》，便有如下面的一段：

「湖南，確實是一個比較奇怪的地方，可是我就站湖南人的立場，像楊度所作〈湖南少年歌〉，所謂『若道中華國果亡，除是湖南人盡死』這類過度誇大的話，也到底不敢苟同。因為過分強調地方觀念，就整個中華民族看，並不是一件好事。不過以最近一百一十年的歷史來說，如胡、曾、左、羅、江、彭、楊為維護中華文化而撲滅『太平天國』，魏源、郭嵩燾、曾紀澤之倡率效法西洋，譚嗣同等之於戊戌維新，唐才常、林圭、李炳寰、沈藎、蔡忠浩、何來保、舒閏祥等之於庚子自立軍，黃興、宋教仁、陳天華、楊篤生、禹之謨、劉道一、譚人鳳、焦達峯等之於辛亥革命……，湖南人有一種敢作敢為的幹勁、確實是表現得相當強烈的；但所謂『敢作敢為』是一事，作得究竟對不對卻是另一事。例如庚子一役，唐、林等發動軍事以自救，誠然做得很對，但阿附端（端王載漪）剛（毅）縱容『義和拳』的，也以湖南人為最多；中華民國之出現，黃、宋等誠然功在國家，但把中華民國一筆勾銷的，卻正是今天的毛、劉兩匪首；民五洪憲一幕，首先發動實力倒袁的是湖南人蔡鍔，可是當時帝制派的首領，卻又正是湖南人楊度，而李燮和、胡瑛也同列於所謂『洪憲六君子』之流。我們必須了解湖南人這種好走極端的性格，才能明白光緒二十三、四年之間，梁啟超在長沙所以受到當地守舊人物王先謙、葉德輝等痛擊的這一事實。」

我對克強先生的家世和若干小節，本來知道的不多，錯誤在所難免。例如：長沙有一張城門叫「小西門」，我出進這張門至少也有一百次，可是動手寫的時候，乃筆誤為「小吳門」；克強先生有一個兒子名「一美」，我明明有極正確的資料在手邊，臨時不曾覆看，沒有向他的大兒子「一歐」方面想，卻對這個「美」字望文生義，把他歸入克強的女兒一類。當這篇東西在臺北出版的《傳記文學》發表的時候，承臺灣細心的讀者指出，使我能加以改正，實在是衷心感謝。

再關於克強先生辛亥在武漢作戰一幕，我自來印象模糊，現在有李書城的這一篇，他是當時克強的參謀長，作戰計畫也是他定的，當然算得是第一手資料，所以我把它錄在本書的後面。其他如劉揆一、章士釗、周震鱗、黃一歐的幾篇，前三人都是克強多年的老友，一歐更是他的兒子，我參照其他資料，更求證於湖南父老的口碑，關於克強的一生，也以他們所述最為正確。除劉的一篇早經發表以外，其餘的都成於大陸淪陷以後，看見的人不太多，所以我一併保存下來。其意在使有人願為克強先生另寫一篇詳傳的時候，便於參考，決非多費紙張，濫充篇幅，謹說明其原委於此。

民國五十七年一月於九龍惠和園　左舜生

目次

寫在傳前的一段話

光緒二十九年（一九〇三），章炳麟（太炎，一八六八－一九三六，浙江餘杭）以「蘇報案」在上海入獄，三十二年五月期滿被釋，即由「同盟會」派人迎往東京。「同盟會」機關報——《民報》自第六期開始，即改由章任編輯兼發行人。太炎在《民報》第八期發表一篇重要文字，曰〈革命之道德〉，列舉革命黨人必須具備的道德凡四點：一曰知恥，二曰重厚，三曰耿介，四曰必信。我默察六十年來的革命人物，能做到一兩點已屬難能；對這四點能一一躬行實踐且至死不懈的，就我所知，殆無出克強先生之右者。

當「同盟會」成立不久，胡漢民曾問過中山：「從前追隨先生革命的陸皓東、鄭弼臣（士良）、楊衢雲幾位先烈，比之黃克強如何？」

中山回答：「……陸皓東、鄭弼臣各有所長，十分可佩；但他們的魄力，似還不及克強。……」（見胡漢民講〈總理首次起義的精神及其教訓〉，載《革命理論與革命工作》第三冊。）

胡漢民本人，也有幾句讚美克強的話：「……余與先生共處數年，共從事於欽廉、鎮南關、河口、新軍、廣州諸役。先生雄健不可一世，而處世接物，則虛衷縝密，轉為流輩所弗逮。先生使人，事無大小，輒曰『慢慢細細』，余耳熟是語，以為即先生生平治己之格言。……」（見羅家倫編《黃克強先生書翰墨蹟》下半部「釋文及考訂」的第六面，胡漢民跋克強先生辛亥前一年庚戌四月寫給中山的一封信。）「慢慢細細」是我們長沙最流行的口語，意即說一個人在處理一件事的時候，總要從容不迫，不可手忙腳亂，以免陷於錯誤。胡先生提到克強先生最愛說的這句話，在我一個長沙人聽來，真是如見其人，如聞其聲。

《史記》〈李將軍列傳〉論李廣說：「傳曰：『其身正，不令而行；其身不正，雖令不從。』其李將軍之謂也？余睹李將軍悛悛（《漢書》作恂恂）如鄙人，口不能道辭。及死之日，天下知與不知，皆為盡哀。彼其忠實心誠，信於士大夫也？語曰：『桃李不言，下自成蹊。』此言雖小，可以喻大也。」

其於〈游俠列傳〉論郭解曰：「吾視郭解，狀貌不及中人，言語不足採者。然天下無賢與不肖，知與不知，皆慕其聲，言俠者皆引以為名。……」

司馬遷於李廣、郭解，均曾親見其人；其慕侯嬴，則過大梁，訪問夷門；惜韓信不得其死，則親到淮陰，視其母冢；為寫〈孔子世家〉，他便去瞻仰仲尼廟堂，車服禮器，還親見諸生以時習禮其家。我們兩千年前這位偉大的史家，他為歷史上一個重要人物寫傳記，即沒有機會親接其人，他總想就他所描寫的對象，求得一精神上的感通；因而在他這部大著《史記》裡的七十篇列傳，往往有神來之筆，能令我們兩千年後的讀者，如耳聞目睹其人的聲音笑貌，其意可師也。

譚嗣同的死事之年，我剛剛五歲，我不能看見他自屬當然。宋教仁死於民二，蔡鍔死於民五，其時我已過了二十歲，依然沒有機會見到他們，乃甚為可惜。唯獨克強先生，我在民國元年十月底，他回到長沙的時候，在一個偶然的場合，乃得一望顏色。

其時，我剛好讀完八年的小學，進了半年的「長沙縣立師範」（徐特立任校長），已轉入一間幾個日本留學生和上海南洋公學學生所創辦的「外國語專門學校」，功課以英文和幾小時的幾何代數為主，我的年齡已十九歲了。

克強先生這次回到家鄉，隔「華興會」光緒三十年（一九〇四）在長沙發動革命失敗，逃出湖南，已經整整八年，其時他的年齡是三十九歲。他辭去南京留守，且繼中山之後，到北京和袁世凱見過面，然後才由上海經過湖北，坐楚同兵艦回湘。十月二十五（陰曆九月十六），他在兵艦上過了他的生日，回憶革命所經過的一切艱難困苦，慨然的寫了一首七律：

卅九年知四十非，大風歌罷不如歸。
驚人事業隨流水，愛我園林想落暉。
入夜魚龍都寂寂，故山猿鶴正依依。
蒼茫獨立無端感，時有清風振我衣。

（此據黃一歐〈回憶先君克強先生〉一文轉錄，與他書所載微有出入，但我在當時長沙報紙所看見的卻完全如此。）

時長沙籌備歡迎克強先生甚為熱烈，將一條最繁盛的市街名坡子街者改為「黃興街」，由坡子街通到江邊的城門小西門改為「黃興門」，因而引起葉德輝（一八六四－一九二七）的激烈反對。葉當時在長沙的報上發表了一篇文字，說長沙的街道有名叫「鷄公坡」、「鴨婆橋」的，從沒有以人名名街者，這樣一改，反而不是崇拜「偉人」之道。葉德輝誠然是一個著名的頑固分子，但民國以來，把許多街道名稱，公園名稱，乃至歷史悠久的縣名等等，胡鬧的亂改一陣，實在也是小眉小眼，不足為訓。試想，一個人果然功在國家民族，或對人類作出了偉大貢獻，自有史家為他們詳細記載，難道還要靠幾條街名，幾處縣名，才能夠永垂不朽嗎？時間最是無情，曾幾何時，過去若干改了的地名依然回了原樣，所謂「立煌縣」、「經扶縣」

乃至南昌的「滌平路」等等，而今安在呢？再說到德輝這個保守派，誠然有時候保守得有點過火，但他能始終一貫，倔強到底，究不失為豪傑之士。民國十四五年，共產黨在湖南大搞農民協會，氣燄不可一世，他還是寫過一首對聯大罵他們「畜生」、「雜種」，十六年卒為共產黨所鎗斃，就他的立場說，不也就是「求仁得仁」嗎？即以葉的著作而論，如《書林清話》（十卷）、《書林餘話》（二卷）、《郋園讀書志》（十六卷）、《觀古堂藏書目》（四卷）、《藏書十約》（一卷）等等，到今天也還為許多讀書人、藏書家、板本源流的研究者所重視，也不見得是共產黨所能毀滅得了的。再說，中國有不少的古地名或街名，真不宜輕改，舉南京一地為例，如「烏衣巷」、「白鷺洲」、「桃葉渡」、「燕子磯」、「臺城」、「後湖」，乃至「天保城」、「龍潭」等等，一提到這些名稱，便立即可引起我們許多文學與歷史的回憶，豈能隨意改變？以克強先生的歷史地位，真可以萬古千秋，可是拿他的大名去名一條街，一張城門，便無法傳諸久遠，一切無知妄作的人們，真可以休矣！

當克強先生十月三十一日初回長沙的時候，我事前不知，沒有去參加歡迎行列，可是隔著他回湘後不久的一天，我偶然到坡子街去買東西，看見街上萬頭攢動，比較平日特別擁擠，我問一位店員甚麼原因，該店員告我：「今天下午黃興從湘潭回來，這些人都是要去看他的。」我為好奇心，或者說為一種崇拜英雄的心理所支配，也就隨著人潮，一直擠到小西門外江邊的輪船碼頭，而且站在一條預備著接他下船的跳板旁邊想把他看個清楚。真巧，大致不到五分鐘，聽到河下巡船的禮炮一響，他坐的小火輪便緩緩地靠攏了碼頭，當他走下跳板的一會兒，他給我的印象是這樣的：體貌魁梧，不算太高；面黃，略現蒼老和風塵之色；兩撇小鬍子，眼睛不大；步履安詳穩重；對歡迎的人說話，聲音低沉，態度和藹；著黑色西裝，像一個讀書人，更活像一個恂恂的教書匠，假如我不知道他的一些革命故事，我真不能想像他便是曾經轉戰欽廉，歷時四十天以上，大小數十戰，屢次能以少勝多；又曾雙手持著短槍，領導少數同志，在血肉橫飛的炸彈聲中，去攻打過廣州的總督衙門；那樣一位喑噁叱咤的風雲人物！像這樣一個體魄堅強的人，卒以憂勞過度，只活到四十三歲（一九一六），便嘔血而死，我至今想來，也還感到痛惜。

回想近數十年間的一些著名人物，我不曾見過領導維新運動的康，也不曾見過領導革命運動的孫，但孫先生在上海環龍路四十四號那所辦公開會的地方，我卻去過多回；前年在舊金山參觀《少年中國晨報》，看見他奔走革命時代曾在上面寫過文件的一張書桌；也曾使我低回留之不忍捨去。不過民國十三年十一月他扶病北上，我在上海報上看見他那幀長袍馬褂、滿臉病容的照片，旁邊站著一位美艷如花的夫人，我卻為他感到慄慄危懼！其時共產黨員惲代英、鄧中夏對我談起，說毛澤東告訴他們，孫先生得了不治的癌症，生命難有一年以上的延續，可能繼起的人物不多，要他們倆勸告「少年中國學會」會員，多多加入國民黨，以為奪取國民黨黨權的準備。當時我雖婉辭謝絕，可是共產黨的陰森可怕，從這一次開始，已構成了我一個永遠不能消釋的黑影。

梁啟超，任公先生，我在民國九年春天，曾偕同亡友王光祈先生在上海中國公學和他見過一面，同時聽了他一次長達兩小時的講演，內容是他的「歐遊心影」之類。當時坐在講壇旁邊為他記錄講辭的乃是張東蓀先生。後來我在中華書局任編輯，讀過任公許多手寫的清稿，但這些稿子印過便沒有保存。有一天，我正在中華編譯所上班，忽然接到任公從天津寄給我的一封掛號信，很驚詫，打開一看，原來是他有一篇文章，內容涉及恭維胡適之的幾句話，托我照他所重寫的代為改正。他的態度是那樣親切，字寫得那樣規矩，那樣好，他的自用信紙也是那樣講究，尤其覺得他讚美一個同時的人，立言又是那樣鄭重，真給我上了有力的一課。我代他改了以後，他這封原信，便隨手向某本書裡一夾，後來再找不著，至今還覺可惜。

也同是民九的春天，上海「亞東圖書館」的主人汪孟鄒在小花園的「都益處」（一家四川館子）請客，被請的是《新青年》、《學藝》、《少年中國》、《建設》幾種刊物的代表人物，一共三桌。屬於「少年中國」一方面的客人，有王光祈、魏嗣鑾、宗白華和我四個。這一天，我認識了許多知道而不曾見過的人，同在我們這一桌的，我對朱執信的印象最好（他說話不多），對戴季陶的印象最壞；第一次見了陳獨秀，便覺得他是一個感覺銳敏的人。本來，國民黨的前輩和後輩，我認識不少，一部分我還和他們建立了長期的友誼，見面無話不談，惟有與戴季陶和吳稚暉碰頭，我總特別感到我是「異黨分子」，一句話也不願說。記得抗日期間，我從重慶到敘府去遊峨嵋，與吳同坐一船，兩人在一桌面對面吃了兩三天的飯（這是盧作孚的特別優待），但我不曾招呼過他。這大概也是我這個湖南人一種特有的乖張脾氣。反之，蔡孑民先生晚年住在上海的愚園路，他住在西頭，我住在東頭，常看見他攜著他的周夫人在路邊的行人道上緩緩地散步。有一次，我還隨著他們走進愚園路口的商務印書分館，看他選購了幾本有關哲學的書；他不認識我，我卻認識他，我覺得他是一位很有意思的人物，因而在我的筆記裡，還留下了他一篇約七千字的小傳。

章太炎先生，晚年在移居蘇州以前，住上海同孚路同福里，我在「九一八」以後，曾繼續兩年，每星期必有聽他一度長談的機會，在同時的老輩中，以他給我的指導最多，其時他晚年那種爐火純青的姿態，至今也還為我所懷念。上舉章、蔡、吳三位，在清季光緒二十八到三十年之間，正是他們在上海鼓吹革命的時代，同時也就是克強先生在湖南發動「華興會」準備在長沙實行革命不成而出亡的時代。三十年，蔡元培在上海發起「光復會」，太炎還從獄中寫信去鼓勵他。到第二年的秋天（一九〇五），一個革命運動的大組合——「中國革命同盟會」，也就在日本的東京成立了。

此外，還有一位與克強先生有甚深關係的教育家，即創辦長沙明德學堂的胡元倓先生（子靖），他對克強先生革命事業的贊助，我在下面要提到，此處不多說。我和胡先生第一次見面，是和他在上海江蘇省教育會同聽曾任法國內閣總理的數學家班樂衛演說的一回，忘記是在那一年了。後來我和他有過多度的接觸，乃是在抗日期間同在「國民參政會」時候的事。在「參政會」中，我有幾位最樂於接近的先生，除胡先生外，還有張仲仁（一麐）、馬君武、羅文榦、梁漱溟等等。民國二十八年的春夏之交，日軍大舉轟炸重慶，我和胡先生都避居在重慶鄉下的冷水場（隔重慶四十里），他和我的居處，相隔不到一里，因此我每次進城，從他的門前經過，一定進去坐坐，他談話照例三句不離本行，一定要提到他畢生經營的明德，也向我詳談過克強先生光緒三十年（一九〇四）逃出湖南的一幕。他送過我兩本他的詩集，內容的十之七八，也與明德有關。他在日本留學時（與克強先生在東京宏文學院同學），即慕日本教育家福澤諭吉之為人。我默數中國近六七十年來的教育人物，除掉嚴範孫先生（修）在天津的績業我不詳細知道外，我必推胡先生第一。上面所談到胡、張、馬、羅、梁五位，其他四位都已成古人，惟漱溟還困居大陸。漱溟始終相信共產黨有與國民黨妥協的可能，我卻剛剛和他相反。記得在重慶張申府的家裡，因為討論到這一問題，我們之間，還小小動過一番唇舌。漱溟和毛澤東同年生，我也和他們兩個同年生；今天老毛有權罵漱溟，我卻有權罵老毛，大家罵來罵去，也許將來的好事者，還有機會為我們來一次最後的批評，我們便只好同在地下去接受缺席裁判了！

民國十四年（一九二五）一月二十一日，是列寧逝世的一週年紀念。共產黨假座上海的「少年宣講團」開會，要追思他們這位革命大師一番，也就是為他們自己宣傳一番，因而請胡漢民出席演說。這一天的一絕早，惲代英跑來找我，問我願不願去聽胡展堂演說？我說：我不曾見過胡，去聽聽也無所謂。那是一個細雨霏霏的午前九時，相當冷。當我到達會場的時候，便看見我所認識的共產黨人如惲代英、侯紹裘、劉仁靜、張聞天、沈澤民……等等，都分布在會場的四角。這是共產黨開會的一種方法，他們的意思大致是想包圍或轉移胡漢民，目的在使會場的群眾鼓掌不鼓掌，靜待他們的領導。胡穿一件緞面的狐皮袍子，在臺上走來走去，說了四五十分鐘的話，對列寧頗多讚美，因而全場的掌聲如雷，胡的演說也算圓滿結束。我笑在心裡，很擔心展堂上當，這也猶之乎後來我在四川隨時擔心張表方（瀾）上當是一樣。結果胡不曾上當，表方卻卒被他們包圍了去，這也可看出一個人有堅定宗旨的好處。胡演說的態度與汪精衛完全不同；（我第一次聽汪演說，在民國五年或六年的三月二十九黃花崗紀念，會場在上海跑馬廳對面的「寰球中國學生會」，其時朱少屏任該會會長。）胡的廣東話比梁任公高明，略帶煽動性，不像太炎的純粹學者式，而條理卻也整然；汪則慷慨激昂，聲容並茂，確能打動聽者的心弦。民國這幾十年，我所最欣賞的演說家，只有兩個：其一為老一輩的馬良（相伯），其一則為精衛。馬是演說家的陰柔派，他的演辭極有組織，一字一句，無不字正腔圓，且時帶幽默，自然送到聽者的耳裡，且能在事後引起您的回味。汪則屬於陽剛派，其煽動性之大，真可發動群眾去効死無悔。國民黨有這樣一位了不起的宣傳家，乃不能好好運用，卒使得他不能自制而誤入歧途，真乃可惜。汪在中山先生的領導之下，曾有過一段光榮的革命史，也猶之乎法國的貝當，曾在第一次大戰中有過堅守凡爾登的勞績一樣；不曾聽見法國人在第二次大戰後，對這位組織投降政府的貝當，有人去掘他的墳墓，精衛乃連墳墓也不能保！法國人本來也是一個感情容易衝動的民族，對此事乃能不失理智；中國人號稱崇尚中庸之道，卻不能克制如此，豈不奇怪！蔡松坡先生說得最好：「凡事一趨極端，必失平衡，國事因而杌隉，此後當引為大戒。」蔡在當時說這幾句話，是有為而發，其實在今天又何嘗不可適用？我堅信：復國運動的成功，必自有責任的各方面全般恢復理智開始，此外萬語千言，都是廢話；信不信由您，但我卻只有這樣一個看法。

上面一大段，好像與克強先生這篇評傳不甚相干，實際所提到的許多人，大部分與克強先生有直接間接的關係，且各有其重要性，足以表現當時的時代背景。「不知其人視其友」，

「烘雲」即所以「托月」，我的目的只在引起閱者讀我這篇文字的興趣。好，下面便待我敘述本傳的正文吧。

從黃興的家庭談到「華興會」的發起

黃先生原名軫，字慶午，有時也寫成厪午，堇塢，堇午，近午。光緒三十年在長沙發動第一次革命失敗出亡，被官方指名通緝，乃改名興，字克強。

他以清同治十三年甲戌（一八七四）九月十六日（陽曆十月二十五日）出生於湖南省善化縣（後合併於長沙）的榔梨市（離省城約三十里）祖宅。（他小於中山八歲，譚嗣同九歲；宋教仁與蔡鍔同年，均小於克強先生八歲。）父筱村，秀才；母氏羅。家有薄產，為先生的革命所毀，後來他的老家是很窮的。

他的原配夫人名廖淡如，生三子二女，子名一歐、一中、一寰；女名振華、德華。

續配名徐宗漢，是他從事革命時期同生死共患難的戰友。徐籍廣東香山，原名佩萱，初嫁海豐人李晉一，生子女各一，子名應強，女名若鴻。李死，徐與廣州市女醫師張竹君友善，張喜談新學，講革命，徐受其影響，卒入「同盟會」，參加革命。嫁克強後，又生二子，名一美、一球。與前夫李所生子女，由徐攜來同居，克強亦視同己出。克強家書中另有一女名文子者，據莫紀彭說，係日婦所生。英雄無奈是多情，可見克強先生的家庭生活，相當複雜。徐與克強結合的經過，另詳下文敘述黃花崗一段，不贅。

克強先生在童穉之年，即頗聰穎，據說他的塾師為人書寫對聯，錯把聯語的上句「向陽門第春先到」，寫成了「向陽門第春光早」，急切求一對語不可得，滿頭大汗；其時他正站在旁邊看，乃對他的老師說：何不對以「積善家庭喜事多」？於是這位塾師乃如釋重負，其他的旁觀者也莫不稱善。

又，他少年時即從人習拳術，能力敵數人，頗為鄉里宵小所忌憚。

他二十歲（一八九三）考取了秀才，能文能詩，尤擅書法。二十五歲（一八九八），便由嶽麓書院保送到武昌兩湖書院就讀；同他一陣被保送的，還有周震鱗（道腴）、陳嘉會（鳳光，黃組織南京留守府的祕書長）、王達（長沙有名的地理教員）。二十八歲（一九〇一），乃離開兩湖書院，以官費赴日本留學，入東京宏文學院，研究教育。三十歲（一九〇三）這一年的五月，從日本回國，決志從事革命運動。一到上海，便被他的宏文同學胡子靖約到長沙明德學堂去教書。同年十一月，他乃與劉揆一（霖生）、陳天華（星台）、宋教仁（鈍初）、（篤生）等，在長沙組織「華興會」。

請讀者注意我在上段用公曆標明的幾個年代：

一八九三年，即光緒十九年（亦即毛澤東呱呱墮地之年；同時作者也深自警惕，知道克強先生僅僅大我十九歲），第二年便爆發了中日的甲午戰爭；二十一年，更訂立了喪權辱國的《馬關條約》。這是中國近代一切改革運動的總動力。

一八九八年，即光緒二十四年，也就是戊戌運動達到高潮和失敗的一年。戊戌的前兩年，梁啟超在上海發行了《時務報》，提倡改革甚力，其影響及於全國。光緒二十二、二十三迄二十四年的春天，陳寶箴、陳三立、熊希齡、江標、黃遵憲、譚嗣同、唐才常、皮錫瑞等，在湖南推行新政異常積極，保守派王先謙、葉德輝等，乃極盡誣衊破壞之能事。（請參看我寫的《譚嗣同評傳》，見臺北文星書店出版的《中國近代史話初集》。）光緒二十五年，北京的反動派陰謀廢立不逐，因而引出二十六年的庚子拳變。這一年有中山領導的惠州革命，一個二十二歲的史堅如炸了廣州的總督衙門，也就是繼陸皓東之後，又一個英俊、勇敢的青年第二次犧牲了他如花的生命。同年，唐才常在長江發動了「自立軍」起義；這一役儘管克強先生沒有直接參加，可是唐才常、林圭、李炳寰等十九人在武昌被張之洞所屠殺，乃使得克強先生在兩湖書院的宿舍裡仰天痛哭，洒了他英雄的熱淚！

一九〇一年，即光緒二十七年，更有《辛丑條約》的簽訂，賠款多到四萬萬五千萬兩，打破了已往任何一次的紀錄，滿清非亡不可，經過這一幕，也完全確定。而這一年也就是克強先生第一次的去國之年。

一九〇三年，即光緒二十九年，帝俄藉口拳變，盤據我東北已近三年，經過多方交涉，依然抗不撤兵；可是「英日同盟」已於先一年成立，日俄戰爭必然爆發，已如箭在弦上。從一九〇四年二月開始，一直打到第二年六月，陸軍完全在我國境內作戰。而滿清政府卻只能袖手旁觀，宣告中立！這樣一種的阿Q精神，豈能還算得一個獨立國家！這一年也就是克強先生在日本發動組織「拒俄義勇隊」之年。

從上述這幾年驚天動地的這些事實，不難想見克強先生所受到的刺激為何如。加上他那種生龍活虎的性格，他豈能考上一名秀才，或進一步考得一名舉人、進士便甘心與草木同腐朽，而置國家民族的前途於不顧？

當他二十歲考取秀才以前，他便做過一首〈詠鷹〉的五律：

獨立雄無敵，長空萬里風，
可憐此豪傑，豈肯困樊籠？
一去渡滄海，高翔摩碧穹。
秋深霜氣肅，木落萬山空。

詩雖不好，但一種少年意氣，卻已躍然紙上。

他所住過三年的兩湖書院，因為在張之洞（湖廣總督）與梁鼎芬（書院院長）的領導之下，卻與其他純舊式的書院不同：課程除經史文學以外，還有天文、地理、數學、測量、化學、博物、兵法、體操等等。教地理的為宜都楊守敬（惺吾，晚號鄰蘇老人，一八四〇－一九一四）、新化鄒代鈞（甄伯，一八五四－一九〇八），在當時是這門學問的權威，因而克強對地理甚感興趣，對博物、體操尤其注意（他在明德便教博物與圖畫）。可是兩湖書院的情況雖然不壞，但他依然不能滿足。其時他寫過兩則筆銘和墨銘：

朝作書，暮作書，雕蟲篆刻胡為乎？投筆方為大丈夫！（筆銘）

墨磨日短，人磨日老，寸陰是競，尺璧勿寶！（墨銘）

這也可看出他一種不安現狀的神態。

他在書院以勤學與操行為院長梁鼎芬所欽重，這便是他得以官費留學日本的由來。由鄂而滬，由滬渡日，眼界乃為之一新。庚子以後，即光緒二十七、八、九年之交，上海與東京，實為中國革命的兩大策源地；而克強先生愛才如命，又隨處物色，多方結納，以他那種篤實與誠懇的風度，更無人不願樂與為友，因而他所領導的「華興會」一經發起，即得有同志五百人左右。

「同盟會」成立前「華興會」的活動

克強先生離開兩湖書院赴日本留學，在光緒二十七年（一九〇一）冬，其歸國在二十九年五月，計其留日期間，約為一年半左右。他所進的東京宏文學院，為日人嘉納治五郎所創建，為中國學生設有各種的速成師範科，胡漢民、楊度、與胡元倓，都在這裡和克強先後同學。

克強留學日本儘管為期甚短，但說這一年半左右的時間即為「華興會」的醞釀時期，也近事實。

先是中山先生於光緒二十二年（一八九六）九月經過倫敦被難一幕，仍留居英倫八月有餘，於歐洲一般情況，頗事研究，據中山自述，他於民權以外，更採取民生主義，即在此時決定（見《民報》創刊號中山的發刊詞）。二十三年七月，中山由英經加拿大到達日本，接受了犬養毅所派代表宮崎寅藏、平山周的歡迎；因犬養的關係，他認識了日本的朝野人物不少。這與二十一年九月他在廣州革命失敗後，路經日本前往檀島的情形完全兩樣；也就是因為經過倫敦一幕，他的中國革命領袖地位已大體確定，一部分感覺銳敏的日本人士，乃對他不能不另眼相看了。

二十四年戊戌八月，中國維新運動失敗，梁啟超和康有為也先後亡命東渡，犬養又命宮崎、平山試作孫、康兩派合作的拉攏，卒以康不贊成，僅孫、梁間有過一時期的往返。從此兩派的分別活動，留日學生對改革中國的興趣，乃逐漸提高。

二十六年庚子，中國北方發生拳變。康、孫兩派認為有隙可乘，康派的唐才常，發動了武裝的「自立軍」；孫派則在惠州起義；但結果均告失敗。

二十七年，清廷與十一國訂立辛丑條約，保守派慘敗，即榮祿等也不能不藉改革為遮羞，於是興學校、派留學、變科舉、建新軍等重大措施陸續發生；而克強先生以在兩湖成績優異，即由張之洞派赴日本，名義為考察學校，研究中外大勢。

其時中國人出國讀書，以到日本用費最省，交通最便，語言文字的補習不太難，日本也好像只有歡迎，並無限制，因此，自光緒二十七年迄三十一年「同盟會」成立的五年間，中國留日學生乃逐漸增至八千人，實為促成中國革新的主力，亦即革命、立憲兩派共同爭取的主要對象。

克強到日本以後，以專攻自己的學業為主，亦時時鍛鍊其體魄與技能，求成為一革命的實行者。他在宏文學院研習師範科目以外，「別延日軍官講授軍略，一暇即參觀士官聯隊各地兵操。每日晨起，必赴神樂坂武術會，演習槍彈騎射。會中條例，凡槍能連中靶上紅心六次者，即得銀質獎牌，克強射無不中，纍纍滿書案抽屜者，皆獎牌也。」（見劉揆一《黃興傳記》。）

克強與楊篤生、樊錐等創辦《湖南游學譯編》，在稍後又辦有「湖南編譯社」；《譯編》即由「編譯社」發行。克強並譯有日教育家山田邦彥氏《學校行政法論》，連載於《譯編》第二至第四期。又贊助劉成禺、李書城、程明超等創辦《湖北學生界》，以闡揚民族民權的意義，兩湖革命思想的宣傳，實以此兩雜誌為先導。（見同上）

庚子拳變，俄人藉口保僑，出兵十五萬佔我東三省，中俄邊境的中國人民，被俄人殘殺者不少。辛丑條約簽訂，京津八國聯軍退出，俄兵留東三省者，不惟大部不肯撤退，反向我提出要求多款，經年餘交涉無效，實欲囊括我東北而有之，於是引起日俄關係的緊張，我留日學生不勝憤慨，因於二十九年春有「拒俄義勇隊」的組織。克強與藍天蔚、蔡鍔、劉揆一、陳天華、鈕永建、劉成禺、楊篤生、湯爾和（原名槱）、李書城、張繼、馮自由、程家檉、馬君武、經亨頤、周宏業、時功玖、秦毓鎏等，均為隊中有力分子。藍天蔚任隊長，並公推鈕永建、湯爾和回國，說袁世凱出兵抗俄，學生願為前鋒。但結果義勇隊因清廷向日交涉被解散，並禁止學生習兵操；鈕、湯到達天津，清廷且目為亂黨，幾遭逮捕；於是學生以清廷媚外虐民，青年報國無路，因而憤激異常，更有「軍國民教育會」的組織，革命空氣愈趨濃厚，而克強先生且被推為回國實行革命的第一人。

湖南有哥老會龍頭馬福益者，與劉揆一關係甚深，克強在動身回國以前，揆一曾向克強建議：在湖南發動革命，必須與此輩會黨中人密切聯繫，始能造成聲勢，求取速效。克強深以為然，即以聯絡會黨責任交付揆一，並約揆一於半年內在長沙見面。

光緒二十九年癸卯夏，克強歸抵上海，適他的宏文同學長沙明德學堂監督胡子靖在滬杭一帶物色教員，與克強遇，即約他到明德任教職，克強許諾。〔按：明德學堂成立於是年的春天，初招中學兩班，於農曆三月初一開學，實為湖南正式有私立學校之始。由在籍刑部侍郎龍湛霖（芝生）任學堂總理，胡任監督，並由湛霖之子龍璋（硯仙）及其弟紱瑞（萸溪）各捐一千元作開辦費。開學後不久，譚延闓（組安）來校參觀，捐了一千元，另年助英文教員薪金一千。譚的父親，即曾任兩廣總督的譚鍾麟，不願捐錢興學，延闓捐助明德，係變賣他夫人的首飾。捐款既源源而來，胡子靖的膽子也大了，因加招中學一班，又成立了一個師範班。第一期的師範班，計有學生一百一十八人，分作兩班上課；克強歸後，師範班即由他主持。第二年春天，胡子靖又向上海道湘潭袁樹勳屈膝募得一萬元，於是他在上海購置理化儀器、博物標本，聘日本人掘井覺太郎為理化教員，永江正直為博物教員。除一個與明德成為姊妹學堂的經正中學已經開辦以外，且加辦了小學。其時克強的大兒子一歐十二歲，便進了明德小學的乙班。現在一歐還留在大陸，但已經是七十以上的老人了。這一段明德學堂初期的小史，即見於黃一歐的一篇回憶錄——〈黃興與明德學堂〉，以明德為湖南革命運動的重要據點之一，除克強外，如張繼（溥泉）、周震鱗（道腴）、蘇玄瑛（曼殊）、吳祿貞（綬卿）、秦毓鎏（效魯）、陸鴻逵等，都在明德當過教員，李燮和為明德學生，胡瑛為經正學生，因此我在這裡附帶提及。」

是年五月，克強路過武昌，即在兩湖書院演說革命必要的理由，並與頑固派大開辯論，湖廣總督張之洞聞而震怒，命首府兼院長梁鼎芬拿辦，梁已懸牌驅逐克強出境，但克強仍留了八天，並將鄒容所著《革命軍》，陳天華所著《猛回頭》四千餘冊分贈武昌軍學各界，然後搭江輪迴湘。此即後來湖北革命團體陸續興起，及辛亥革命所以爆發於武昌，最初所佈下的火種。時宋教仁肄業武昌文普通學堂，聽克強演說，深受感動，黃、宋訂交自此始。

「華興會」最初發起，據章士釗（行嚴）所記，在光緒二十九年的七八月，地點在長沙的彭淵恂（希民）宅，參加討論者共十二人，除克強、行嚴，及劉揆一、彭淵恂、胡瑛、柳大任叔姪等十人屬湘籍外，還有侯官的翁鞏，無錫的秦毓鎏。（見章士釗〈與黃克強相交始末〉一文，與上舉黃一歐〈黃興與明德學堂〉一文，同見大陸出版的《辛亥革命回憶錄》第二冊。）

據劉揆一所記，則「華興會」正式成立，乃在是年的十一月，參加者為吳祿貞、陳天華、楊篤生、龍璋、張繼、宋教仁、劉揆一、劉道一、秦毓鎏、周震鱗、葉瀾、徐佛蘇、翁鞏、章士釗、胡瑛、柳大任、張通典、譚人鳳、王延祉、彭淵恂、蕭翼鯤、柳繼貞、彭邦棟、陳方度、何陶、蕭堃、朱子陶、任震、陳其殷、吳超澂等多人。（按此兩說並不衝突，蓋章所記者或為最初討論的情形，劉所記者，當為正式成立的實況。）機關部設在長沙的連陞街，並公舉克強為會長。克強首先提議云：

「本會皆實行革命之同志，自當討論發難之地點與方法，以何者為宜。一種為傾覆北京首都，建瓴以臨海內，有如法國大革命，發難於巴黎，英國大革命，發難於倫敦。然英法為市民革命，而非國民革命，市民生殖於本市，身受專制痛苦，奮臂可以集事，故能扼其吭而拊其背。若吾輩革命，既不能藉北京偷安無識之市民，得以撲虜廷；又非可與異族之禁衛軍同謀合作；則是吾人發難，只宜採取雄據一省，與各省紛起之法。今就湘省而論，軍學界革命思想，日見發達，市民亦潛濡默化；且同抱排滿宗旨之洪會黨人，久已蔓延固結，惟相顧而莫敢先發，正如炸藥既實，待吾輩引火線而後燃。使能聯絡一體，審勢度時，或由會黨發難，或由軍界發難，互為聲援，不難取湘省為根據地。然使湘省首義，他省無起而應之者，則是以一隅敵天下，仍難直搗幽燕，驅除韃虜。故望諸同志，對於本省各界與有機緣者，分途運動，俟有成效，再議發難與應援之策。」（見劉著《黃興傳記》。按：宋教仁、譚人鳳、陳其美等，於辛亥閏六月在上海組「中國同盟會中部總會」，初擬三策：上策首都革命，中策在長江各省大舉，下策取邊隅為根據，徐圖進取。後來決定在武昌發難，即採用中策。與克強此時所談，大同小異，詳見下文。）

克強以「華興會」會員全屬知識分子，如與會黨中人兼收並蓄，難免隔膜，因與劉揆一別組「同仇會」，為接受會黨分子的機構。

揆一引導克強與哥老會龍頭馬福益見面，在光緒三十年的春初（事前經過萬武與劉道一（揆一之弟）持克強親筆緘與馬面洽）。他們為避免官方的注意，穿短衣，著釘鞋，頭頂斗笠，冒風雪步行三十里，與福益會見於湘潭茶園舖一鑛山的巖洞中。洞外柴火熊熊，由會黨的弟兄們環山放哨，以資警戒。他們賓主三人，乃在洞中席地而坐，各傾肝膽，暢所欲言，同以驅除韃虜，光復舊物為目的。決定於本年十月初十，皇太后七十生辰，長沙的文武百官，在萬壽宮舉行慶典時，預置炸彈於禮堂，將全城文武一舉炸斃，即乘機起義。省城以武備各校學生聯絡新舊軍為主，會黨分子副之省城以外，共分瀏陽、醴陵、衡州、常德、岳州、寶慶五路，由會黨組合當地軍隊，立起響應。並決定推克強為主帥，揆一與馬福益分任正副總指揮。這一晚，黃、劉、馬三人痛快淋漓，一直談到天亮。談次，福益命其黨徒，殺了幾隻鷄，就巖阿掘一土坑，埋鷄其中，和以香料與醬油，以柴火煨之至熟，然後取食。並出美酒一罎，開懷暢飲，鷄香酒香四溢，洞中春意盎然；握手告別時，已晨鷄大鳴，初日東上，雪光與日光相輝映，動人心目。克強歸途有詩：「結義憑杯酒，驅胡等割鷄」，即其詩中警句，至今讀之，猶虎虎有生氣也。（按：慈禧死於光緒三十四年十月二十二日，得年七十有四。三十年十月初十，是她的七十生辰，劉揆一所撰《黃興傳記》，李雲漢所編《黃克強先生年譜稿》，黃一歐所述〈黃興與明德學堂〉，均誤為六十，應予訂正。）

克強與馬福益約定以後，他自己便在省城積極籌備，仍在明德任教以資掩護。以購置軍械，調動人員，在在需款，首先把自己在長沙東鄉涼塘的祖遺田產年收穀三百石者賣去（據黃一歐所記），在長沙經營圖書儀器印刷業務的張斗樞捐出一萬餘元，龍璋、劉揆一、彭淵恂、柳聘農、陸鴻逵等也各有貢獻，合計共得二萬三千餘元，購得長槍五百桿、手槍二百支，即以龍璋所創辦的小輪二艘運送各處備用。

先是去年五月，克強路過武昌，曾在當地宣傳革命，並在軍學界散布宣傳品甚多。本年（光緒三十年）五月，武昌即有革命團體「科學補習所」的成立；呂大森為所長，胡瑛任總幹事，曹亞伯任宣傳，時功璧任財政，宋教仁任文書，康建唐任庶務。六月，克強到鄂，該所開會歡迎，克強即告以長沙將於本年十月初十發難，希望湖北首先響應。時曹亞伯已在長沙「求中」、「寧鄉」、「長沙」三中學任教職，即被推為湘鄂聯絡員，凡餉械俱在共同籌畫之列；並於本所印就軍用票三十萬張，備起義時兩省之用。暑假中，曹亞伯回所開會，討論進行方略，決定：派呂槐庭、康建唐赴施南，何季達赴荊、宜，聯絡會黨；宋教仁赴長沙，與克強接洽；武高等學堂，由劉熙卿負責推動；文普通學堂，由歐陽瑞驊負責；馬隊，由劉靜菴負責；工程營，由張難先負責；其餘各校各營，也均有負責幹事。其分配之械彈，則由胡瑛、王漢赴湖口起運來鄂，此當時湖北方面的布置情形。假定長沙一擊而中，湖北確有立即響應的可能（參看張難先《湖北革命知之錄》，頁五十五）。此外，克強命劉揆一應醴陵淥江學堂之聘，任監督，祕密調度會黨，聯絡軍隊，以是熟悉軍務的會黨分子韓飛、劉月昇等，均得滲入湘鄂軍隊中，伺機響應。再派陳天華、姚宏業（劍生）赴江西，游說清軍防營統領廖名縉；周維楨、張榮楣入川接洽會黨；萬聲揚、楊篤生、章士釗則在上海負聯絡滬寧及東京方面之責。這些都可看出他們在湖北以外，也有若干的布置。

八月，瀏陽的普集市，盛開牛馬交易大會，各鄉村持牛馬豬狗等家畜赴會比賽者，凡數萬人。以來者多屬哥老會中人物，因而哥老會也定這一天為拜盟宣誓的節日。克強為進一步聯絡會黨，並表現革命實力，乃派劉揆一、陳天華、徐佛蘇、陳福田等到會，舉行授與馬福益少將的儀式，並發給長槍二十枝，手槍四十枝，馬四十匹。儀式莊嚴，群情感奮，因而會黨分子相繼加入「同仇會」者，不下十萬人。時江西有革命團體名「自強會」者，也派代表與克強有所接洽，因而革命勢力，益形擴大。

他們向學界、軍界、會黨各方面大事活動，分子漸趨複雜，人員調動頻繁，省垣的官方原已相當警覺，守舊紳士也伺機待發，幸賴胡子靖、龍芝生、譚組安、及學務處總辦張鶴齡（筱浦），兵備處總辦俞明頤（壽丞）等多方維護，總算還沒有完全揭穿。可是克強乃不能不將明德的職務辭去，另在小吳門正街設一「東文講習所」，作為祕密活動的總機關。但準備十月初十在萬壽宮施放的炸彈，還是在明德學堂的理化實驗室，由日本教員掘井覺太郎指導製造成功的。

時任湖南巡撫者為陸元鼎，他儘管對這班掩護克強的開明官紳表面敷衍，但對會黨，則仍命巡防營統領趙春廷多方緝捕。趙命營兵伴與馬福益的部下何少卿、郭鶴卿交歡，凡數月來黃克強、劉揆一與馬福益等所籌備的起事計畫，乃完全敗露。趙將何、郭捕到省城，並將黃供出，陸元鼎即下逮捕克強的公文於游擊熊得壽，熊告求忠中學校長汪德植，汪轉告克強，克強先避明德學堂，及克強居宅被軍警包圍，黃一歐即赴明德通知乃父，於是克強從明德一小門溜出，走避龍湛霖的西園住宅。克強有收藏「華興會」會員名冊及手槍的箱子一口，存求忠中學，則由龍紱瑞前往取出銷毀，另克強的私章一顆則龍留作紀念。克強住龍宅三天，又由曹亞伯、張繼設計走匿吉祥巷聖公會，由牧師黃吉亭予以掩護；黃告克強親友，任何人不得向他問及克強行蹤，他始能對克強的安全負責。克強住聖公會後進一小樓上近一月，其時省城空氣緊張，軍警密布，會黨分子有繼續被捕者。克強以久匿非計，且苦悶不堪，於是胡子靖、黃牧師等，乃共謀克強出險之策。會武昌聖公會胡蘭亭牧師到長沙，也慨然願予協助，胡且親自操刀，將克強的鬍鬚剃去。九月十八日（十月二十六日），黃牧師、黃友袁禮彬及克強，化裝成海關人員模樣，克強乘坐二人肩輿，轎簾垂下，張繼、曹亞伯，則各挾手槍緊隨其後，於夜間城門將關未關之際，得安全混出城外。黃牧師並於城外海關人員某君家設宴，為克強餞別；宴後即將克強送上日輪沅江丸，黃牧師同行，於次日早四時，直開漢口；攜帶旅費三百元，則胡子靖向張鶴齡所借得。船過靖港，克強忽見同志藍天蔚下船，藍蓋奉張之洞命因事到萍鄉者，克強驚喜不置，即以近事告之，天蔚自告奮勇，力保克強平安通過漢口。因此克強一到漢口，即改乘招商局江亭輪直赴上海，並包定官艙兩間，以示坦率。時克強鬍鬚已去，形貌大變，無人認識，旅途異常平安。船停九江，值螃蟹正肥，購得數斤，令茶房蒸之，大食大飲，其氣概固已傍若無人矣。抵滬後，即到新閘新馬路餘慶里八號機關與諸同志會合，共謀再舉。

克強離開長沙不久，劉揆一、徐佛蘇、張繼等也先後逃到上海。胡瑛在十月初十以前曾從武昌到過長沙，且攜帶在「科學補習所」印就的三十萬張軍用票，預備供起義時之用，事敗當

日，忽發生皖人萬福華刺殺王之春一案，牽累多人，「華興會」以此遭遇挫折。王之春者，曾任安徽巡撫，聲名不佳；調任廣西巡撫後，適廣西邊境會黨滋眾肆擾，王無力平亂，欲借法兵鎮壓，且照會法人於桂亂平後，即以廣西全省路鑛讓法，以作報酬。消息傳到東京，留學生大譁，恨王刺骨，曾分電北京及粵督德壽，川督岑春煊，要求拒法懲王。此二十九年三月之事。是時，王已罷官，遁跡上海，復倡親俄之論。萬福華者，性豪爽，久蓄殺王之志，以友人之介，得識克強，實行之志更決。探知王與吳保初（彥復，吳長慶之子，吳弱男之父，即後來章士釗的岳丈）友善，常與酒食徵逐。福華因謀之劉光漢（申叔），倣保初字跡，柬邀之春飲四馬路金谷香西菜館，福華借得張繼手槍，乃伺於菜館門口樓梯處，準備狙擊。王應約來，見樓上坐客多少年，無一識者，心知有異，匆匆下樓，福華即取懷中槍刺之，急切間槍未能發，已為王之僕人所扼，旋巡捕大集，福華被捕，並在捕房自承謀殺不諱。王向捕房交涉，要求窮治黨羽。次日，章士釗到捕房慰問福華，亦被拘禁，問章住址，章以餘慶里八號對，捕房即往搜捕，於是蘇鵬、薛大可、章陶嚴（士釗弟）、周素鏗、徐佛蘇等被捕，適克強與郭人漳、張繼、趙世暄同車到餘慶里，也被押送捕房。

此被捕諸人中，以克強為最重要，蓋湘撫已懸賞五千元緝拿；江督端方，也密令滬道袁樹勳（海觀）知照租界通緝；更要緊者，原藏於「啟明譯書社」楊篤生床下的黨人名冊，及製造炸彈法的譯本，此時也被捕房搜去。幸名冊為捕房一華籍書記官詭稱日用小菜帳簿毀去，克強也化名李壽芝，故未被識破。郭人漳者，湘潭人，郭松林子，與克強有舊，時官江西巡防統領，由贛撫夏時電袁樹勳向會審公廨交涉，袁與郭亦為姻婭，因親訪英總領事面洽，證明郭確係來滬訪友，與萬案無關，乃被保釋。克強、張繼、趙世暄與郭同行，也被釋放。當克強初入獄時，蔡鍔尚在上海，曾冒嚴寒到泰興向龍璋告急（時龍官泰興縣長），龍立措千金，購日用品付獄，獄中諸人以此得不虞匱乏。

克強知經此一幕，「華興會」一時已無在上海活動可能。出獄後，即偕劉揆一走避日本，並向旅日華僑募得四千餘金，派彭淵恂攜回上海，會同林萬里、萬聲揚等營救未釋諸人，龍璋也參加奔走，經過會審五、六次，歷時兩月有餘，諸人始被開釋。

光緒三十年及三十一年冬春之交，「華興會」分子陸續東渡，實為與「興中會」合流成立「同盟會」的先聲。但是時孫中山尚滯留歐洲，「光復會」到三十年始告成立，時機固尚未成熟也。

孫黃携手與「同盟會」成立經過

克強先生因萬福華案牽累在上海入獄，出獄後東渡，在光緒三十年的冬天。次年（一九〇五）二月，馬福益以長沙起義失敗，由於會黨中人之不慎，深感愧恨，因欲集合會黨各派精銳於洪江，決圖再起，並派同志謝壽祺到上海與克強聯絡，請接濟餉械，派人指揮。時克強與劉揆一既赴日本，因而謝僅與揆一之弟劉道一見面。克強得道一的報告，乃與揆一熟商，覺得洪江地勢可戰可守，且商業繁盛，又出產桐油，地方相當富裕，事屬可為，因於是月偕揆一返上海，並會合謝壽祺一同回湘；且在漢陽鸚鵡洲取得原藏該地之少數槍枝與子彈，密藏船底，已經過常德運到沅陵，不幸竟為沅陵的釐卡搜獲。釐卡弁兵以為克強等文人可欺，乃直前欲將克強加以逮捕，沒有料到這位文人乃是國術好手，一舉手即將該弁倒提拋入水中，揆一與壽祺與他弁格鬥，亦將其一擊倒艙內，其他兩弁乃逃往附近防營告急，因而克強、揆一、壽祺乃得携槍登岸走避。路遇楊任（字晉康，湖南辰溪人，辛亥湖南起義後，奉焦達峯命任湖南西路招討使，是年九月初十，焦達峯、陳作新被殺，九月十三，楊亦為西路巡防營統領陳斌生所殺。

蓋焦、陳於起義時殺黃忠浩，斌生與黃為把兄弟，殺楊實為黃報仇也。）知馬福益已於三月初八在湘鄉境內為清兵所捕，克強知起義計畫又告失敗，乃與揆一由湘轉漢，再渡日本。馬在被捕以後，即被洞穿肩骨，用鐵鍊鎖解長沙，經過嚴刑訊問，馬亦直供不諱，聲言革異族命，為漢族復仇。時任湘撫者為滿人端方（端任湘撫時期為光緒三十年十一月至次年六月），乃將馬及其同志游得勝、蕭子金梟首於長沙瀏陽門外，血流逾丈，為狀至慘。克強題馬福益遺像云：「湖南黨魁馬福益氏，甲辰歲謀起革命，乙巳三月十六日，被滿賊端方慘戮於長沙，聞就縛時曾手刃六人焉。克強氏識。」光緒三十二年丙午萍鄉、醴陵、瀏陽一役，與馬被殺一案直接有關，事詳下文，不贅。辛亥革命前後，會黨分子，海外華工，各省新軍中之士兵，犧牲者多至不可勝數；這可看出辛亥革命乃是全國一致的全民革命，而不是屬於任何一階級的革命，共產黨乃目辛亥一役為資產階級的革命；只有他們才是無產階級的革命，吠聲吠影，信口胡說，應予嚴斥。

光緒二十九年八月，中山離日本赴檀香山，留檀約半年，始於次年二月到美。留美約一年，向美國各地僑胞宣傳革命，力闢保皇，並散布鄒容所著《革命軍》萬餘冊，華僑中之革命空氣始漸趨濃厚。其時劉成禺以中山之介，主舊金山《大同日報》筆政。劉籍湖北，而是時之留學生，以湖北為最多，劉與若輩以同鄉或舊識關係，知道其中有志革命者頗不乏人，因提議渠等有與中山見面之必要，於是若干留歐學生，乃函托成禺，請中山赴歐。中山原也有赴歐一行之意，惟以缺乏川資，未能就道，劉以實情轉告留歐各同鄉，於是由比、法、德三方面，共湊集八千餘佛郎電匯中山，始得成行。據中山自述，三十一年春夏之交，經他在歐活動的結果，比、德、法三方加盟革命者，計有六十人左右，可是並無如何具體組織，除少數外，意志也不見得如何堅定，不過填具一紙願書，交由中山保管，以表示贊成中山的革命主張而已。其時吳敬恆（稚暉）雖已在倫敦與中山見面，可是英方加盟者僅孫鴻哲一人，吳則意存觀望，尚未加入；而德、法加盟者王發科、王相楚、湯薌銘、向國華，且有在巴黎中山所住旅館，將其皮包割開，盜取願書交由各人加以銷毀一幕。這可看出中山此行，除多認識若干青年以外，成績實屬平平。

可是，在光緒二十九迄三十一這兩年的時間，在上海，在湖南、湖北各地，革命活動卻已有長足的進展。二十九年的十一月，黃克強、劉揆一等，已在長沙有「華興會」的發起，第二年即有實際行動的表現，雖不幸挫敗，但參加此一役的會黨首領馬福益，於三十一年春被殺，影響於後來者甚大。三十年的秋天，「光復會」在上海成立，蔡元培任會長，章太炎、徐錫麟、陶成章、秋瑾等，均為重要會員。自有「華興會」、「光復會」這兩個革命團體成立，乃與十年前中山在檀香山發起的「興中會」鼎足而三。至於留東學生，則自中山二十三年長期旅居日本以後，傾向革命者已經不少；三十年至三十一年日俄戰爭在我東北爆發，清廷只能宣告中立，其無能已充分暴露，而對留日學生復橫加壓迫，因而人心更為激昂。上海「中國教育會」、「愛國學社」、《蘇報》等活動鼓吹，革命空氣也日趨熱烈；加以太炎、鄒容因《蘇報》案入獄，更引起中外注目。凡此種種，均為促成革命團體大團結的主因，但仍以孫、黃攜手為「中國同盟會」成立的關鍵。

三十一年六月十七日（七月十九日），中山由歐洲到達日本橫濱，旋即前往東京。時「華興會」分子已在日本大事活動，創刊一《二十世紀之支那》月報，由宋教仁、陳天華等撰文，提倡種族革命甚力。克強先生則與章行嚴同寓東京牛込區。克強與中山第一次見面，乃為楊度所介紹。十二年前，我有一段筆記，現存新版《萬竹樓隨筆》中，文云：

「鄉人楊皙子先生（度），為湘潭王壬老高第弟子。以擁項城稱帝，乃大不見諒於國人。顧其人辯才無礙，文采斐然，要為一代才士。光緒三十一年，中山先生至日本，時皙子亦正留學東京，以與某博士辯論一教育問題，文譽大噪。中山愛才如命，雅欲羅致之以張其軍。皙子以不願革命辭，中山問其理由，則答以『中國革命成功，滿蒙必不能保。』中山強之再四，皙子乃介黃克強先生與中山晤談，孫黃之攜手，實以皙子為之媒介也。此事余親聞之皙子，時在座同聞此一段故實者，為章太炎先生、趙夷午先生、皙子先生之哲嗣公恕及余也。」（見新版

《萬竹樓隨筆》頁一三一—一三二）

當晢子說這一段話的時候，口若懸河，滔滔不絕，關於革命與滿蒙關係一點，所舉理由甚多，我當時固未敢深信，僅存其說以待證。去年春，讀章行嚴最近所撰〈與黃克強相交始末〉一萬言長文，其重要性實為研究黃克強在革命史上之地位者所不可不讀，其中涉及中山與黃第一次見面的經過，與我所聞於晢子者，乃若合符節。與其他記載（包括羅志希所編《國父年譜》）謂孫黃携手由於宮崎寅藏、平山周之撮合者，顯有不同。茲節錄章文於下，以確定此一段公案。章文云：

「……吾抵東京，寓牛込區若宮町二十七番地。未久，克強移來同居。適中山孫先生由橫濱携小行囊，獨來東京，旨在合留學生，議起大事。而留學生時以楊度為有名，彼寓富士見町，門庭廣大，足以容客。於是中山與楊，聚議三日夜不歇，滿漢中外，靡不備論；革保利病，暢言無隱。卒乃楊曰：『度服先生高論；然投身憲政久，難驟改，櫜鞬隨公，竊愧未能。度有同里友曰黃興，當今奇男子也，輔公無疑，請得介見。』中山喜。翌日，吾若宮町宅，有先生足迹見臨。克強與吾，皆初見先生。吾昨歲草『孫逸仙』冊子，以前知尤相契合。（按：行嚴著此書所用筆名為黃中黃，書名則為《大革命家孫逸仙》，現臺北文星書店有影印本，列入《中國現代史料叢書》。）樓下席廣窗明，主客失次，三人或蹲或臥，按地圖，議天下大勢，殊未易一二數；俄而集留學生為大會盟之議起。先生辯才無礙，指揮若定，吾徒傾心折服，難以形容。克強情異虬髯，幟鄙自樹，太原真氣，戶牖冥濛。時則汪兆銘、胡衍鴻（即胡漢民）之流，頭頂辮髻，手摩講章，出入梅謙次郎之門，洋洋與同舍爭一日之短長，顧仍木然無動於衷也。」

行嚴這段文字有兩點要義我必須指出：一、中山為勸楊皙子參加革命，可以談三日夜不休；一聞皙子介紹克強，即不惜親往造訪；更能脫略形骸，彼此掬肺肝以相示，其一種廓達的領袖風度，豈常人所能望其項背？二、所謂「情異虬髯」「太原真氣」云云，故事內容詳見唐人所著《虬髯客傳》。這表示克強自始即無與中山爭領袖之意且願與中山傾心合作，亦無自樹一幟之企圖。最後涉及汪、胡的幾句話，這是行嚴自己表示他與中山結納，實較汪胡、為早，但以未加入「同盟會」之故，他民元歸國，執筆《民立報》，即不免遭受黨人之排斥。事隔五十餘年，一觸即發，仍不免多少有些牢騷！八年前，行嚴來遊香港，我和他長談過兩度，他述大陸近況，曾無一語恭維毛澤東，這種地方，可看出他究竟曾接近過中山、克強這類的碩人長德，多少還存有幾分湖南人的骨氣也。

中山與克強晤談以後，知團結革命各派已無多大問題，即著手進行「同盟會」的組織。關於此事經過，以宋教仁《我之歷史》一書所述最為可靠（此書係日記體，臺北文星書店有影印本），我下文所記各點，即以此書為根據。

六月二十六日（七月二十八日），中山約晤宋教仁、陳天華於「二十世紀之支那社」，與中山偕往者，為日人宮崎寅藏。中山問「華興會」在東京有同志多少，情況如何？天華即告以去年在長沙失敗的經過，及目前辦事宗旨。於是中山乃縱談現今大勢及革命看法，認聯絡人才，最為重要。他說：「中國現在不必憂慮各國瓜分，但怕自己發生內訌。如果這一省要起事，那一省也要起事，彼此不相聯絡，各自號召，終必成秦末二十餘國之爭，元末朱（元璋）、陳（友諒）、張（士誠）、明（玉珍）之亂。此時各國乘而干涉，則中國必亡無疑矣。故現今之主義，總以互相聯絡為要！……若現在有數十百人者，出而聯絡之，主張之，一切破壞前之建設，破壞後之建設，種種方面，件件事情，均有人分任，一旦發難，立文明之政府，天下事即可從此定矣！」這一席話宋等對中山的印象良佳。分手時，中山並約教仁、天華於二十八日在赤坂區集會再談。

次日（七月二十九日）「華興會」分子集克強寓所，商與中山合作問題，內部意見，乃不完全一致：克強提議，主張形式與中山合作，精神上仍保留「華興會」特點；陳天華主張完全聯合；劉揆一反對聯合；宋教仁取折衷態度，言既有入會不入會之分，則當研究將來入會者與不入會之關係；餘人亦各有意見，結論悉依各人自由。

二十八日（七月三十日）在東京赤坂區檜町三番黑龍會，召開大團結籌備會，到會者除中山、克強外，有張繼（溥泉）、陳天華（星台）、宋教仁（鈍初）、馮自由、田桐（梓琴）、梁慕光、吳春陽、程家檉、居正（覺生）、黎錫勇、胡毅生、朱少穆、但燾（植之）、時功玖、曹亞伯、馬君武（原名和）、董修武、鄧家彥（孟碩）、汪兆銘（字季新，筆名精衛）、張福華、何天炯、康寶忠（心孚）、謝良牧、劉道一（炳生）、黃復生（原名樹中）、蔣尊簋、張樹枏、朱執信（原名大符）、古應芬（勷勤）、杜之　、姚粟若及日人宮崎寅藏、內田良平、末永節等七十餘人。首由中山演說革命理由，革命形勢，革命方法，並強調革命黨各派有合組新團體之必要。眾無異議，即推中山為會議主席。通過會名為「中國革命同盟會」，簡稱為「中國同盟會」。次由中山提議以「驅除韃虜，恢復中華，創立民國，平均地權」十六字為會綱，有不以「平均地權」為然者，經中山詳加解釋，亦遂通過。次克強提議書立誓約，眾咸贊成，乃由各人自繕一紙，舉右手宣誓。詞曰：

聯盟人　省　府　縣人某某

當天發誓：

驅除韃虜，恢復中華，創立民國，平均地權。

矢信矢忠，有始有卒，有渝此盟，任眾處罰。

天運　年　月　日中國同盟會會員　某某某。

宣誓後，又由中山授以祕密口號。如問何處人，答為漢人；問何物，答為中國物；問何事，答為天下事等。繼乃推黃興、馬君武、陳天華、宋教仁、汪兆銘等八人起草會章，約於下次大會討論。當時所書誓約，在幹部未成立前，暫由中山保管；中山誓約，則由克強保管。散會。

為擴大宣傳，多吸收同志，七月十三日（八月十三日），東京留學生在富士見樓更舉行一歡迎中山的大會，到者千餘人，會場不能容。宋教仁致歡迎詞，中山演說，來賓宮崎寅藏、末永節各有演說，實為留學界空前創舉。

七月二十日（八月二十日），假東京赤坂區靈南阪坂本金彌邸開「同盟會」成立大會，加盟者三百餘人，除甘肅一省因無留學生無人參加外，其他十七省，莫不有「同盟會」會員。據中山後來追述：「自革命同盟會成立之後，予之希望則為之開一新紀元，蓋前此雖身當百難之衝，為舉世所非笑唾罵，一敗再敗，而猶冒險猛進者，仍未敢望革命排滿事業能及吾身而成者也。其所以百折不回者，不過欲有以振起既死之人心，昭蘇將盡之國魂，期有繼我而起者成之耳。及乙巳之秋，集合全國之英俊而成立革命同盟於東京之日，吾始信革命大業可及身而成矣，於是乃敢定立中華民國之名稱，而公布於黨員，使之各回本省，鼓吹革命主義，而傳布中華民國之思想焉。不期年而加盟者已逾萬人，支部則亦先後成立於各省，從此革命風潮，一日千丈，其進步之速，有出人意表者矣。……」（見《孫文學說》第八章〈有志竟成〉）

大會進行中，首由克強宣讀他們八人所起草的章程，經修正通過。照章應設總理一人，克強提議：「公推孫中山先生為本會總理，不必經選舉手續。」會眾一致舉手贊成。章程大致採取三權分立精神，設「執行」、「評議」、「司法」三部。「執行部」共分「庶務」、「書記」、「內務」、「外務」、「會計」、「經理」六部，人員由總理指任。「評議部」由議員互選議長。「司法部」設總長一人，判事二人，檢事一人。各省分會置分會長一人。推選結果，克強任庶務部，馬君武、陳天華書記部，朱炳麟內務部，程家檉、廖仲愷外務部，劉維燾會計部，谷思慎經理部。照後來演變，總理因事離開本部，其職務即由庶務部部長代理，其地位略等於協理。「評議部」有議員汪兆銘、田桐、馮自由、胡衍鴻（漢民）、朱大符（執信）、吳鼎昌（達詮）、曹亞伯、胡瑛（經武）、秋瑾、黃復生等二十人，汪兆銘被選為議長。「司法部」鄧家彥任總長，張繼、何天瀚任判事，宋教仁任檢事。（按胡漢民、廖仲愷在此次開會中，適因事回粵，後十日重返東京，始補行宣誓手續。吳稚暉在「同盟會」成立後，見大勢已成，始行加入。）

最後克強又提議：《二十世紀之支那》雜誌，原為「華興會」刊物，現該雜誌同人，半數已入會，今該社社員，願將此雜誌提供本會，作為機關報如何？眾皆拍手贊成。（後來因《二十世紀之支那》第二期發表了一篇攻擊日本侵略的文章，被日政府禁止發行，乃改名《民報》出版。）

我們看「同盟會」成立的紀錄，可見條理井然，空氣融洽，克強用力也最多，尤其他提議不經選舉手續，即公推中山擔任總理，更不失快男子的本色。

當「同盟會」成立剛剛經過一個月零四天，即是八月二十六日（九月二十四日），北京方面突然發生一件震動全國的大事，即清廷派載澤、端方、紹英、戴鴻慈、徐世昌前往東西各國考察憲政的五大臣，在北京前門車站被炸是也。這件事儘管與「同盟會」沒有直接關係，可是幹這件工作的吳樾（孟俠，安徽桐城），卻與「華興會」舊人楊篤生有密切聯繫，而吳樾且可能已加入「華興會」，他所用的這顆炸彈，即由楊篤生所供給。

先是光緒三十年十月（十一月），克強等十餘人因萬福華刺王之春一案牽連在上海入獄，其時篤生住上海「華興會」另一機關「啟明譯書社」，他牀下即藏有「華興會」會員名冊，及製造炸彈方法的譯本和製造的零件。他在倖免被捕以後，乃採取單獨行動，潛往北京（篤生原名毓麟，至是改名守仁），並在譯學館充當教員。可是他發願待機予清廷以直接打擊，或以炸彈炸內城宮殿及頤和園以傾動世界，卻沒有一天忘記。因此，他在教課之餘，乃假得友人空室一間，託言製造肥皂，實際在裡面配合炸藥（假託製肥皂一說，章行嚴說他得自朱啟鈐）。三十一年，篤生與在保定教書的吳樾及與樾共事的金猷澍認識，知道他們兩人也主張暗殺，因與他們密切聯絡，並有小組織以謀實行。時清廷經過日俄戰爭一幕，知非假藉立憲不能阻遏革命，其行動頗趨積極；因而篤生與吳樾所以謀對付清廷者，也日趨緊張。一日，篤生到保定，問吳、金決心暗殺，擬用何種工具？吳、金乃各示以手槍。篤生摩挲良久，乃笑曰：「此東洋貨，打狗且不中，何況殺人？我另有武器，利於此者百倍，已携之來。」因將門窗關閉，從皮包中取出一銅製圓罐，可五寸許，直徑三寸，四週封固，如罐頭食品。吳、金不知道是什麼東西，篤生說：「這就是我手造的炸彈，可提前一試。」於是他們三人乃同出保定城外數里，走進一人跡罕到的山谷，將炸彈埋在岩石下面，以柳枝接香火燃之，他們站在遠處遙望。經過片刻，即見濃烟直上，有聲如雷，岩石炸成碎塊，異常猛烈！樾大喜，乃力任狙擊鐵良。

是年七月，吳樾携彈到達北京，正在等待機會。一日，篤生到吳住處，神氣沮喪，對吳說：「清廷偽為預備立憲，決定派遣五大臣出洋考察，其目的在愚弄居民，和緩革命，一旦成為事實，今後我輩工作，將更難措手。」吳乃慨然說：「彼五大臣可擊殺也！」篤生以所製彈不能用電發火，投擲者必以身殉，心頗不忍，但樾決心實行。其時日俄戰爭剛告結束，遣同志出關以為不難覓一較好的炸彈，但終不可得，而五大臣行期已迫。吳乃化裝成一官署僕人模樣，混入花車，車甫開行，樾所懷彈，即受震爆炸，結果端方、紹英受微傷，死隨從數人，吳本人則遍體糜爛，血肉糢糊，當場立斃。其他諸人，都嚇得面無人色，五大臣之行因而暫阻。其後紹英、徐世昌不敢再去，乃改派尚其亨、李盛鐸。楊篤生辛亥蹈海死，事在黃花崗一役以後，另詳下文，不贅。（上三段參看湘人某所撰《楊毓麟傳》，見大陸所印《中國近代史資料叢刊》第四冊頁三一九－三二二；章行嚴所撰〈與黃克強相交始末〉，見大陸印《辛亥革命回憶錄》第二冊頁一三八－一四九；及《民報》增刊「天討」。）

黃炎培（任之）於民國五十年六月著有〈我親身經歷的辛亥革命事實〉一文，指出光緒三十一年八月二十六日在北京炸五大臣的吳樾為「同盟會」會員，黃並說他自己加入「同盟會」後，負責聯絡各地同志，至今他手中還藏有一紙「同盟會」同志四十九人的名單，趙聲（伯先）與吳樾均在其列，趙聲的別號為「震康」，吳樾的別號為「祖茂」；同時他還藏有一本祕密電碼云云。他又引有趙聲從天津寄吳樾的絕詩兩首：

照片及其意見書，並未指吳係「同盟會」同志。

三、光緒三十年克強在長沙失敗，是年十月初一（陰曆）在上海餘慶里召集「華興會」同志會談，黃炎培即曾列席、可見黃確係「華興會」會員。

四、即令黃在「同盟會」初成立時即隨「華興會」諸人加入，但他並未擔任何種重要職務，如何會有「同盟會」會員四十九人的名單及電報密碼存在他的手內？

五、因此，我只能假定趙聲、吳樾與黃炎培本人均為「華興會」會員，黃手裡的名單，係「華興會」會員的舊名單，決非「同盟會」會員的新名單，「華興會」會員有不加入「同盟會」者，固不可混為一談也。

上面這一小考證，原不十分重要，但我要指出：記載一歷史故事，即令出自親歷其事者的手筆，且有物證可憑，依然不免錯誤，此可見研究歷史之難，而真正的信史是不容易有的。

《民報》第一期印行於三十一年十月二十一日（十一月十七日），發行所設在東京。張繼任發行人，克強及教仁先後任經理，第一期有中山署名的發刊詞，文字類嚴又陵，似經過展堂或他人潤色，但內容則完全是中山的意思。正式揭出民族、民權、民生三大主義，實為三民主義見諸文字之始。另列宗旨六條：一、顛覆現今惡劣政府；二、建設共和政體；三、維持世界真正和平；四、土地國有；五、主張中日兩國國民之聯合；六、要求世界贊成中國之革新事業。自第一期開始，即與梁啟超主張君憲的《新民叢報》完全對立，經過多方面與長時間的辯論。

《民報》第三期，另印有一單張的號外，指出「《民報》與《新民叢報》辯駁之綱領」，計十二條，特照錄如下，便可看出他們當時辯論的重點所在：

一、《民報》主共和；《新民叢報》主專制。

二、《民報》望國民以民權立憲；《新民叢報》望政府以開明專制。

三、《民報》以政府惡劣，故望國民之革命；《新民叢報》以國民惡劣，故望政府以專制。

四、《民報》望國民以民權立憲，故鼓吹教育與革命以求達其目的；《新民叢報》望政府開明專制，不知如何方副其希望。

五、《民報》主張政治革命，同時主張種族革命；《新民叢報》主張政府開明專制，同時主張政治革命。

六、《民報》以為國民革命，自顛覆專制而觀，則為政治革命，自驅除異族而觀，則為種族革命；《新民叢報》以為種族革命與政治革命不能相容。

七、《民報》以為政治革命必須實力；《新民叢報》以為政治革命祇需要求。

八、《民報》以為革命事業專主實力，不取要求；《新民叢報》以為要求不遂，繼以懲警。

九、《新民叢報》以為懲警之法，在不納稅與暗殺；《民報》以為不納稅與暗殺，不過革命實力之一端，革命有全副事業。

十、《新民叢報》詆毀革命而鼓吹虛無黨；《民報》以為凡虛無黨皆以革命為宗旨，非僅以刺客為事。

十一、《民報》以為革命所以求共和；《新民叢報》以為革命反以得專制。

十二、《民報》於世界前途，知社會問題必須解決，故提倡社會主義；《新民叢報》以為社會主義不過煽動乞丐流氓工具。

梁啟超的《新民叢報》，銷數本來在當時一切雜誌之上，內地翻印者，更多到不可勝數，清末所以出現一立憲的形勢，實以該報的影響最大。自《民報》出版以後，這一形勢乃完全改觀。更因雙方對立憲與革命發生熱烈辯論，凡過去看《新民叢報》者，幾無不同時要看《民報》，因此《民報》最初所出各期，有重版至五六次之多者；計自光緒三十一年十月迄宣統元年底，凡歷三年以上，共出二十六期，革命派宣傳基礎的確定，實以《民報》為功首。先後在《民報》撰文者，有汪精衛、胡漢民、陳天華、章太炎、朱執信、宋教仁、但燾、汪東、黃侃、劉光漢諸人，新舊各有所長，陣容異常嚴整，儘管梁啟超不失為清末言論界的驕子，也幾乎弄得窮於應付。不過話雖如此，但梁所謂「革命所以求共和，反以得專制」這一點，證以民國五十餘年以來的事實，即起太炎、精衛、展堂於地下，恐怕也不能不承認有一部分的真理吧！

當時更有一件最不幸的事，即《民報》甫出一期，便遇著日本政府對中國留學生加以嚴重取締，而《朝日新聞》且罵中國學生「放縱卑劣」！陳天華因受此刺激，乃憤而投海；其目的雖在以死勗勉國人自重自強，可是革命派失此一員鬥士，實為無可補償的損失。

陳字星台，湖南新化人，死年三十有一，「華興會」舊人，克強最親密的同志，所著鼓吹革命的小冊子，計有《猛回頭》、《警世鐘》、《最近政見之評決》、《國民必讀》、《最後之方針》、《中國革命史論》等多種，尤以《猛回頭》、《警世鐘》流傳最廣，影響最大。他在死前草有一「絕命書」，異常沉痛；克強在他的「絕命書」後寫了一篇跋，尤為語重心長；同見《民報》第二期。即今天的青年，也還有一讀的必要啊！

「同盟會」成立後的六年間

「同盟會」成立於光緒三十一年七月二十日（陰曆），到宣統三年八月十九日武昌革命即已爆發，為時僅六年零一個月；革命風潮的鼓盪，呈現排山倒海的鉅觀，最足以顯出我民族活力的旺盛。

中山先生在他一篇自傳式的文章裡面（見《孫文學說》第八章〈有志竟成〉），歷述他的革命活動經過十次失敗。頭兩次在「同盟會」以前（指光緒二十一年的廣州之役與二十六年的惠州之役），其餘八次均在「同盟會」成立以後（指三十三年潮州、黃崗之役，同年的惠州七女湖之役、欽廉防城之役、鎮南關之役，次年的欽廉之役、河口之役，宣統元年的廣州新軍之役，三年三月的黃花崗之役）。這十次因為與中山本人直接有關，有若干次他自己且站在第一線，所以他敘述得比較詳細而正確。其實講來，這十次中除光緒二十一年廣州之役時間最早，宣統三年黃花崗之役犧牲最為壯烈，因而影響也最大以外，其他各役，儘管也表現得異常艱鉅，但這僅在革命歷史的追述為然，實際則因為發動的地點多在邊遠，其時新聞的報導也異常簡略，因而影響後來辛亥武昌起義者，乃不算太大。

反過來說，如光緒三十二年的萍、瀏、醴之役，三十三年的安慶徐錫麟之役，次年安慶熊成基之役，宣統二年汪精衛、黃復生等謀刺清攝政王載灃之役，因為發動地點在長江流域，或在北京首都，同時因為徐錫麟一役牽連者又有秋瑾，實為女子參加革命被犧牲的第一人，因而感人最深，所予清廷精神上的打擊也最大。現在我為克強先生寫傳，乃不能不就「同盟會」成立後的六年間，凡革命行動與克強直接有關者，作一概括的敘述。

首述光緒三十二年丙午萍（鄉）、瀏（陽）、醴（陵）之役。此役發動於是年陰曆十月十九日（十二月四日），至十一月二十九日（一月十三日）失敗，為時僅四十天左右。中山目此役為「同盟會會員自動之師」，「本部於事前一無所知」，就形式上說，自係如此。但參加此役的分子；多數為「華興會」舊人，發動此役的會黨人物如李金奇、蕭克昌、姜守旦、龔春台等，更為去年在長沙被端方所殺會黨首領亦即與克強合作的馬福益舊部。他們發動的主要動機之一，即為替「馬大哥」復仇。劉道一、蔡紹南等奉克強命由日本回國策動，也遠在起事前一月左右。會黨分子無軍事訓練，器械也十分雜劣，一經江蘇、湖北、江西、湖南四省合兵圍攻，旋即歸於失敗。除李金奇係被官方追捕溺斃於醴陵白鷺潭，蕭克昌為官方誘殺外，龔春台則於戰時被擒遇害。餘眾奔潰四散，事後為官軍用清鄉名義濫殺者，乃多至萬人以上。

儘管這一役只是曇花一現，但影響之大，與中山二十一年所領導的廣州之役，二十六年的惠州之役，以及克強三十年所領導的長沙之役，均顯有不同。蓋在此一役中，「同盟會」會員回國活動者，在湖南被捕繫獄的有寧調元，被殺的有劉道一、禹之謨；在揚州被殺的有楊卓林；而孫毓筠、段書雲、權道涵，也因此役在南京被捕。因湖北加緊戒嚴，武昌與「華興會」有聯的革命團體「日知會」因而被封，其會員被捕繫獄者，有劉靜安、胡瑛、朱子龍、梁鍾漢、季雨霖、李亞東、吳貢三、殷子衡、張難先九人。劉靜安被誤會為長江上下游會黨首領劉家運，張之洞必欲置之死地，已部署行刑，忽聖公會教士群起白其寃於領事公使，為控訴於北京外務部，下鄂督，得不死，仍判以永遠監禁，至辛亥五月乃瘐斃獄中，年三十七。蓋「日知會」原為武昌聖公會一閱報室，經劉靜安主辦，乃演變為一革命團體。克強三十年在長沙脫險，固亦由長沙及武昌的聖公會之援助。又此役發動以後，因南京加緊防範，軍隊中革命分子如趙聲、倪映典、林述慶、柏文蔚、冷遹等，乃為江督端方所疑，因而撤差。

此役既牽涉數省，聲勢浩大，清廷知道其策源地在日本東京，因向日本政府交涉，中山被迫，不得已偕克強及胡漢民、汪精衛等離日而轉赴安南河內。且因中山接受了日本政府及私人若干旅費，未經公告，致引起「同盟會」內部風潮，一時革命中樞發生動搖，且有改推克強為總理之說，經克強曉以大義，去信制止，而不久又連續有欽廉、防城、鎮南關、河口諸役出現，知所謂旅費者仍用於革命，並非私人浪費，黨人始無異辭（可是結果仍成為「同盟會」一大裂痕）。凡此種種，均可看出此役牽涉之廣，影響所及，與辛亥武昌起義有關，自更不待言。

上文所提到的劉道一，衡山人，揆一弟，與克強關係最密，克強與馬福益第一次見面，即由道一持克強函先與馬接洽。克強聞道一死，乃與揆一相抱痛哭，並且說：「吾每計議革命，惟伊獨能周詳，且能英日語，辯才無礙，又為將來外交絕好人物，奈何即死是役耶？」因作詩哀之：

英雄無命哭劉郎，慘澹中原俠骨香；
我未吞胡恢漢業，君先懸首看吳荒！
啾啾赤子天何意，獵獵黃旌日有光；
眼底人才思國士，萬方多難立蒼茫。

道一在長沙被捕後，官方認定道一即揆一，嚴刑逼供，至身無完膚，血肉狼藉，道一即冒認揆一，書供辭數千言，直認革命不諱；又搜得其「鋤非」兩字印章，乃拉雜論罪，於陰曆十一月十六日，將其慘殺於長沙瀏陽門外，時任湖南巡撫及按察使者，為岑春蓂及莊賡良也。

禹之謨，別號稽亭，湘鄉人，為當時湖南最急進的人物之一，曾與譚嗣同、唐才常有聯，且曾參加才常武漢「自立軍」一役的部署。後更與克強及陳天華、姚宏業等結納甚深，先後加入「華興會」與「同盟會」。在長沙辦有學校及工廠，並任教育會商會會長，新人物奉為領袖，頑固者則視為眼中釘。陳天華既因日本取締留學生蹈海而死，姚宏業也因為留日退學歸來的學生創辦中國公學籌款，遭受種種刺激，憤而投黃浦江自殺。於是湖南教育界，尤其是青年學生，乃不勝憤慨。當陳、姚兩人的靈柩運回長沙的時候，禹之謨乃發起將陳、姚兩烈士公葬，由禹及寧調元率領學生及工廠的職工學徒數百人，一律白衣冠，將陳、姚靈柩抬到湘江對岸的岳麓山，掘土安葬，之謨及調元且對會葬者發表演說，辭甚激昂，時為光緒三十二年陰曆五月二十日也。這是一種群眾的示威運動，官吏雖異常痛恨，但因他們的舉動秩序井然，軍警鵠立路傍，不僅未敢干涉，且頗表同情。時長（沙）、善（化）兩縣的學務處總監督俞誥慶，為獻媚長官，乃將是日會葬歸來較晚的學生十餘人，嗾使軍警加以逮捕，經禹請求保釋，也被拒絕，於是學生乃更加憤怒。會第二日晚，俞誥慶在長沙妓女聚居最多的樊西巷宿娼，為學生偵得，先由三個年齡較長的學生進入娼家，闖入俞所宿的房間，將蚊帳揭開，發現俞與一妓女赤條條同宿牀上，乃令俞勿動，並將守候門外的大群學生呼入，並通知禹之謨到場，原擬第二天將此一雙男女赤身遊街示眾，禹以有傷風化不許，又經俞再三哀懇，乃在俞臉上書以「人面處理。延至九月，清廷命岑春煊任湘撫，龐以去職在即，為暫時維持省城秩序打算，第一步將禹轉移常德。岑到任後，促莊嚴辦，但仍須逼出其罪證，始能將其處死。時靖州知州金蓉鏡為著名酷吏，俞乃建議將禹押解靖州，由金嚴刑逼供，確定其為革命黨，然後將其處決。金奉命照辦，將各種慘無人道的刑具一律用盡，而供卒不可得。最後將禹倒懸，用辣椒烟熏其口鼻，以針刺其指甲，以燒紅的烙鐵燙其皮膚，而禹倔強不改。時萍、瀏、醴革命軍已爆發，岑命金速殺禹，以資鎮壓，於是光緒三十二年陰曆十一月二十一日（陽曆一九〇七年一月五日），金乃將禹提出，禹仍罵不絕口，乃先將其舌割去，時禹已氣絕，乃再補絞刑，年四十一。其時去劉道一之被殺甫五日，其後禹葬岳麓山。

上舉劉、禹兩例附在克強先生的傳內，固以此兩人與「華興會」關係密切，同時可看出湖南自譚嗣同、唐才常、林圭、李炳寰、沈藎、陳天華、楊篤生、姚宏業等所倡導的敢死之風，實一貫相承，足以說明湖南諸先烈在革命史上的地位；而湖南人的一股蠻勁，也確實具有創造歷史的風格。至於滿清政府的腐敗、殘酷、顢頇，自中央以迄地方，殆無例外，革命雖屢經挫敗而卒告成功，夫豈偶然？

關於欽廉、防城、鎮南關、河口諸役，克強是無役不從的，尤其以三十四年二月至四月，他率領越南華僑二百餘人，轉戰欽廉、上思一帶，與優勢的官軍對抗四十餘日，僅死四人傷二人，更使得克強敢戰能戰的威名大震。可是論到辛亥以前克強在革命史上所奠定的崇高地位，則仍以宣統三年三月黃花崗一役最為顯著。

先是「同盟會」以在廣東及滇桂邊境屢經失敗，中山在南洋一帶為當地政府所放逐已不能居住，不得已遠赴美國。但他總覺得必須拿下廣州，於軍事財政樹立堅實據點，始能號召全國。因此，他在赴美以前，乃命胡漢民、趙聲、及克強在香港設立統籌機關，名「同盟會南方支部」，漢民任支部長，以取得廣州為其最重要的使命。蓋其時東京的「同盟會總部」以孫、黃、胡、汪等久經離去，且內部鬧過一次風潮，《民報》也於三十四年七月被日政府封禁，實際僅擁虛名，已失去發號施令的作用了。

南方支部的設立在宣統元年九月，其圖取廣州的策略，首在運動軍隊。姚雨平擔任運動巡防營；朱執信、胡毅生任聯絡番禺、南海、順德一帶的民軍；倪映典與趙聲同學，則負運動新軍全責。其時加入南方支部的鄒魯（海濱）、陳炯明（競存）等，也各有工作。

倪映典，字炳章，安徽合肥人。曾畢業安徽練軍學堂，復入砲兵學堂，光緒三十二年，充江南砲兵營將校，尤以馬術名聞江南。三十四年，調安徽騎兵營管帶，與熊成基等在軍中倡革命甚力。為江督端方所聞，索之甚急，乃走粵，入「同盟會」，聞熊成基在安慶發動革命失敗，深以未得參加為憾。旋任廣州砲兵排長，未幾，復辭去，時往來香港、廣州間，奉「同盟會南方支部」命在廣州設機關，專以運動新軍為對象。時廣州新軍僅三標，共五千餘人，經過數月，受倪運動願贊助革命者已在三千人左右。十二月下旬，倪到港支部報告，謂可隨時舉事，對民軍及巡防營亦已略有布置。漢民與克強、趙聲、朱執信等集議，決定宣統二年正月元宵節起義。不幸元年除夕，新軍二標兵士某，因細故與警察發生衝突，被警捕去；元旦，二標新軍乃與警察尋仇互毆，出動數百人，警局兩處被毀，風潮擴大，幾無法制止。時新軍一、二標同駐城外燕塘，三標則駐北校場，肇事者本以二標為限，但協統張哲培及一標標統劉雨沛，恐牽動一標，乃將原屬新年假期的初二、初三兩日，命一、二標改開運動會。於是一標不服，大肆鼓噪，有兵士二百餘人，湧出營門，開空槍示威，並聲言如警察大隊來攻，即正式應戰。先是軍警開始衝突，映典即來港報告，認為軍心已動，無法遏止，勢非提前發動不可，於是將起義日期改為初六。初二日晚，映典由港返省，見一標已經被捲入，而增祺（廣州將軍）、袁樹勳（署粵督）、李準（水師提督兼轄巡防營）已嚴為戒備；旗兵運砲登城，由燕塘至省城要隘，已為李準兵控制。形勢急迫如此，映典考慮惟有挺身出而領導，尚有幾希之望，否則此數月來之布置，必至前功盡棄。於是乃於初三日清晨，挾手槍兩枝，闖入燕塘新軍營壘，槍斃管帶漆汝漢，即吹號集合士兵，曉以利害，士兵大喜，即推映典任總司令，並搜得子彈萬餘發，當場宣布起義，直搗省垣。時李準部精銳兩千、已分布牛王廟、貓兒崗、三望崗一帶；映典則到會者除克強、漢民、趙聲、孫德彰、鄧澤如等外，尚有南洋其他各埠代表多人。中山見各同志面有憂色，相對唏噓，乃多方加以慰解與鼓勵，即席發動籌款，當場即得八千餘元，乃決定發出捐冊，分向南洋英屬、荷屬、暹羅、安南，及美洲一帶僑胞繼續勸募，以集得鉅款從事大舉為目的，仍確定以廣州為起義地點。

會後除中山以無法在南洋、香港一帶居留，不得已仍赴歐轉美以外，克強、漢民、趙聲則先後返回香港，並於十二月在香港跑馬地三十五號成立統籌部。黃任部長，趙副之，胡任祕書長。內分調度、交通、儲備、編制、祕書、出納、總務八課，由姚雨平、胡毅生、陳炯明、李海雲、羅熾揚、洪承點等分別擔任。鑑於過去側重新軍及民軍的失敗，此次乃決定組織敢死同志為「選鋒」，初定五百人，後擴充為八百人，並決定廣州一經得手，即由克強統一軍出湖南，趨湖北；趙聲統一軍出江西，趨南京；陳其美、宋教仁、譚人鳳、居正諸人，並於統籌部受約束，屆時在長江上下游發動響應。等到各方匯款陸續到達，則積極購置槍枝炸藥及各種武器，並先後在廣州設立機關數十處，單是預備放火的機關便有九處之多。這是辛亥三月二十九日以前籌備的梗概。

儘管這次在事前的布置比其他任何一次都更為周詳，動員「同盟會」的幹部分子比任何一次為多，用錢的數字也比任何一次大（後來總結算共用去十七萬餘元），但結果依然失敗，而且是一次最可痛惜的慘敗！其原因究竟是什麼？

一、此次在南洋一帶籌款，粵督張鳴岐及水師提督李準早有所聞，知黨人又將舉事，因而提高警覺，於事前有所準備。

二、黨人知道他們的大敵為李準，原擬將其暗殺，則張鳴岐及將軍孚琦將不足有為。可是他們所委托暗殺李準的，為一庇能的黨員馮憶漢，其人色厲內荏，屢次領款，而終於不敢執行，李準卒未能去。

三、霹靂華僑溫生才自告奮勇，也以殺李準為目的，可是他在三月初十所打死的乃非李準而為孚琦，結果不僅於事無補，反而打草驚蛇，使張、李等更不敢不加緊戒備。

四、這次因為規模大，人數多，購械運械不容易，運到的日期更參差不齊，因而使得起義的日期，一改再改，對一鼓作氣的人心，不能不有所影響。

五、有陳鏡波其人，奉李準命投身革命黨內，事前未經察覺，居然讓他擔任了運輸槍械的職務，結果他向李告密，致有一百多桿槍和若干子彈被沒收，而且證實了黨人確實準備在廣州起事。

六、克強三月二十五日到廣州。二十六日，張鳴岐已調防營數營駐觀音山，其地居高臨下，極佔形勢，即令真有八百「選鋒」同時動作，他們也不難對付，何況並此而不可能呢？

七、二十六日已有人倡議改期，克強及其他少數同志堅持不可，認改期即無異解散，不僅前功盡棄，且無以對海外捐款僑胞。但趙聲所部「選鋒」多外省人，因言語關係，容易為官方所識破，乃決定遣送一部分回港。

八、二十七日，姚雨平由港到省，知西貢與日本的軍械仍未到齊，因決定把原定的二十八日發動改為二十九日。時張鳴岐、李準知道的消息更多，因將新軍的槍械繳收，並加調巡防營兩營，以三哨助守龍王廟高地；同時搜捕黨人，連破機關數處。於是胡毅生、陳炯明以及趙聲在省的代表宋玉琳再提議展期。姚雨平對展期說雖不贊成，但聲言非有槍枝五百桿不能言戰，其時收到的槍枝不過七十餘桿，這也明明是一種無法兌現的高調。因此，克強痛心異常，決定由他自己一死拚李準，以謝海外僑胞，藉維黨人信譽，並命令各部「選鋒」速退。於是合前後計之，退去者凡三百餘人，仍留廣州者，僅一小部分而已。

九、二十八日，陳炯明、姚雨平到機關報告，謂從順德調回的巡防營中同志，決心反正。午刻會議，喻培倫、林文更慷慨陳詞，謂：「革命軍知有前進，不知有後退，事已至此，非我殺敵，即敵殺我，惟有同心合力，準備殺敵流血！」克強極以為然，並放棄他的個人行動，仍大致按原定計畫，決心硬拚到底；同時電港約趙聲部速來，聲得電欣然承諾。於是該晚決定二十九日午後三點半發動，由克強率所部出攻督署；陳炯明等攻「巡警教練所」；姚雨平等收復小北門槍炮局，延新軍及防營入城；胡毅生攻大南門；在港原定的所謂十路同時並舉，此時便只能勉強的湊成這四路，並決定趙聲不能趕到（原定趙任總指揮），即由克強任總指揮。

十、時廣州「巡警教練所」，有學員四百餘人，長槍二百桿，學員均配有手槍。克強早於本年二月遣其子一歐及陳方度、柳聘農、胡國樑（均湖南人），考入所中受訓；一面聯絡同志，一面熟悉廣東方言及廣州各街道，以便在起義時由他們偕同學員，著制服，以合法身分作掩護。這原是有力的一著，而且在二十九日以前已經布置妥當，只等黨人來攻，即可響應，但擔任攻「巡警教練所」一路的陳炯明臨時不動，結果也歸於無用（參看黃一歐寫〈回憶先君克強先生〉一文）。

綜上十種原因，可見勉強發動決無把握，事屬當然。克強及其他若干同志，仍願死中求活以全大信。其心可諒，其事則誠可悲。

辛亥三月二十九日午後五點二十五分，克強率林文、方聲洞、喻培倫、朱執信、李文甫、何克夫、劉梅卿、徐維揚、熊克武、但懋辛、宋玉琳（趙聲留省的代表）、莫紀彭等百餘人，自小東營機關出發，以直攻總督衙門為第一目標。

於此有一插曲必須敘及，即正當出發前，湖南老革命家譚人鳳（石屏、新化，同志多稱他「老頭子」）也在場，向克強要求同往殺敵。克強勸其年老不必，譚不服，且說：「您們不怕死，難道我就怕死嗎？」克強不得已，乃授以實彈手槍一枝。譚用手指經輕一扳，槍即走火，彈穿屋頂，幾釀成大禍。克強乃對他說：「老先生！算了，算了，說您不行，請您不要擾亂我們吧！」譚始無辭退去。朱執信本是一文弱書生，在《民報》撰文，時有獨到之見，對民生主義的信念，遠較其他同志為強；這個時候他還不曾去掉辮子，身著長衫，當出發時，他首先將長衫割去一半，手握短銃，肩掛炸彈，克強看見他這樣勇敢，大為吃驚。但二十八日決定本來負有領隊責任的陳炯明、胡毅生、姚雨平，此時卻已無影無踪，原來的十隊改成四隊，此時卻只剩下克強所領的一隊！孤注一擲，誠哉其所謂孤注啊！

克強督隊走出機關，號聲嗚嗚，氣勢依然甚壯。街上巡警，首先被他們掃蕩一空。攻到督署門首，即與守門衛隊發生衝突，並擊斃其管帶金邦平。克強率十餘人入署搜索，張鳴岐早已在逃，因置火種於署內退出。時黨人陣亡署內者已有五人。克強等且戰且走，行到東轅門，即與李準大隊遭遇，林文、劉元棟、林尹民等死之。克強右手斷兩指，足部亦受彈傷，但猶能從容調度，將殘部分為三路：一路由徐維揚率花縣同志出小北門，擬與新軍接應；一路由劉梅卿、馬侶等川閩及南洋同志往攻李準的督練公所；三路由克強親率方聲洞、羅仲霍、朱執信、何克夫、李炳輝等十餘人出大南門，擬與防營接應。

克強所率一路行到雙門底，即與溫帶雄所率的防營遭遇，溫本黨人，得機入城謀響應，擬往督練公所活捉李準，以未佩白布臂章，方聲洞誤認為敵，即舉槍斃溫，防營還擊，方亦身殉。克強率何克夫、李子奎、鄭坤等出大南門，又遇防營百餘人，再度引起激戰，子奎陣亡。克強四顧已不見同志，乃避入一小店，仍於門後以槍擊敵，斃七八人，防營略退。時克強指傷劇痛，幾不能支，取冷水洗血，向店夥借得舊衣更換，裹創避往河南，見一門首貼有結婚喜聯，知為同志所設機關的偽裝，乃挨身而入，得女同志徐宗漢掩護，始倖免於難。

徐維揚所率一隊出小北門，見大隊防營迫近，退入一米店，即以裝米的麻袋堆積為戰壘，與敵相持至半夜，敵方放火，始不得已衝出走散，犧牲尤為慘重。

劉梅卿、馬侶所率往攻督練公所的一路，行到蓮塘街，即與喻培倫、饒國樑、秦炳、熊克武、但懋辛、宋玉琳、莫紀彭等會合，先後與防營及旗兵酣戰，馬侶陣亡；喻培倫、饒國樑被執；莫紀彭、熊克武、嚴驥等逃出；朱執信、何克夫、劉梅卿亦均脫險。其餘被執者，尚有林覺民、陳可鈞、李南雁、宋玉琳、羅仲霍、陳更新、李文甫、陳與燊等四十餘人，經審訊，皆意氣凜然，從容就義。計參與此役者，共一百二十人（據克強民國元年演辭），死難者實八十四人，事後為黨人潘達微收葬於黃花崗者，則為七十二人。

中華民國開國元年，克強追懷這一幕的悲壯說：

七十二健兒，酣戰春雲湛碧血。
四百兆國子，愁看秋雨濕黃花！

（民元三月克強在南京追悼會輓聯）

中華民國建國之七年，中山也追述這一幕的關係說：「……是役也，集各省革命黨之精英，與彼虜為最後之一搏。事雖不成，而黃花崗七十二烈士轟轟烈烈之概，已震動全球，而國內革命之時勢，實以之造成矣。」（《孫文學說》第八章〈有志竟成〉）

這一幕結束，有三點仍須加以補敘：

一、當粵中決定二十九日發動，留港的趙聲、胡漢民仍以為改期說未能確定，他們兩位率港方同志二百餘人於三十日清晨始趕到廣州，城閉不得入，因分別返港。克強逃到溪峽一機關，由女同志徐宗漢護侍，以指傷劇痛，目眥欲裂，乃由莊六外出購止血藥。時趙聲迷路、無意中於河南遇莊，莊乃導趙至溪峽機關，因得與克強相晤。兩人相抱痛哭，克強暈倒，及醒，奮欲裹創渡河，與清吏拚命，經趙與宗漢勸止。趙於三十日晚由莊六護送由澳門返港，克強則延至四月初二日，化裝由宗漢掩護，另搭輪起程，始得脫險。到港入雅麗醫院割指，由宗漢遵例從權以克強妻子身分簽字，黃徐姻緣，即由此而來。

二、經過此次慘敗，克強與胡漢民尚能支持，克強且扶病口授漢民向海外僑胞報告失敗經過，同志犧牲的慘烈，以及捐款的明確用途。趙聲則悲憤無聊，藉痛飲以抒其鬱抑，半月後，患盲腸炎，以遲割化膿不治，於是年四月十九日，卒於香港，年三十二。初葬香港茄菲公園附近山巔，碑曰：「天香閣主人之墓」；民國元年，移葬其故鄉鎮江南郊竹林寺。其生平從事革命的經過，見章士釗所述〈趙伯先事略〉（見《中國近代史資料叢刊》的《辛亥革命》第四冊頁三一二—三一五）。

三、二十八日決定分成四隊發難，除克強一隊外，領其他三隊者實為陳炯明、姚雨平、胡毅生。他們三人臨時不動，致克強一隊成為孤軍，克強向海外報告，對他們頗有責備。但《胡漢民自傳》，則謂事後經朱執信、何克夫證明誤會。可是實際的情況究竟怎樣？至今還是疑案。後來陳炯明卒於民十一阻撓北伐，公開叛黨；胡毅生也為民十四參與暗殺廖仲愷的重要嫌疑分子之一；可見革命進行中，紀律還是不可馬虎的。

武昌大革命爆發以前

「窮則變，變則通，通則久。」黃花崗一役所給予革命黨的打擊，自然是異常沉重，但看他們那種萬死不顧一生的精神，卻足證明「同盟會」的元氣正是發揮到最高峯的時候，死去的人才誠然不少，但真正領導層的人物，多數依然健在，因而能再接再厲，卒有武昌起義的出現。

自光緒二十一年中山領導廣州發難，以迄這次黃花崗一役，革命軍在廣東及滇桂邊區十次起義而十次失敗，這已經十足證明起事地點確有重加考慮的必要。但在革命過程中他們特別看重廣東亦自有其理由：一、最早贊助革命者，以粵籍人士較多，地方情形熟悉，尤其口音與普通人民一致，不易為官方識破；二、指揮革命的機關設在香港，容易得到掩護；三、南洋、日本一帶參加革命的分子，出進方便；四、籌款匯款，絕少阻礙；五、購械、運械與接收，比較不感困難。……可是優點所在，同時也就是弱點所在：一、屢次在廣州起義，提高了當地官方的警覺，防範加密；二、港粵交通方便，進行時固容易集中，一敗也最容易潰散；三、大規模的起義，不能完全以廣東人為限，外省人言語不通便困難重重；四、籌款靠臨時勸募，緩急不盡可恃，失敗次數太多，向人開口更難。……

再加上，新軍與黃花崗兩役，所以必須在港統籌，實際即因東京總部已失去作用。再經三月二十九失敗，趙聲不久即死，胡漢民相當頹喪，克強更決心採個人暗殺行動，所謂統籌，便也有名無實。基於以上種種，在長江流域設一「中國同盟會中部總會」，確為適應事實的需要，變更發難地點，也可使人心為之一振。更加上四川、兩湖爭鐵道國有的風潮已漸次展開，時機便已趨於成熟。

提出此一變更計畫的具體建議者，實為宋教仁。他因為鑑於歷次失敗，認今後非統籌全局切實準備不可，因建三策，請同志共同選擇：「上策為中央革命，聯絡北方軍隊，以東三省為後援，一舉而佔北京，然後號令全國，如葡土已事，此策之最善者也。中策在長江流域各省，同時大舉，設立政府，然後北伐，此策之次者也。下策在邊隅之地，設祕密機關於外國領地，進據邊隅以為根據，然後徐圖進取，其地則或東三省，或雲南，或兩廣，此策之又次者也。」（原文見徐天復即《民立報》記者血兒所撰〈宋先生傳略〉）。當時一部分同志認為上策運動稍難，下策已行之而敗，故決採用中策。教仁對實行中策更有進一步的規劃：「以湖北居中國之中，宜首倡義。然武昌為四戰之地，糧餉不濟，故一俟湖北舉事，則令湘蜀同時響應，以解上游之圍，而為鄂中後援。又以京漢路為南北交通孔道，敵軍易於輸運，故……不欲以武漢為戰爭區域，以防牽動租界，而啟外人干涉。擬於武昌舉義之後，即派兵駐守武勝關，使敵兵不得南下，以保武漢之安寧；一面令秦晉繼起，出兵斷京漢路，以分敵勢。而又懼湖北一動，下流阻塞，將使運輸不利也，故又擬長江下游同時於南京舉事，並即封閉長江海口，使敵方海軍艦隊孤立，而因利乘便以取之。」（原文見同上）。教仁有了這樣一個切實可行的計畫，於是他乃向同志奔走接洽，多方說明，以求能付諸實行，此實辛亥閏六月初六，一個「中國同盟會中部總會」在上海成立的由來，而教仁及譚人鳳、陳其美等，則為執行此一計畫的主腦人物。當「中部總會」著手組織伊始，他們發出宣言，其內容最足以說明當時革命黨內的各方情緒，其措辭婉而嚴，實為對過去失敗的一次總檢討，雖對中山、克強也不無微辭，乃使「同盟會」得了它的新生命。有人說這篇宣言出自譚人鳳手筆，但細玩語氣，似仍屬宋而非譚，或以譚較一般同志年齡長，為減少反感，乃托名為譚耳。茲特錄其原文如下：

「現政府之不足以救國，除中國喪心病狂之憲政黨外，販夫牧豎，皆能洞知，何況憂時之志士？故自『同盟會』提倡種族主義以來，革命之思潮，統政界、學界、軍界、以及工商界，皆大有人在。顧思想如是之發達，人才如是之眾多，而勢力猶然孱弱，不能戰勝政府者，其故何哉？有共同之宗旨，無共同之計畫；有切實之人才，無切實之組織也。何以言之，如章太炎、陶成章、劉光漢輩，已入黨者也，或主分離，或事攻擊，或為客犬（指劉被端方收買），非無共同計畫有以致之乎？而外此之出主入奴，與夫分援樹黨，各抱野心者，更不知凡幾耳。如徐錫麟、溫生才、熊成基輩，未入黨者也。一死安慶，一死廣州，一死東三省，非無切實之組織有以致之乎？而前此之朝秦暮楚，與乎輕舉妄動，枉拋生命者，更不知凡幾耳。前之缺點，病不合，推其弊，必將釀舊史之紛爭；後之缺點，病不通，推其弊，必致歎黨員之寥落。前一缺點伏而未發，後一缺點則不自今日摧殘過半人才始。前精衛陷北京，南洋保皇黨曾載有曰：『跳來跳去，只此數人。』嗚呼！有此二病，不從根本上解決，惟挾金錢主義，臨時召集烏合之眾，雜於黨中，冀僥倖以成事，豈可必之數哉？此吾黨義師，所以屢起屢蹶，而至演最後之慘劇也！同人等激發於死者之義烈，各有奮心，留港月餘，冀與主事諸公婉商善後補救策；乃一則以鬱氣身死（指趙聲），一則以事敗灰心，一則以燕處深居（指漢民、克強），不能謀一面，於是群鳥獸散，滿腔熱血，悉付之汪洋泡影中矣！雖然，黨事者，黨人之公責任也；有倚賴性，無責任心，何以對死友於地下？返滬諸同志，迫於情之不能自已，於是乎有『同盟會中部總會』之組織。定名『同盟會中部總會』者，奉東京總部為主體，認南部分會為友邦，而以『中部』別之，名義上自可無衝突也。總機關設於上海，取交通便利，可以聯絡各省，統籌辦法也。各省設分部，收攬人才，分擔責任，庶無顧此失彼之慮也。機關制取合議制，救偏毗，防專制也。總理暫不虛設（此層實太予中山以難堪），留以待賢豪，收物望，有大人物出，當可適如其分，不至鄙夷不屑就也。舉義必由總部召集，各分會決議，不得懷抱野心，輕於發難，培元氣，養實力也。總部對於各團體相繫相維，一秉信義，而牢籠誘騙之手段，不得施也。各團體對於總部同心同德，共造時機，而省界情感之故見不可有也。組織之內容，大概如是，海內外同志，其以為不謬肯首表同情贊助歟？黨人幸甚！中國幸甚！宋教仁、陳其美、徐潛、鄧道藩、關詠南、陳勒生、史家麟、王藹廬、張仁謐，潘祖彝、林琛、李洽、梁鋆、李光德、倪韓漢、范光啟、姚志強、楊兆崟、呂志伊、江鏡濤、胡朝陽、章梓、張卓身、周日宣、曾傑、沈琨、譚人鳳、譚毅君、陳道。」

自上舉宣言發表後，即由宋教仁、陳其美、譚人鳳、楊譜笙、潘祖彝五人任總務幹事。其各省分會，南京則鄭贊丞、章木良主持；安徽范鴻仙主持；湖北居正主持；湖南焦達峯、曾傑主持；四川吳永珊（即「吳玉章」，四川榮縣）、張懋隆主持；陝西則命井勿幕加強從事當地軍隊運動，凡長江上下游各省「同盟會」分子，一時參加者甚夥；而成功的一最大關鍵，乃在確定於武昌發難。

他們這次的舉動，幾乎是獨樹一幟，各方同志的反應怎樣呢？至少無人公開反對，事實如此，也無法反對。克強在兩個月以後，乃寫了一信給他們，表示充分贊成，同時解釋三月失敗以後，他所以避不與同志見面的理由，且引咎自責，態度十分誠懇。只有他才充分了解宋教仁，知道這件事由宋教仁主動，必將努力貫澈，其結果必非同小可也。現在把他這封信節錄一部分在下面：

「中部總會列公大鑒：奉讀手札，欣悉列公熱心毅力，竟能於橫流之日，組織幹部，力圖進取，欽佩何極！邇者蜀中風雲激發，人心益憤；得公等規劃一切，長江上下自可貫通一氣。更能力爭武漢，老謀深算，雖諸葛復生，不能易也。光復之基，即肇於此，何慶如之！弟自三月廣州敗後，自維才德薄弱，不足以激發眾人，以致臨事多畏懼退縮，徒傷英銳之同志，負國負友，弟百死不贖！自念惟有躬自狙擊此次最為敵之虜賊，以酬死事諸君，庶於心始安。故自四月初二出港，即專意於復仇之計畫；雖石公（指譚人鳳，譚字石屏）等極力阻止，弟未稍動，即自七月終未嘗與一友通隻字。其所以斷絕交通如此之孤行者，冀有以解脫一切糾纏，以促其進行之速。弟雖明知背馳，負罪公等，亦所不計，想匹夫之諒，君子當能見原也。……」（見《黄克強先生書翰墨蹟》頁七七—七九）

爭長江必力爭武漢，咸、同時代曾、胡諸人看得最清楚，太平天國對此也絕未放鬆，因而雙方對武漢三得三失，最後為胡林翼所掌握，即無法動搖，太平天國的敗局已定。這一點宋教仁和克強也見之甚明，所謂「雖諸葛復生不能易」，絕非漫作恭維語。曾、胡與黃、宋儘管立場不同，但黃之拙誠與宋之明智，與曾、胡乃大相類似，此論近代湖南人才者所不可不知也。

「同盟會中部總會」既把起義的地點確定在武漢，而且因此一舉而告成功，我們便必須明白武漢在發動以前的一般情況，革命黨人在這一地區八年間活動的經過，他們在本年八月十九日（十月十日）以前與香港統籌部，及上海中部總會的聯繫，尤其克強先生在這八年的革命醞釀期間（光緒三十年迄宣統三年），他處在一個怎樣的地位。

原來武漢革命醞釀，與克強所倡導的「華興會」同時，比較「同盟會」的成立早一年。先後由兩湖人士所組織的革命團體，如「科學補習所」、「日知會」、「公益社」、「群知學社」、「振武學社」，以及最後的「文學社」、「共進會」等，都對革命的促成，起過一定的作用（參看張難先著《湖北革命知之錄》）。他們這些組織的名稱，其所以隨時都在變更，目的僅在避免官方的注意，內部的主要分子則變動不大。

例如「科學補習所」，它成立於光緒三十年的春天（一說二十九年冬），其第一著眼點即為運動軍隊。後來在革命史上有名人物如宋教仁、胡瑛、曹亞伯、張難先、孫武、田桐、劉靜菴等，均所中活動分子。以與「華興會」有聯，克強等謀於是年十月初十在長沙起義，已約定補習所在湖北響應，且已有相當布置。長沙失敗，該所即被株連，幸事發他們即得有克強通知，因將所中名冊及宣傳革命的小冊子，如《猛回頭》、《孫逸仙》、《黃帝魂》、《革命軍》等（一部分即克強由日本回國時路過武漢交給他們散發的），預先移去，官方不曾拿到證據，事件沒有擴大，僅開除歐陽瑞驊及宋教仁兩人的學籍（時宋與歐陽為武昌文普通學堂學生），補習所也歸於停頓。但事後他們的分子如王漢、劉靜菴、胡瑛，還有在河南彰德暗殺鐵良的一幕。王漢開槍不中，雜人叢逃走，以搜索急，乃投井自殺。從這件事，我們可以看出，「科學補習所」的所員們，他們自始便是富有實行精神的（此事上文〔丙〕段已經提到，不贅）。

繼「科學補習所」而起者為「日知會」。「日知會」原為武昌基督教聖公會所附設的閱報室，補習所失敗，劉靜菴避居聖公會，會長胡蘭亭牧　，即聘劉主持其事，劉告胡以革命宗旨，胡慨然贊成，於是「日知會」乃一變而為湖北有名的革命團體，胡及長沙聖公會牧師黃吉亭均加入為會員。（按：黃牧師原為武漢聖公會創辦人，後調長沙。光緒三十年，克強及張繼、曹亞伯在長沙失敗脫險，實得黃吉亭掩護，並介紹克強於胡蘭亭。其時克強與張、曹路過湖北，均曾由武昌聖公會掩護。）

「日知會」改成革命團體後，正式開成立會於光緒三十二年正月，到者百餘人，其後逐漸擴充，軍學界加入者以萬計，如孫武、吳祿貞、藍天蔚、彭楚藩、劉堯澂、熊秉坤、吳兆麟等，均為會員，而劉靜菴實為會長。三十一年「同盟會」在東京成立後，即派余誠於湖北組分會，與「日知會」聯絡甚密。三十二年五月，中山派喬義生偕法武官歐吉羅赴湖北視察軍事，「日知會」開會歡迎，歐及會眾演說革命，語甚激昂，不知新軍統制張彪及巡警道馮啟鈞派有偵探混跡其間，「日知會」宗旨及軍界多人參加的情況，乃為官方所洞悉。繼以本年十月萍、瀏、醴革命爆發，長江各省戒備甚嚴，張之洞乃藉口對「日知會」作一網打盡之計，因有劉靜菴、胡瑛等九人被捕繫獄事件發生，「日知會」瓦解，劉且被拷掠甚酷，至辛亥武昌革命爆發前，卒瘐死獄中，餘人亦多於辛亥起義後始得釋放（參看〔丙〕段）。

可是「日知會」雖告失敗，但其分子潛伏的方面甚廣，又以其他組織的名義團結，辛亥大革命促成，即以這類組織的「文學社」及「共進會」的力量最大。

到了大革命揭幕的前夕，「文學社」與「共進會」乃聯合為一。原來「文學社」的前身即「振武學社」。「振武學社」原有分子二百四十餘人，以新軍為主體，發起時即為協統黎元洪所偵悉，致參加該社的楊王鵬（子鬯、複姓楊王，湖南湘鄉）、鄭士杰、李抱良、鍾倬賓被軍隊開除，楊王鵬等因而離鄂，將社務交蔣翊武（湖南澧州）維持，實際已陷於停頓，這是宣統二年十月的事。幸同年十一月，詹大悲（質存，湖北蘄春）籌了三千元，創刊《大江報》，與何海鳴（湖南衡陽）、查光佛等，專以鼓吹革命為職志，居正（覺生，湖北廣濟）、田桐、黃侃、胡瑛（經武，原籍浙江紹興，寄籍湖南桃源，經正學生，且曾任職母校，與克強及宋教仁甚熟，時在獄，但仍能領導活動）等撰文協助。在「振武學社」社務飄搖時期，忽得此生力軍，革命空氣乃愈趨濃厚，「文學社」實即在此時誕生。等到組織一經就緒，乃於辛亥元旦，假新年團拜為名，在「黃鶴樓」的「風度樓」舉行成立大會。首由主席蔣翊武說明改名「文學社」，旨在避免官方注意；次通過簡章，並推舉職員。蔣任社長，詹大悲文書部長，劉堯澂（湖南常德，原名復基，從軍後改名汝夔）評議部長，胡瑛則在獄中策劃。原有「振武學社」在各標各營代表不動，又加新代表多人。因社務發展甚速，到本年二月，更加推王憲章（貴州新義）為副社長。四月，增設總務部，推張廷輔（直隸，起義前任三十九標排長）任部長。起義前一天被殺的彭（楚藩）、劉（堯澂）、楊（宏勝）三烈士，均「文學社」社員，便最足以說明該社分子如何的富有犧牲精神了。

「共進會」原於光緒三十三年由焦達峯（初名大鵬，字鞠蓀，湖南瀏陽）、劉公（仲文，湖北襄陽）在日本東京發起，孫武（堯卿，湖北夏口）隨即加入。時焦、劉已入「同盟會」，以該會行動迂緩，主急進；又以「平均地權」不易為下層分子了解，改為「平均人權」。克強不以焦等立異為然，頗有爭執。達峯笑曰：「兵未起，何急也？異日公功盛，我則附公；我功盛，公亦當附我。」克強無以難，遂置之（參看章太炎撰〈焦達峯傳〉）。三十四年十二月，達峯抵漢口，與孫武協商兩湖入手辦法，並於宣統元年三月，在武漢分設機關。次年十月，「共進會」同志楊時傑堅主於武漢發難，因約劉公從日本回鄂進行，公因病回襄陽，時傑則留武漢策動甚力。時居正奉「同盟會」香港統籌部命主持鄂事，謀策應廣州，居亦「共進會」會員。辛亥正月，譚人鳳復奉統籌部命布置長江軍事，携小款抵漢，因與居正、孫武密商鄂事，並因胡瑛之介，訪問「文學社」諸同志，全鄂黨人，目睹人鳳年事遠較他們為長，而熱心積極如此，乃異常興奮。先是「共進會」在漢口法租界長清里設總機關，至是，並於武昌胭脂巷加設分機關，與「同興學社」、「同興酒樓」等輔助機關，惟以款絀，殊感困難，後利用劉公所有準備捐官之五千元，許以起義後推他為都督，始得勉強支持。時兩湖革命分子，加入「共進會」者頗不少，即「文學社」社員，兼入「共進會」者也甚多，乃由「共進會」之楊時傑、楊玉如與「文學社」之劉堯澂、蔣翊武、王守愚、詹大悲等商討聯合辦法。初頗有歧見，後經蔣、劉及查光佛、王憲章等多方斡旋，乃融洽無間，這是本年七月間的事。

去年廣州方面，有新軍一役的失敗，本年三月又有黃花崗一役的大挫，兩湖的革命分子，乃不能不獨立發難，於是辛亥八月初三，「共進會」、「文學社」乃開聯合會於武昌胭脂巷，到會者六十餘人，商討首義動員計畫，一致決定首義日期為八月十五中秋節，迅即電知湖南焦達峯備響應。並推「文學社」社長蔣翊武為革命軍臨時總司令，孫武為參謀長，劉堯澂、蔡濟民、張廷輔等為參謀，楊時傑、楊玉如任內政，楊宏勝任交通，鄧玉麟任轉達命令。軍中組織，以二十人為一排，五排為一隊，臨時司令部設武昌小朝街八十五號張廷輔寓，政治籌備處設漢口總機關部。牟鴻勳、梅寶璣負責草起義文告，孫武、潘公復、陳光楚，負責製造炸彈。其餘各標、各營、各隊代表，均分別指定工作。但是日散會後，因一部分軍中同志（屬南湖砲隊）興奮過度，酗酒諠譁，引起官長干涉，幾至釀成暴動，大有不能不倉卒發難之勢。幸經鄧玉麟、胡祖舜多方勸止，劉堯澂復主緩發，而總督瑞澂懼事，亦未敢深究，僅開除一二滋事士兵軍籍了事。但八月十五首義的消息，則已洩露，且見於漢口各報，致使官方提高警覺，此實起義前最初遭遇的一大危機。

我們要懂得當時武漢方面的革命空氣何以突趨緊張？而首義的若干具體辦法又何以迅即

確定？有一事不能不於此略加補敘：先是本年四月，清廷新內閣成立，郵傳部大臣盛宣懷，度支部大臣載澤，主張將先後借得之外債約兩萬萬元，以一部分作為實現鐵路國有政策之用。其中向英、美、德、法四國銀行團所借之六百萬鎊（約六千萬元），即明定為川漢、粵漢鐵道借款。當時清廷所宣示的鐵路政策：幹路均歸國有，枝路准商民量力酌辦，從前批准鐵路各案，一律取銷，如有抵抗，即照違制論。同時，又以贊成此一政策的端方充督辦粵漢、川漢鐵路大臣，鄭孝胥任湖南布政使。原來粵漢路曾由美國合興公司承辦，後以該公司違約，由人民力爭收回，已批准由商民集股自辦，川漢亦經批准商辦。商民集股已有相當成數，在若干地段且已進行建築，忽聞有此改變，川、鄂、湘、粵四省人民大動公憤，認為政府有意將權利斷送外人，而濫借外債，以供清廷諸親貴揮霍，尤為人民所切齒。於是此利害密切的四省，乃紛起力爭，即憑藉各該省的諮議局作反抗的大本營，並推派代表赴北京請願。是年六月，湖北旅省紳士，集會於涵三宮，詹大悲、宓昌墀、張伯烈等演說，甚為激昂。諮議局議長湯化龍（濟武，湖北蘄水）謂大悲曰：「明達如君，不應反對鐵路國有。」大悲答：「國有固當，清有則否！」復為文發表於《大江報》，題曰：「大亂者，救中國之藥石也！」詹大悲、何海鳴即因此被捕入獄（起義後始被釋），同時《大江報》也被封。七月，四川保路同志會知道清廷已命端方帶兵入川，乃如火上澆油，因於七月十五公舉代表見川督趙爾豐，要求阻端入蜀。爾豐初許代奏，繼又翻悔，並將代表保路會會長鄧孝可，股東會會長顏楷，諮議局議長蒲殿俊及紳士張瀾、羅綸、胡嶸、江三乘、葉秉誠、王銘新九人拘押署中，人民到署哀求釋放，不許；且由趙督下令開槍，斃七人，傷無數，於是全國譁然，風潮愈益擴大。在這樣一種形勢之下，其足以加強武漢黨人發難的決心，自屬毫無疑義。

在武昌起義前，任湖廣總督者，為一庸弱無能的瑞澂（字莘儒，滿洲正黃旗人，即鴉片戰爭時代大學士琦善之孫）。時湖北的新軍，計有陸軍第八鎮，統制張彪；又第二十一混成協，協統黎元洪。此外則有巡防營、水師營，各分五路，每路設一統領；各統領上設一提督，由張彪兼任。端方入川，已將新軍調去一部分，其中有革命同志不少；留駐武漢附近的新軍，其約數不足一萬人。此不足一萬人的新軍中，與革命黨有關係者約十之三，觀望者亦十之三，起義後被逼附和者，則佔十之四。此外各巡防、水師、及警察等，事前並未受有何種運動，而新軍中的第三十標及憲兵第八營，又多旗人，可以為革命軍之敵。瑞澂、張彪本已早知革命黨將在武漢起事；八月初九，又接有外務部密電，更證實十五起義之說不誣。於是瑞澂飭軍警嚴加戒備：調集軍隊，排列機槍，保衛總督衙門；命巡警道嚴查武漢各碼頭；命黎元洪以所統新軍的一部保護漢陽兵工廠；又調集長江艦隊及本省巡防艦多艘，一律停泊江面。瑞澂且於楚同艦上設有行轅，夜間住宿其中。又下令檢查行人，禁學生出校，軍隊兵器多收置楚望臺軍械庫，令工程營一部戍守。並向漢口德領事切商，多調兵船來漢，如革命黨暴動，即開砲轟擊。從上舉事實可見武漢官廳防範的嚴密，決不下於張鳴岐、李準之於廣州，而黨人有把握運用的兵力既不雄厚，而端方入川，又將可以響應起義的新軍帶走一部，其形勢實相當險惡。但一經發難，居然迅速成功，則黨人平日感情的融洽，事前組織的謹嚴，臨時應付的沉著，乃為主要原因，初不完全由於瑞澂、張彪之一走也。

在武昌起義前，「同盟會」總部名義上仍在東京，以主要負責人不在，事實上已陷於停頓；中山遠在美國，鞭長莫及，對武漢情況更不明瞭；香港有一「統籌部」，自趙聲死後，由克強與胡漢民主持，除克強個人在籌備暗殺李準以外，也一籌莫展；另有一「中部總會」，則於辛亥閏六月成立於上海，由宋教仁、陳其美、譚人鳳等負責。湖北方面，自「文學社」、「共進會」合流以後，內部組織已相當嚴密，且富有自動精神，可是他們並沒有忘記與香港、上海保持聯繫。

先是辛亥七月二十四日，居正、楊玉如即奉命赴上海購置手槍，並促克強、宋教仁、譚人鳳到湖北主持一切。居到滬以後，即向滬方負責者譚、宋、陳等報告湖北進行實況，以購械及滬寧響應之責期待於陳其美，對譚人鳳及宋教仁，則希望其提早赴鄂。同時，居又以一詳函交由呂志伊帶港，面交克強。克強有八月初九及十四寫給馮自由（時馮在舊金山，負有籌款責任）的兩封信，可見他們接洽的情形，且與當時整個局勢有關，茲節錄如下：

「……七月以來，蜀以全體爭路，風雲甚急，私電均以成都為吾黨所得，然未得確實消息。前已與執信兄商酌，電尊處轉致中山先生，請設法急籌大款，以謀響應，尚未得復。今湘鄂均有代表來滬，欲商定急進辦法，因未接晤（時黃在港），不知其實在情形，故不敢妄斷。至滇之一方面，若欲急辦，儘可辦到，以去年已著手運動，軍界會黨，皆有把握，有二三萬之款可發動。然此方面難望其成功，以武器甚少，不足與外軍敵也。滇為蜀應則有餘，為自立則不足。……弟興頓首。八月初九夜。」

「又啟者：鄂代表居正由滬派人來（舜按：當即指攜函到港之呂志伊）云：新軍（舜按：指湖北新軍）自廣州之役，預備起事，其運動之進步甚速。（廣州之役，本請居君在鄂部總理其事，以備響應者。）辦法以二十人為一排，以五排為一隊，中設有排長隊長以管領之。平時以感情團結，互相救助，使其愛若兄弟，非他人所能間隔，成一最有集合力之機體，現人數已得二千左右。此種人數，多係長官下士，而兵卒審其程度高者始收之。以長官下士能發起，兵卒未有不從者，不必於平時使其習知；況其中又有最好之兵卒，為之操縱，似較粵為善。近以蜀路風潮激烈，各主動人主張急進辦法，現殆有弦滿欲發之勢。」

「又胡經武君（即胡瑛），亦派有人來，胡雖在獄，與軍界關係未斷，其部下亦約千餘人（按即指「文學社」諸人）。去年弟曾通函胡君，請其組織預備，以備響應。胡已擴張其範圍，其進步亦速。胡君之人，在居君部下者有之，擬於最近發動，期兩部合而為一（舜按：所謂兩部，即指「文學社」與「共進會」而言）。據此，則人數已多。乘此路潮鼓湧之時，尤易推廣。蓋鄂省軍界久受壓制，以表面觀之，似無主動之資格，然其中實蓄有反抗之潛勢；而各同志尤憤外界之譏評，必欲一伸素志。似此人心奮發，倚為主動，實確有把握，誠不可多得之機會。若強為遏抑，或聽其內部自發，吾人不為之指揮，恐有魚爛之勢，事誠可惜。即以武漢之形勢論，雖為四戰之地，未足言守，然亦視其治兵之人何如；胡林翼於破敗之秋，收合餘燼，猶能卓然自立者，亦有道以處之。今漢陽之兵工廠既歸我有，則彈藥不虞缺乏，武力自足與北部之兵力敵；長江下游，亦馳檄可定；沿京漢鐵路北伐，勢極利便，以言地利，亦足優為。吾人之純然注重於兩粵，而不注意於此者，以長江一帶，吾人不易飛入；後來輸運，亦不便；且無確有可靠之軍隊，故不欲令為主動耳。今既有如此之實力，則以武昌為中樞，湘粵為後勁，寧、皖、陝（前本有陝西人井勿幕君在此運動，今已得有多款，勢足自動，熊克武君已馳赴該處，為之協助。）蜀，亦同時響應以牽制之，大事不難一舉而定也。急宜乘此機會，猛勇精進，較之徒在粵謀發起者，事半功倍。關於經濟問題，尤易解決。茲約計各處，大略有二十萬左右，即足為完全之預備；至少四五萬，亦可發起鄂事。總之，此次據居君所云，事在必行，即無外款接濟，鄂部同志不論如何竭絀，亦必擔任籌措，是勢成騎虎，欲罷不得。吾人當體驗內地同志經營之艱苦，急為設法籌集鉅款以助之，使得有以寬裕籌備，不致艱困從事，歸於失敗，徒傷元氣，不勝切禱之至。弟本欲躬行荊、聶之事，不願再為多死同志之舉，其結果等於自殺而已。今以鄂部又為破釜之計，是同一死也，故許與効馳驅。不日將赴長江上游，期與會合，故特由尊處轉電中山，想我兄接閱，必為竭力援助。前加屬（彝按：指加州即舊金山而言。）於廣州之役，最為出力，此純係我兄血誠所感，故能有此，今更望有以救我，擬得兄等覆電後即行。或南洋之款，須弟一親往，亦未可知。餘俟續告，手此覆頌文安。弟興頓首。八月十四日。（前函書好未發，適鄂派人來，故特補敘，又及。）」

從這封信，可以看出克強原想等待籌得的款，然後親赴長江指揮，可是武漢方面形勢急轉，不僅不能等待克強，即由居正邀約譚人鳳、宋教仁赴鄂也迫不及待，一到八月十九日的晚上，他們便自動的幹起來了。

先是「共進會」與「文學社」兩團體一經聯合，即決定八月十五日起義，可是這個消息，已經漢口報紙揭露，且有北京外部密電，武漢官方於是乃加緊戒備，其情況的險惡，較之三月二十九日前的廣州，殆有過之而無不及。當時兩團體的首腦分子如孫武、劉公、王守愚、劉堯澂等（時蔣翊武赴岳州），見事實如此，乃開會將起義延期，改為八月十八日的午夜，仍照原定計畫進行，一以鬆弛敵人的緊張情形，一以加強自身的聯絡部署。

但不幸十八日午前十時左右，孫武在漢口俄租界寶善里機關部趕造炸彈，傍立者不慎，將紙烟火灰飄入藥中，當即濃烟四起，火勢熊熊，孫武頭部及兩手被燒，血流被面。差幸尚未裝製成彈，火發無聲，即由同志李作棟脫下外衣，將武頭部遮覆，並尤其他兩同志將武扶往日人所設同仁醫院醫治。此一製造炸彈之地點，實即劉公住宅，鄰人高呼火警，俄捕聞聲趕到，劉公乘間逃遁，但所藏手槍、旗幟、冊籍、文告等，則全部搜去，並將劉公家口捕去兩人，將連同文件等引渡於江漢道，並解交總督署。

其時武昌分機關，亦在趕造炸彈，並向各處分送。不幸送楊宏勝處者（按楊任交通），因楊疏忽爆發，楊即被軍警捕去，因是祕密全洩，官方更緊張萬分。

原來十八這天的清晨，蔣翊武已自岳州返省，到小朝街十五號機關部問劉堯澂進行實況，劉告以赴上海的楊玉如已返漢，居正未歸，黃興由港電滬，主張改於九月初，十一省同時舉事。時王憲章、彭楚藩、江國光、張鵬程趕到，漢口、武昌機關因炸彈事件被破獲的消息，他們也作了詳細的報告。劉堯澂認為形勢如此，已無法再延，即流血犧牲，亦應在所不惜，並告蔣翊武：大部分炸彈已分發各營，方略及地圖已擬就。於是翊武稱善，即於下午五點鐘在機關部以「臨時總司令」名義發出命令十條，決定本軍於十八日晚十二時舉義。命令第三條包括進攻方略十項，而「工程第八營以佔領楚望臺軍械庫為目的」，實翹然居首。

此一命令發出後，蔣翊武、彭楚藩、劉堯澂、梅寶璣、龔俠初、陳宏誥等，乃登樓守候。忽牟鴻勳奔告：謂外面風聲甚惡，……語未畢，即聞扣門聲甚急，堯澂知有變，乃持炸彈躍起，軍警已破門蠭擁而入，劉投彈不中，誤中梯身，劉且因彈片反射受傷仆地，軍警亦稍卻，劉即偕翊武踰後牆，登鄰居巡警高等學堂宿舍，椽斷墮樓，即為軍警圍捕，於是翊武、楚藩、堯澂、寶璣、俠初、宏誥、鴻勳同被逮；連同巡警學堂學生及張廷輔家屬，共捕去二十餘人，蓋小朝街機關，實即張廷輔住宅也。時翊武尚留有髮辮，是日更穿一棗紅馬褂，滿臉村夫子氣，軍警未重視；又以被捕者多，顧此失彼，只注意斷髮洋服者，翊武乃得逸去，逃京山暫避。

當是時，克強居港未動，居正留滬未歸，宋教仁、譚人鳳亦在上海，孫武以火傷入醫院，劉公以住宅被搜走避，堯澂被捕，而翊武倖免，又已遠颺；故武昌發難前夕，實呈一群龍無首狀態。

十八日翊武所發出命令，以各營及軍警學校均閉門禁出入，多未能到達，因此是夜仍未發動。瑞澂命武昌知府陳樹屏，督練公所總辦鐵忠，及司道雙壽於是晚會審彭楚藩、劉堯澂、楊宏勝；經多方拷掠，均直認不諱，惟未供出同志一人，因即命將三人在督署前梟首，是即武昌

首義事實經過

照理說，經過十八、十九兩天，漢口、武昌機關的破獲，以及彭、劉、楊三烈士慘遭屠殺，假定他們不是平日確有嚴密的組織和相互間的親愛精誠，便可能陷於分崩瓦解，各求倖免，則所謂首義云云，豈不要烟消雲散，和以往歷次失敗的情形完全一樣？可是事實並不如此。機關儘管多處破壞，重要同志儘管被捕，有領導資格人物儘管一個也不在當地，但他們不僅沒有氣餒，反而加強了他們每個細胞組織的自動決心；彭、劉、楊被殺，不僅沒有使他們膽怯，反而加強了他們的同仇敵愾；其原動力皆由平日積累而來，決非臨時七拼八湊的烏合可比。再加上，他們都是本地人，對武漢三鎮的情形原已爛熟於胸；而一切進行計畫又早有規定，且命令亦已部分收到；因此，工程第八營的總代表熊秉坤及金兆龍、程正瀛（即程定國），乃能大下決心，投袂奮起，公然放出第一槍，其時實八月十九日晚八九時頃也。究竟第一槍是誰放的？則若干資料都有明確記載，乃是程正瀛對當日該營值日官後隊排長陶啟勝的一擊。但這不是重要問題。當時說服同志必於當晚起義者為熊秉坤；盜取腰牌號簿偕於郁文冒險出營通知二十九、三十兩標響應者為熊秉坤；其時軍中子彈已被官長收去，設法覓得少許子彈，分發同志，作為起義憑藉者，仍為熊秉坤；等到他們將該營管帶阮榮發，右隊隊官黃坤榮，司務張文濤擊斃，排長陶啟勝擊倒，然後奪取本營軍裝房子彈，搗毀電話，焚燬營房，率同志四十餘人跑步出營，按照原定命令直趨楚望臺以奪取軍械庫者，也還是熊秉坤！其一種義無反顧的精神，生龍活虎的身手，雖項羽「沉船破釜甑，燒廬舍，持三日糧，以示士卒必死無一還心」，而卒以破秦軍，救鉅鹿者何以遠過！

原來其時駐守楚望臺軍械庫者，本屬工程第八營的一隊，負責指揮者，為本營左隊官吳兆麟。兆麟曾畢業參謀班，對軍事調度指揮有較高研究，原為「日知會」會員，自該會失敗，即未再問革命事。是晚本隊同志羅炳順、馬榮等，遙聞本營槍聲，知已發動，即鳴槍響應，兆麟乃驚駭而逃。時負軍械庫監守之責者，尚有督練公所課員李克果，及軍械所總辦紀某，以召集士兵訓話無應者，也相率遁走。於是炳順等迎秉坤入，乃將軍械庫佔領，即由熊秉坤任臨時指揮。時三十標方維、謝湧泉等率百餘人來會；測繪學堂李翊東、向許、甘績熙等八十人先後來歸；二十九標代表蔡濟民率數十人；三十標排長馬明熙率全排四十餘人同到楚望臺；四十一標闕龍、鄭繼周、王世龍、越營垣來歸；其他如杜武庫、吳醒漢、高尚志、徐達明、胡效騫、彭紀麟、徐紹孺、楊選青等，也各帶一部到達；城外輜工兩隊，也由代表李鵬昇帶來七十餘人；

聲勢頓形浩大，此為首義成功第一階段。

可是秉坤究竟是起自行伍，不嫻指揮，其初步調度，似僅以守住楚望臺為目的，還沒有談到攻打總督衙門。等到三十標代表張鵬程率士兵二十餘人趕到，乃認為徒守楚望臺實有莫大危險，一到天明，即將大受優勢武力的壓迫，可能同歸於盡，應立即行動，以攻取督署驅瑞澂為目標。眾以為然。於是首義的艱苦工作乃告開始。

八月十九日晚，瑞澂正留在總督衙門；張彪則在他的文昌門公館。武昌督署位於文昌門城牆附近，右側及後門，依城為要塞，無街道可通，其形勢實易守難攻。其時防衛督署者，計有陳得龍所部巡防隊三營，督練隊兩營，機關槍一隊，武裝消防隊一隊，憲兵一隊，水機關槍四挺，兵力相當雄厚；以前二十九標統帶李襄鄰及曾充統帶的白壽銘為兩路指揮，分防各要道，嚴陣以待，布置也可算週密。

黨人向督署進攻，最初係由蔡濟民、張鵬程、闕龍等所率領。一部直達督署前門，敵方抵抗甚力，不能得手；闕龍向東轅門左側進撲，被保安隊襲擊，龍中槍倒地；王世龍在門前鐘鼓樓放火，亦以身殉；張鵬程未能抵達督署，在保安門即被消防隊截擊，死傷數人，仍折回楚望臺。其時蔡濟民見形勢危急，已命馬明熙等赴南湖迎炮隊進城，至是張鵬程亦率同志百餘人往請炮隊。本來，十九日正午，負交通聯絡責任的鄧玉麟即已到達南湖，炮隊同志徐萬年等，亦已排除種種困難，偕玉麟等整隊向中和門出發，有炮十二尊；適馬明熙、張鵬程等趕到，乃由徐萬年指揮全標入城，據中和門城樓及蛇山陣地架大炮射擊，聲勢為之大壯；但以黑夜目標不明，彈多虛發。

先是各方部隊，陸續集中楚望臺，形勢相當凌亂；初攻督署，僅憑一股勇氣，難言部署；至是忽由汪長林力勸吳兆麟返回楚望臺。吳沉毅有聲譽，頗為士兵所信仰，今見其避而復出，乃群推其代熊秉坤為臨時總指揮，並表示願服從命令，熊亦極端贊成，吳始允就職。當此緊急之際，兆麟乃將軍隊重作調度，分前路、後路、側擊；有先發，有後應；將督署多麵包圍，並命人於水陸街、保安門、王府口三處放火，瞬息火光燭天，如同白晝，於是炮隊乃得瞄準向督署猛轟，無不命中。蔡濟民、熊秉坤、馬明熙等也以大隊乘勢向督署衝鋒。紀鴻鈞則衝入督署門房放火，紀雖以身殉，而火已燃燒，且延及大堂。瑞澂眼見炮彈橫飛，火燄與人聲鼎沸，已嚇得面無人色，知道自己的生命危險，已迫在眉睫，乃接受巡防統領陳得龍勸告，將督署後面圍牆洞穿，由衛隊一排保護，經吳家巷，出文昌門，在狼狽不堪的情形之下，逃往楚豫兵艦，準備一走了事。延至天將放曉時，這座聲威烜赫的湖廣總督衙門，過去為張之洞坐鎮十餘年，隱然為南中國第一重鎮者，乃完全為革命軍所攻克。

當督署在緊迫萬狀之際，張彪正留文昌門公館，憂心如焚；因急趨大都司巷司令部，以電話制止各營不許妄動，無效；擬就司令部門首放機關槍示威，但槍上零件早被取去，放而不發！於是張憤不可遏，自批其頰，乃出司令部，登保安門城樓，一面指揮軍隊，一面以白布揭布告城上，自咎治軍無法，致遭叛變，諭令「各歸原營，不咎既往」，已根本不生作用；復令消防隊兩次衝鋒，亦不得逞；不得已，仍踅回文昌門住宅，將大門緊閉，繞室急走靜待死神降臨；及聞督署已陷，總督已逃，知大勢已去，乃命馬隊護送其眷口先逃；自身則赴平湖門外輜重第八營，即率該營渡江，到漢口劉家廟負隅自保。

是晚，協統黎元洪，亦留武昌，聽到駐城外的輜工兩隊已變，惶恐萬狀。其時他還能掌握著的僅有四十一標第三營，黎即駐營內鎮壓，除將營門關閉外，束手無策。有黨人名鄒玉溪者欲奪門出，黎實手刃之。突聞第三標留守兵槍聲大作，勢將及四十一標，黎指揮兵士立牆上防守，初命「攻則還擊」，繼命「好言勸告」，最後命「退守營房」。蓋黎知道革命軍已無可抗，再加以從蛇山發出之炮，聲震屋瓦，四處火光冲天，不走即有生命危險，不得已乃偕其參謀劉文吉出營，即逃匿黃土坡劉之私宅。時城內藩司聯甲以次各官員，未參加革命各部隊，均已陸續逃竄。延至二十日正午，武昌乃告完全光復，義旗已招展於黃鶴樓頭，這算是首義成功的第二階段。

其時漢口各國租界仍安堵如常，外艦駐泊長江一帶者不少，武漢江面更多，一經牽動，自於革命軍不利。先是瑞澂逃到漢口，即誣革命黨為義和團復起，請德領事依前約開炮轟擊。德領事頗為所動，惟以一國不能自由行動，因於二十日召集領事團會議。時法領事羅氏，已得見劉公所草布告，署名者為中華民國臨時大總統孫文。羅與中山有舊，法亦贊助中國革命甚力，於是羅在會場發言，謂：孫逸仙為其老友，深知革命黨目的在改良政治，決非義和團可比，吾人不能妄加干涉！英、美、俄各領事均表贊成，日領事原傾向德方，見多數主張中立，亦不復固執。延至二十二日，各領事見革命軍已將漢口、漢陽陸續光復，且立即成立新機構維持秩序，漢口由新出獄的詹大悲、何海鳴負責，漢陽則由出獄的李亞東負責。舉動文明，不僅對外人秋毫無犯，租界也不准武裝人員闖入，甚至有條約各機關，如郵政、海關、電報，也未受任何損害，而黎元洪且已出任都督。於是各國領事認為滿意；至本月二十七日，英、俄、德、法、日通過領事會議，乃向租界居民發出正式布告，承認革命軍為交戰團體，表示嚴守中立。

武昌光復後，革命軍即嚴密點驗當時省城存貯的款項，計藩庫實存現銀一百二十餘萬兩；銅幣局存銀元七十萬元，銀八十萬兩，銅元四十萬串；官錢局存銅元二百萬串，官票八百萬張，未蓋印官票二千萬張，銀元票二百四十萬張，現銀二十萬兩，銀元三十萬枚；三處合計，總值不下四千萬元，此實為後來獨立各省之所無。革命軍興，萬端待理，頭緒紛繁，不獨響應各地希望接濟，舊有及新成立各軍也非餉莫辦，在在須錢應付，得此，實軍心、民心趨於穩定

之一大原因。湖北財政所以有如此結果，不能不說是受張之洞長期經營之賜。（參看曹亞伯《武昌革命真史》）

外國的干涉避免了，應付緊急局勢的錢也有了，但如何構成一中華民國臨時政府的規模，以待各省響應；如何加強軍事準備，以抵抗北來清軍的壓迫，則頗費躊躇。以首義諸人係臨時自動崛起，資望實在不夠，較知名者又一時未能出面或不在武漢，於是乃有擁護黎元洪出來的一幕。

黎元洪（一八六四—一九二八）字宋卿，籍湖北黃陂。體肥碩，身短，步履舒徐，天生福相，性和易，有「菩薩」之稱，然外寬內深，對革命主義毫無認識。初習海軍，中日甲午之戰，元洪在廣甲艦供職，戰事爆發，廣甲艦適被調與北洋海軍會操，未回廣州，因得參加甲午八月十八日的黃海之戰。致遠、經遠、超勇、揚威四艦沉沒，廣甲突圍，於夜半逃到大連港外觸礁，仍被敵艦擊沉，元洪與十一人同時落水，僅四人泅抵大連登岸，元洪其一也。時張之洞由湖廣調署兩江總督，召元洪修江寧、江陰炮臺，頗堅實中式；之洞回湖廣本任，携元洪到鄂練新軍。曾三赴日本考察軍事，歸任湖北護軍馬隊長，前鋒統帶。不久，以二十一混成協協統，兼管馬炮工輜各隊，並提調兵工鋼藥兩廠，監督武中學堂，會辦陸軍特別學堂，統「楚」字兵船六，「湖」字雷艇四，凡兩主大操，指揮中度。計前後在海軍七年，統陸軍十餘歲，了，用不著我。」眾不聽；時闕龍趕來，乃不由分說，同擁黎到楚望台。兆麟聞黎統領到，命士兵站隊，舉槍致敬，時黎衣灰呢夾袍，愁容滿面，兆麟趨謁，黎說：「你們把事情太鬧大了！如何得了？」當時有一炮兵高呼：「請統領下令作戰！」黎身傍一人請黎勿允，該炮兵拔刀砍之；黎以身遮蔽，說：「這是我的執事官王安瀾，不許亂動！」李翊東乃為排解，說：「此地下命令不便，請統領到諮議局。」眾以為然。時覓黎者蔡濟民、劉賡藻亦到，乃又同擁黎到諮議局，眾高呼舉為都督，時二十日下午一時四十分也。黎登樓，見議長湯化龍已先在，疑早與謀，意稍安。於是由議長湯化龍，副議長張國溶、夏壽康，議員阮毓崧、劉賡藻、胡瑞霖等及到場諸黨人共同開會，推舉都督，經眾一致舉黎。黎堅不承認，胡瑞霖、李國鏞、吳兆麟勸之；張振武、李翊東、蔡齊民迫之；朱樹烈舉刀自殺，血濺滿座以感之；黎屹不為動。翊東乃持一預寫之安民布告，請黎署名，黎仍堅拒；翊東不得已，乃於都督銜下，代書一「黎」字，交由書記繕寫，黎亦無可如何。於是「中華民國政府鄂軍都督黎」的安民布告乃遍貼全城！就黎個人來說，真所謂富貴逼人而來也。

由上舉事實，可見黎原無意贊成革命；黎後來對首義諸人也極不融洽；可是瑞澂初猶觀望，聞黎已出，知大勢已去，始乘軍艦離鄂。軍民知黎已出，乃漸趨安定。外交團亦以黎出，迅即承認革命軍為交戰團體，並正式宣告中立。此外如漢口、漢陽收復之快，各省響應之速，也與黎出不無關係。可看出擁黎這一著，雖由當時的形勢造成，但武漢局勢因以穩定，合全局觀之，畢竟還是得多於失的。

黎既落入首義諸人的掌握中，於是中華民國軍政府的鄂軍都督府乃得宣告成立，即以諮議局為軍政府及都督府。可是黎依然毫無決心。於是由蔡濟民提議組織十五人的「謀略處」，共同處理緊急事務，名為夾輔黎，實際黎的地位已形同傀儡，一切由「謀略處」議決執行，黎未作任何表示。當時所決定並執行者有：一、稱中國為中華民國；二、改政體為五族共和；三、稱中華民國年號為黃帝四千六百零九年；四、以黎名義布告湖北各府州縣；五、移檄各省，照會各國領事，宣布滿清罪狀，並致書滿清政府；六、布告漢族同胞之為滿清將士者，促其覺悟等項。

由都督府統轄軍民，府內設參謀、軍務、政務、外交四部，分別由張景良、楊開甲、吳兆麟（參謀）、孫武、蔣翊武、張振武（軍政）、湯化龍（未到）、張知本（政務）、胡瑛、王正廷（外交）負責。

又以大敵當前，兵力不夠，且嫌散漫，乃統編為步兵四協。吳兆麟任第一協協統，杜錫圭任二協協統（後改何錫藩），成炳榮三協協統，張廷輔四協協統。且於每協成立後，各招補充兵一團。這些都是臨時雜湊的暫編性質，既無工夫訓練，調度與作戰能力當然是談不上的。

其時都督府形式上已告成立，詹大悲、何海鳴且已組織漢口軍政分府，但黎元洪仍無積極表示。張彪在漢口大智門集殘部待援，河南援兵即將趕到；清廷已略明武漢情況，大為震動，一面命陸軍大臣廕昌統近畿二、四兩鎮赴鄂，一面加派兵輪，命薩鎮冰督率前往，並命程允和指揮長江水師；武漢無充分準備，大戰即將爆發，形勢確實是非常險惡的。幸居正、譚人鳳於八月二十三日從上海趕回漢口，當夜即渡江面晤元洪，規劃全局；黎托言喉痛，僅點頭默認，不表示意見。居正深感事機緊迫，而元洪態度仍不可捉摸，乃與「謀略處」協商，為鼓舞民心，振奮士氣，並加強元洪決心，以應付大敵，因議定於二十五日請都督祭黃帝，誓師。是日集各軍於閱馬廠，黎都督軍服騎馬到達，眼見場面壯濶，人心熱烈，革命空氣異常濃厚；居正登壇演說，更慷慨激昂，軍民歡聲雷動；於是由黎領導，行禮如儀，黎乃漸覺可為，心境也稍稍安定了。

清政府派遣赴鄂的二、四兩鎮，原為袁世凱任北洋大臣時所練六鎮陸軍中最精銳的部隊；其高級將領，自小站以來即與袁關係甚深。廕昌充分知道：像這樣的軍隊，不起用袁而由他來指揮，絕對不會用命。同時，與袁私人關係密切的奕劻（時任內閣總理）與徐世昌（協理），自然也主張用袁甚力。其時實際掌握政權的攝政王載灃，雖知道袁出於他絕對不利，但為形勢所逼，也莫可如何。於是八月二十三，乃由清廷下論，起用袁為湖廣總督，兼辦剿匪事宜；除湖北原有的軍隊歸他節制調遣外，蔭昌及其他水陸各援軍，袁也得會同調遣。袁是光緒三十四年十二月，由載灃以「步行維艱，不堪任職」的托辭將他免職的，現在到了緊急危難之際，又要請他出來，他當然非大擺架子一洩私憤不可，因對湖廣總督的任命，即以「足疾未痊」四字力辭。袁不肯出，清廷愈加著急，於是命徐世昌微服出京，前往彰德勸駕。袁見大有生意可做，即以世昌與奕劻為介，且可能經過袁、徐間的熟商，向清廷有六條件的提出：一、明年即開國會；二、組織責任內閣；三、寬容參與此次事變之人；四、解除黨禁；五、須委以指揮水陸各軍及關於軍隊編制的全權；六、須與以十分充足的軍費。前四點在敷衍憲政派與革命派，並由他自己組閣；後兩點則在切實掌握軍權與財權。這樣一來，不僅憲政派甘心為他効忠，即革命派也落入他的圈套，等到政權、軍權、財權全部到了他的手裡，他便可以操縱一切而為所欲為了。

自然，這樣惡辣的條件，載灃原是不肯慨然答應的。可是一經進入九月，湖南、陝西、江西的九江，已繼起獨立；駐在灤州的陸軍第二十鎮統制張紹曾、協統藍天蔚又告不穩；於是清廷乃更感恐慌，對袁所提各件，只好全盤照辦。

九月初六，清廷任袁為欽差大臣，節制各軍，以馮國璋統第一軍，段祺瑞統第二軍。初九，取消現行內閣章程，改組內閣。同日，釋放汪精衛、黃復生等，並承認革命黨為正式政黨。十一日，慶親王奕劻的內閣解職。十二日即任命袁為內閣總理大臣。這樣一來，革命黨人的對手，實際已不是清廷，而為袁世凱其人；而袁為表現自己的實力，並作出一效忠清室的姿態，武漢方面的軍事，乃不能不進入緊張階段。而這一必須艱難應付的責任，乃又落在一生陷於苦戰的克強先生的頭上。

克強在漢口、漢陽的苦戰

當武漢革命爆發之初，克強仍留香港，至九月初三（十月二十四）始抵上海，初七乃到達武昌。先是本年三月二十九黃花崗一役失敗以後，克強始於四月初二由徐宗漢掩護化裝回抵香港，第一步入醫院養傷，傷癒，第二步即籌劃暗殺。在此期間，有兩件事使他最受刺激：其一為四月十九日趙聲之死（趙死之日期有三說：柳亞子〈丹徒趙君傳〉為四月二十，羅編《國父年譜初稿》為二十四，此從章士釗〈趙伯先事略〉）；其一則六月十三楊篤生在利物浦蹈海自殺（克強聞楊死，在本年八月初九致馮自由信中云：「感情所觸，幾欲自裁。」）。蓋趙為克強最親密之戰友，楊則為克強私交最厚而期待最切者也。

克強決心籌備暗殺的經過，也以在八月初九寫給馮自由的信中說得最為明白：「……廣州之役，弟實才德薄弱，不足以激發眾人，以致臨事多畏懼退縮，遭此大敗，而閩、蜀兩省英銳之同志，因此亦損失殆盡。弟之負國負友，雖萬死無以蔽其辜。自念惟有躬自狙擊此次最為害之虜賊（按指李準），以酬死事諸人，庶於心始安，亦以作勵吾黨之氣。故自四月初二返港，專心養傷，一面圖集少數實行之士，以為復仇之計。除與展堂兄同署布告書之外，未嘗與一友通隻字。其所以如是之孤行者，冀有以排脫一切糾纏，促其實行之速。不意蹉跎歲月，為同事人所阻止，不得遂行其志，悲憤交集，無可發洩。」（見《書翰墨蹟》頁八〇－八一）

從這封信可以看出，他最初原決定採個人行動「躬自狙擊」李準，雖已得胡漢民同意，但中山先生及其他海外團體與馮自由等，卻不以為然，且云有海外同志可代他負實行之責。中山在一封給吳敬恒的信上說：「……黃君一身為同志之所望，亦革命成功之關鍵。彼之職務，蓋可為最大之事業，則此個人主義，非彼所宜為。」

因為在多數同志善意的勸阻之下，克強乃把他的計畫加以變更，即放棄「躬自狙擊」，而改組為實行隊。本年閏六月十九日下午，由林冠慈、陳敬岳在廣州雙門底向李準投下一彈，李傷腰，死衛隊二十餘人，林冠慈當場為亂槍所擊遇害，陳敬岳亦被捕殺，即此實行隊的工作之一。

在林、陳炸李這一幕以後，克強以李傷而未死，決定擴大組織再幹，他因有答覆中山一函，並懇其籌款。原函云：「……弟此行，以粵事非先破壞，急難下手，且不足以壯黨氣，酬死友。今遵諭先組四隊，按次進行，惟設機關及養恤費甚鉅。茲李準雖傷，須再接再厲，懇助萬五千元，電中國報收。」（此信據《中國現代史料叢刊》第四冊，李雲漢編《黃克強先生年譜稿》頁二六五。）

中山接克強此信後，立即匯以一萬元，餘額亦經檀香山等處同志匯足。克強即據以組織「東方暗殺團」，並派李應生（李為克強夫人徐宗漢前夫李晉一之姪）赴廣州祕密設立機關謀再刺李準，復電召周之貞由新加坡回國，助其進行，徐宗漢也參與其事。克強當時填有〈蝶戀花〉詞一首贈「東方暗殺團」，託幼年女團員卓國興手交，詞云：

畫舸天風吹客去，一段新秋，不誦新詞句。聞道高樓人獨住，感懷定有登臨賦。
平夜晚凉添幾許，夢枕驚回，猶自思君語。不道珠江行役苦，祇憂博浪錐難鑄。

克強作詩頗多，詞則少見。余意宗漢此時或曾親赴廣州，其目的在代克強臨前敵以勵士氣，克強此詞，實即為懷念宗漢而作；蓋「聞道高樓人獨住」的「獨」字，「夢枕驚回，猶自思君語」的「君」字，明明係指個人，決非指一團體，而這裡所指的個人，又除宗漢外更無他人足以當此也。

其後暗殺李準雖未實現，但本年九月初四，新任廣州將軍鳳山被炸死，即「東方暗殺團」團員的成績。暗殺鳳山這一幕，雖在武昌起義後半月，但計畫則已早定。其最初計畫，原在續炸李準，以李準經過林冠慈一擊，出入戒備甚嚴，不易下手；及聞鳳山將到廣州履新，乃臨時改炸鳳山、以鳳山乃代袁世凱統率北洋四鎮之人，在滿人中號知兵，故克強、漢民決心去之，以減少廣東獨立的障碍。這次炸鳳山的機關，原有兩處；其一由李應生主持，地點在倉前街；其一則指定一婦科西醫李仁軒醫館，地點在歸德門街，由陳其尤、李熙斌主持；執行投彈者，則為女團員周惠普。及鳳山到達廣州登岸以後，為避免革命黨人襲擊，乃不走歸德門而改走倉前街，其結果卒為李沛基一擊而死（參看陳其尤所寫〈黃花崗起義與炸斃鳳山親歷記〉，見《辛亥革命回憶錄》第一冊頁三一五－三二一）。先是李應生裝置一重十五磅炸彈於倉前街「成記」雜貨店前簷際所懸木機，以繩繫之，繩斷炸彈即可落下爆炸。原定由李應生自己動手，以應生在裝置炸藥時曾一度暈倒，乃改由沛基執行。當初四這天，已偵得鳳山將於店門經過，即令店內其他各人離去，僅留沛基割繩，及鳳山乘輿到達店前，沛基乃操刀一割，繩斷彈落，鳳山炸斃，並死轎伕三名，衛隊四名，戈什四名，跟丁三名，此外受傷者三十四名，也以衛隊戈什為多。鳳山本人，被壓於倒毀的房屋瓦礫之下，檢出屍首，已血肉模糊，不可辨認。但鳳山著行裝團花馬褂，有班指鼻烟壺為證，固赫然鳳山也。沛基為一甫及十七八歲的青年，亦係徐宗漢親屬，繩斷即從後門逸去，故未受任何傷害，後於留學美國時病死。

黃花崗一役前已有孚琦之被刺，閏六月李準又被炸受傷，及八月武昌革命爆發，廣州人心已惶惶不安；及鳳山炸死，雖狡黠如張鳴岐，殘暴如李準，也知道大勢已去，萬難抵抗，李且派代表黎鳳墀赴香港向胡漢民接洽輸誠，漢民提出四條件，李完全接受，此即九月十九日廣東宣告獨立之由來。張鳴岐雖仍被推為都督，但張、李兩人以殺革命黨太多，終不自安，卒先後離去廣州，乃由胡漢民任廣東都督，陳炯明任副都督。

克強與宋教仁、譚人鳳、居正為辛亥武昌起義的關鍵人物。克強在兩湖書院讀過三年的書，不僅對武漢情形異常熟悉，所結納的朋友和同志也不在少數，其後他留學日本及回湖南組織「華興會」，也仍與武漢保持了密切的聯繫。宋教仁為武昌文普通學堂學生，「同盟會中部總會」的發起人，且規定武昌為起義最適宜的地點。譚人鳳與居正，則在黃花崗一幕以前，都是奉有香港統籌部使命之人：譚布置長江軍事，居主持鄂事。譚年齡較一般同志為長，性格與體貌（我僅在湖南初獨立時在長沙省教育會聽過他一次演說）頗類似彭玉麐；他在香港奉命以後，曾携小款抵漢，與居正、孫武等有所密商，並因胡瑛之介，訪問過「文學社」諸同志，全鄂黨人，得著他的鼓勵不少。民國二十年，我第一次看見居正，在太炎先生座上，其時他剛從上海出獄，身體異常衰弱，好像大病過一次的樣子，大概其時在上海負軍事責任的熊式輝，對他不曾有何等優待。他對太炎執禮甚恭，並且有氣無力的對太炎說：「我剛出獄，第一個便要來看你。」這一天他所說的話，我僅僅記得這兩句。我認識的湖北朋友不少，我知道他是為他的同鄉所信賴的。

在辛亥八月十九起義以前，湖北方面原已派人與滬、港兩方有所接洽；在上海與宋教仁、譚人鳳、陳其美接洽者為居正與楊玉如，在滬受居正委托赴香港與克強接洽者，則為呂天民與劉芷芬。在大體上，他們總希望黃、宋等能提早前往武漢領導一切；能籌款固然很好，即令籌不到款，他們也還是要幹。可是克強因受失敗的教訓太多，對於籌款看得很重要，對用錢也主張謹慎，因而在行動上不免相當遲緩，同時他也沒有料到湖北方面的發動竟會如此之快。因此，當他在八月十一日（陰曆）與呂天民、劉芷芬見面以後，一面分函美國、南洋，及在西貢的胡漢民，並直接電告其時留居美國的中山先生，請籌鉅款以濟鄂急；一面於八月十五又函上海的居正、譚人鳳、宋教仁、陳其美等，勸他們「布置不可過大，用人不可不擇」。在這封信中，曾說明黃花崗一幕失敗的原因，可資研究，特節錄如下：

「……以廣東前事比較，好揮霍者其用錢必多，而成績又不好；能儉約者用錢得當，而成績必良；此一定之程式也。若欺詐誑騙之流，則又在所勿論矣。尤要者，天義晦塞，人心險詐，外託熱心之黨員，以為虜賊之偵探者有之，廣州之敗，首坐於此。此次不可不引為前鑑，嚴剔內部之人，用一人必深悉其底蘊，紹介者尤宜負其責任。如有劣跡嫌疑者，可不用之，毋以其現在對於黨事無惡跡可指，即為之原諒也。須知虜吏奸險之進步，一日千里，以廣州之事言之，在最初時期即可破壞；所以不破壞者乃虜吏欲為一網之計。陳鏡波既為偵探，其運輸軍火能不發洩，皆虜吏使為之，必待吾人團集然後逮捕，即張鳴岐所謂『待其作逆行為既露而後誅之』者也。茲鄂部既定為主力之地，用人尤要。滬上雖僅有機關，其乞丐偵探甚多，亦當注意。廣州前事，盡在列公洞鑒之中，不待弟之多言也。又廣州之敗，半在統籌部署之不善，純慕文明參議體制，所以有二十七忽而解散，二十八忽而集合之活劇。不知發難之事，非專斷不可；一容異議於其間，立可見其破敗。拿破倫謂：『一軍之中，情願有一劣將，不願有兩良將。』以言夫將雖劣，而號令得專，軍猶不至於潰敗；若有兩良將，必各有主見，互相爭議，軍情必因之散漫，欲求制勝，何可得者？此言深得治軍之理。吾黨發難時之組織，不可不以軍律行之，補救其偏，在多設參謀。凡事先重計畫，由參謀作成之，計畫一定，只有命令，不得違抗，如此庶可收指臂之效。若欲縮短革命時期，以速其成功，即軍政府初成立時，亦當如是。……弟必待外款稍有眉目，方能前來。……（中秋日）」

大致此信剛到上海，武昌義師即已崛起。時宋教仁正在上海臥病，初聞彭、劉、楊三烈士被害，悽然淚下。繼聞佔領武昌捷報，除居正、譚人鳳立即起程赴鄂以外（按居、譚於八月二十三日抵漢口），宋即電港促克強赴滬協商，此即克強於九月初三到達上海的由來。時上海、南京、安慶等處，尚在清軍手中，沿途查緝甚嚴，克強攜同夫人徐宗漢，變服溷跡於張竹君醫師所組紅十字救傷隊中，始得於九月初七（十月二十八日）平安到達漢口。同行者除日人萱野長知等外，據說南京陸軍第四中學學生代表陳果夫，也是一陣隨同前往武昌投効的。

當克強接宋電促赴上海，興奮異常，在動身以前，曾有和譚人鳳詩一首，意氣豪邁，而態度謙虛，詩云：

懷錐不遇粵途窮，露布飛傳蜀道通；
吳楚英豪戈指日，江湖俠氣劍如虹。
能爭漢上為先著，此復神州第一功；
愧我年年頻敗北，馬前趨拜敢稱雄。

武昌聞克強到達，民心士氣為之一振。克強除接受黎元洪歡迎一度往武昌都督府晤黎以外，以漢口軍事緊急，立即前往督師。時漢口革命軍已與清軍鏖戰十餘日，互有勝敗，軍事異常緊張。及九月初六，袁世凱已被清廷任為欽差大臣，袁即命第一軍軍統馮國璋為前敵總指揮，猛攻漢口，袁且曾親自一度赴前線視察。先是，漢口民軍指揮何錫藩受傷，以張景良繼任。旋張景良因通敵正法，又以姜明經繼任。姜又因戰事失敗，避匿不出（張、姜兩人均起義前湖北中級軍官，非革命同志），戰線上無人指揮，士兵各自為戰，守住原有陣地，已甚困難。經過十餘日作戰，軍民死傷已數千人，大智門、劉家花園、外沿鐵道、華洋街、礄口等處，均先後失守。克強赴漢以後，乃重新部署，連日反攻，奪回幾處陣地，可是每到夜間，仍不能固守。士兵以市街房屋作掩蔽，射擊來攻敵兵，敵亦不敢進逼。因此，敵人乃縱火焚燒市街房屋，民軍因無法藏身。到九月十二日（十一月二日）全市大火，民軍更無法立足，乃全部向武昌撤退，漢口遂告陷落，且除租界外，全市精華已付諸一炬。

克強退歸武昌，在督都府開軍事會議。克強報告撤退經過，認漢口戰事失利的原因有五：一、各隊新兵太多，未受過訓練，難以指揮。二、軍官多從弁目提升，指揮能力太差。三、各隊戰鬥日久，傷亡過多，官、兵均甚疲勞，一聞敵方機關槍聲，即紛紛後退。四、兵士是在武漢附近招募來的，夜間多私自回家，戰鬥員減少多少，軍官亦無法查實。五、我軍只有步槍而無機關槍，且只有山炮，亦不能抵禦敵方的管退炮，因此較敵人的損失為重。但克強又指出，我軍有一優點為敵人所不及，即我軍衝鋒時異常勇猛，敵人雖係北洋久經訓練的軍隊，每遇我軍喊殺時即後退；我軍所恃者，全靠這一點猛勁。

當會議時，接漢口報告，我在漢口作戰的第三協標統林翼支已於昨日晚間離漢潛逃（初逃襄陽，又匿隨州，後被槍決）。後又接漢陽報告，負責防守漢陽第一協協統宋錫全，擅率所部向湖南撤走（宋退到湖南，由黎元洪電湘督譚闓逮捕正法）。會議當即作出兩項決定：一、先在漢陽設防，俟湖南援軍開到後再反攻漢口；二、決定以克強為中華民國政府戰時總司令，李書城為參謀長。（此次會議經過，參看李書城所著〈辛亥前後黃克強先生的革命活動〉一文。李於本日始抵武昌，並參加了這次的會議。李雲漢所撰「黃克強先生年譜稿」，謂李係與克強同船到鄂，誤。又按：李已於去年某月在大陸去世。李文見《辛亥革命回憶錄》第一冊頁一八〇－二一六。）

武昌起義後，湖南於九月初一日即已由焦達峯、陳作新策動宣告獨立。焦與四川張百祥，江西鄧文輝，湖北劉公、孫武等在日本發起「共進會」，同為會員。他們覺得「同盟會」行動迂緩，在邊區起義，不足動搖清室根本；又「同盟會」十六字宗旨的「平均地權」四字，不容易為下層社會所接受，乃改為「平均人權」；達峯因此事且曾與克強有過一度爭執。但其人剽悍，敢作敢為？且確曾加入「同盟會」，與瀏陽、醴陵、萍鄉一帶會黨分子有聯。當其自日本回湘時，路過武漢，曾與湖北同志約定：湖南先起，湖北應於十日內響應；湖北先起，湖南亦如之。至是乃竟實踐其諾言。湖南自太平天國以後，為一紳權最重之省，守舊分子如王先謙、葉德輝、孔憲教之流，頗干預省政，阻撓改革。譚延闓為前粵督譚鍾麟之子，其自身亦進士，家既富有，頗熱心提倡教育，雖不參與革命，但與新人物多接近，隱然為湘紳領袖，任諮議局議長。焦達峯年齡不過二十五六，陳作新僅為一新軍開革之排長，在湖南社會可說毫無地位，獨立後然分任正副都督，其不能為環境所容，自屬當然。又有黃忠浩其人者，亦頗負時譽，號知兵，為張之洞所重，許為咸、同後一人，甲午中日戰爭爆發，張曾命其守田家鎮。他曾在湖南辦實業，且任過省教育會會長，湖北甫經獨立，乃由湘撫余誠格挽其出任巡防營統領；湘紳如龍璋、譚延闓輩，則頗望其能維持省城秩序；乃不幸九月初一，忠浩即為焦、陳所殺，因之焦、陳愈為人心所不服。時湖南有新軍兩標，四十九標標統王隆中，五十標標統梅馨。王、梅出身日本士官，均非革命黨人，見焦、陳位在己上，頗忿嫉，梅尤驕恣；排焦、陳者，以諮議局人物為多，因得間以煽動梅。九月初十，陳作新出北門彈壓和豐火柴公司擠兌風潮，為五十標新軍所殺；殺陳以後，叛兵更於都督府殺焦。譚延闓為軍民所擁，繼任都督。黨焦、陳者則頗集矢於譚，譚亦不自安，湘局頗飄搖不定。幸其時克強在武漢作戰，盼湘援甚切，因遣人持長函與譚人鳳及周震鱗（時人鳳已回長沙），囑其維持延闓威信，並命震鱗留湘以壯延闓之膽，調人鳳返鄂參贊戎幕，省城乃得粗安，而有出兵援鄂之舉。

湖北方面，九月十四日（陽曆十一月四日）克強始於漢陽設總司令部，地點在昭忠祠。除李書城任參謀長外，並有吳兆麟任副參謀長，姚金鏞、金兆龍、高尚志、甘熙績、耿丹、辜仁發、吳兆鯉、余鴻勛等任參謀，田桐任祕書長，王安瀾任兵站司令。湖北及外省學生共同組織之學生軍三百餘人，歸總司令部直接指揮。克強率總司令人員登龜山頂觀測漢口敵方陣地，並在沿河防線觀察一周，即決定利用漢陽兵工廠、鋼藥廠的鐵板、木材，沿漢水南岸構築防禦工事。時漢口大火餘燼未熄，敵人尚未來攻漢陽。我方宣傳工事堅固，其目的則在緩敵方進攻企圖，以靜待援軍到達。

時我漢陽的兵力，計有蔣肇鑑接統宋錫全所帶的步兵第一協，守在兵工廠附近；宋率所部退湖南，舊兵只剩下一營，蔣接任後才陸續補充。此外則有張廷輔（起義前排長）所率的步兵第四協，熊秉坤的步兵第五協，胡效騫的步兵第四標，均起義後擴編。九月十六日（十一月六日）湖南援軍王隆中所率第一協首先到達；十九日（十一月九日），甘興典率第二協徒手兵也到達武昌，領取槍支後即開到漢陽。有此湘軍兩協增援，漢陽防守的士兵乃大為興奮，以為轉敗為勝的機會來了。

時上海已於九月十四日（十一月五日）光復。張謇、湯壽潛、趙鳳昌等，乃推莊蘊寬到鄂，就組織全國革命軍統一機構，徵求黎元洪及克強意見，以中山在海外未歸，希望克強早赴上海。克強認統一機構愈早成立愈好，但他本人仍願留武漢作戰，能否抽身到滬，且看以後情形再說。

其時袁世凱曾派鄂人劉承恩面見黎、黃，表示願意停戰媾和。黎、黃分別有函復袁，由劉轉致。克強復函略云：「明公之才，高出興等萬萬。以拿破崙、華盛頓之資格出而建拿、華之事功，直搗黃龍，滅此虜而朝食，非但湘、鄂人民戴明公為拿破崙、華盛頓，即南北各省亦無不有拱手聽命者。蒼生霖雨，群仰明公，千載一時，祈毋坐失！」黎函語意略同。（此亦據李書城所述，同見上文。）

同時，汪精衛自九月初九被釋出獄以後，袁即派梁士詒與之接納；袁贈汪十萬元，汪僅受千元。又有命其子克定與汪約為兄弟之說。據劉成禺所記，並謂克定於袁未到達北京以前曾偕汪先往彰德晤袁。其事甚祕，尚待其他可靠資料出現，始能確證其有無，但一、袁不願且不能作曾國藩第二人，此人所共知。二、袁自來眼明手快，利用汪以溝通民黨，覓取於他自己有利的機會，自然是袁最得意的一著。三、利用袁可縮短革命戰爭，加速清廷的崩潰，此係一般人的共同見解，汪為同抱這種看法的一人，而他的地位又最適於完成這一工作，自係事實。據李書城說，其時汪曾「派人來漢密告南方同志，說袁世凱不是効忠清室的人，如南方革命黨肯舉他為第一任共和國總統，他是願意同我們一致行動的。汪囑南方同志從速表示態度，以促袁早下決心。武漢革命同志贊同汪精衛的意見，並囑汪在北方對袁世凱多做工夫，促成其事。

儘管當時的趨勢，在大體上確係如此，但袁世凱的心理非常複雜，手法也異常老練，他必須盤馬彎弓，從容布置，預為自己多佔地步。第一，他必須裝出一副効忠清室的樣子，清廷越信任他，越倚靠他，一切聽他擺佈，他便越可挾清廷以自重。第二，他必須預防北方一切可能發生的異動，因為北方一亂，他所恃以大變戲法的資本便完全失去。吳祿貞九月十七日在石家莊被殺，便是他消除心腹之患最惡辣也是最有效的一著。假如吳不死，不僅可以隔斷南北交通，且可聯絡山西與張紹曾、藍天蔚成為一氣，威脅北京，逼清帝退位，他又還有什麼文章可做呢？我寫《中國近代史四講》時，仍假定陰謀暗殺吳者，良弼亦有可能，近來乃確實知道係出袁世凱。我另有記。第三，人心所向，大勢所趨，他知道與民軍硬拚到底，最後是於他不利的，而且無此必要；可是卻又不能讓民軍過分得勢，氣燄高張，而不肯輕於就範，因此他除佔漢口以外，還要進一步表現他的實力，於是漢陽的爭奪戰乃不能倖免。

先是吳祿貞在石家莊被刺消息傳到武漢以後，我軍對清廷更憤慨異常，尤其甘興典率所部湘軍開到漢陽以後，幾乎每日必到總司令部催促下令反攻漢口，並說他的部隊都願上前線殺敵，不願縮在壕溝內消磨銳氣。再加上我方探得漢口的敵兵日增，與其待敵來攻我，不如由我先發。於是總司令部經過一番準備，克強乃於九月二十六日（十一月十六日）下令，分三路向漢口反攻：

第一路，由步兵第三協協統成炳榮從武昌青山渡江，在漢口湛家磯登陸，進攻劉家廟。

第二路，由步兵第六標標統楊選青率所部乘裝甲小火輪由漢陽東北出發，向漢口龍王廟強行登陸，佔據陣地，然後相機進攻。

第三路，以駐在漢陽各部隊組成，由克強本人以總司令直接指揮，作為此次進攻漢口的主力。這一路以湘軍王隆中所部第一協為右翼，甘興典所部第二協為左翼，鄂軍第五協協統熊秉坤所部為總預備隊。其餘砲兵第一標及工程第一營均隨同前進。總司令並命令本路各部隊在二十六日黃昏後開始行動，從琴斷口渡過浮橋，向指定地點集合，進入陣地，準備次晨（二十七日）拂曉向漢口玉帶門及礄口一帶之敵進攻。

克強率同總司令部人員是在二十六日晚間十時許從琴斷口渡過浮橋的。不幸這一晚，正遇著傾盆大雨，克強過橋繼續前進，乃發現甘興典所部士兵，身披稻草，形同乞丐，全部躲在民房內避雨。克強及參謀長李書城驚訝之餘，乃感到以如此軍隊，與北洋久經訓練之師作戰，實太無把握，而且不知道第一、第二兩路的情況又是如何。書城向克強建議，主張變更計畫，退回漢陽整理，再行進攻。時唐蟒（唐才常之子，書城在日本士官時同學）在側，乃說：「革命軍人，有進無退，退則沮喪士氣」。於是克強命總司令部人員，將甘部士兵逐一從民房中叫了出來，其時天已快要亮了！一經進入陣地，學生軍異常勇敢，即對準敵兵開火，左右兩翼，亦同時推進，形勢頗為有利。不料延到是日（二十七）中午以後，敵方已將大砲、機關槍運到，向我軍猛烈發射。甘部士兵有幾個受了傷，即向後退卻。甘興典本人，也騎著馬向後奔跑，以致引起他的部隊全部潰退。雖經克強率總司令部人員及督戰隊持刀攔阻，將後退士兵砍傷數人，仍無法制止。且因敵方砲火猛烈，繼續受傷者不少，他們乃拚命搶渡浮橋；橋斷，溺水死者更達數百人；這便是左翼敗退的實況。所幸右翼王隆中部，係由四十九標新軍擴編，受過訓練者不少，能在陣地堅守到日暮，才撤回漢陽。熊秉坤所部鄂軍，雖被敵軍包圍，也還能且戰且退，全部渡河，回到防地。當我軍退卻時，敵人並未追擊。他們知道我軍已全部撤退，才開到河岸，與我軍隔河對峙。克強及李書城，也在日暮時，踏著泥濘道路，一步一滑，由人攙扶，始回到漢陽。

第二天（十一月二十八日），總司令部知道甘興典並未退回原防，竟率所部向湖南逃走。所謂第一路的成炳榮部，因接到命令時，正值成本人酒醉，下錯命令，竟命軍隊向與青山相反的方向開動，及發現錯誤，再叫兵士向青山開進時，兵士因行軍半夜已極疲勞，又值天雨路滑，都不肯遵令行動，故未能按照總司令部命令執行進攻任務。

所謂第二路的楊選青部，則更為滑稽：楊本人在接到總司令部命令時，正在家結婚；該晚楊未親往指揮，故亦未遵令從漢陽東北岸向漢口龍王廟進攻。

克強根據這些情形報告黎元洪，黎即將成炳榮撤職，楊選青槍斃，並電請湖南都督譚延闓於甘興典到達長沙時立予正法，將其部隊繳械遣散。計九月二十七日這一戰的慘敗，一個軍官被撤職，兩個被處死，士兵在戰場死傷不少，墮水溺斃者更達數百人之多，其原因皆由以初編未經訓練之師與敵作陣地戰，既不知彼，也不知己，實犯軍事上大忌。事後五十年經李書城追述，深自引咎，謂使克強蒙「常敗將軍」之譏，不勝表示遺憾，但這一切已成陳跡了。

延至十月初四（十一月二十三日），王隆中部以兵員損失不少，且責任加重，兵士因久戰太勞，無法不整理休息，也自動開回武昌兩湖書院。經黎元洪犒賞五十萬元，王仍不肯再回漢陽，乃至向勸他仍上前線的李書城下跪。克強也惟有歎息而已。

十月初六，湘軍協統劉玉堂（山東人）率所部千餘人到漢陽增援，克強即命其到花園前線抵禦從仙女山來攻的敵軍。敵以機槍掃射，我軍數次衝鋒，均未得手，劉在這一天午後，即中彈陣亡，所部兵士紛紛後退。於是在花園山、扁擔山防守的鄂軍，均在黃昏後全部退卻，日間所守陣地都被敵人佔領。我總司令部已成為最前線了，於是乃將駐在後方的輜重營調充總司令部衛隊，並從軍中徵集敢死學生隊在前方佈防。在這種情形之下，漢陽實已危在旦夕，無法再守。初七日，克強命李書城到武昌向黎報告，決定作有計畫的撤退，撤回物資，以免資敵。但黎都督的副參謀長楊璽章，仍慷慨陳辭，主張堅守漢陽，雖戰至一兵一卒也不放棄，於是由楊率參謀部同志十餘人赴漢陽助戰，但在初八日午前，楊亦陣亡，漢陽卒告不守。是日晚間，克強回到武昌，向黎報告失利情形後，即率一部學生軍，同徐宗漢夫人、張竹君女士及日人萱野長知等乘江輪赴滬。李書城亦於次日退回上海。

計克強自九月初七日從上海到達武昌，迄十月初九日退回上海，在漢口、漢陽兩地且戰且守，苦鬥整整一月，武昌首義地點，卒未根本動搖，然後全國各地乃得紛紛響應，袁世凱對民軍也不敢作過低的估計。說克強先生「雖敗猶榮」，難道是我們阿其所好嗎？

（舜按：漢陽失守以後，長沙曾在省教育會開援鄂陣亡將士追悼會，我曾參加，劉玉堂所乘之馬被救回繫於教育會前之樹下，頗動人哀感。家兄學謙〔他曾一度任民政長〕，有十個大字的輓聯：「碧血流江漢，黃炎有子孫。」也使人振奮。）

克強參加南京臨時政府及任留守時期

中山先生以民國元年元月元日就南京臨時政府總統職，迄四月一日到參議院宣告解職，為時恰為三個月。在此期間，克強除任臨時政府陸軍總長外，他在臨時政府解散後，還擔任了兩個多月的南京留守（按南京留守府停止辦公為元年六月六日）。此臨時政府係總統制而非內閣制，克強先生以資望關係，又值革命軍事尚在進行時期，為了應付一個詭詐百出的袁世凱，中山先生對一切重大事件，幾無不與克強籌商，因此，他乃隱然在臨時政府的各部總長中，居於首席地位。關於任留守的這一段，實際乃在一財政非常窘迫的環境中，求得革命軍隊的結束，更非如克強這樣一個功高望重的人，無法取得各方的信服而俯首聽命。

茲將臨時政府的醞釀及其成立，與克強留守時所遭遇的難題，分別敘述如下：

原來在辛亥八月十九日武昌起義以後，九月初一日湖南首先響應，不及一月，秦、晉、滇、贛、蘇、浙、黔、皖、粵、桂、魯等省，即紛紛光復。但省自為政，沒有一個統一的機關，對內對外均深感不便。於是由居留上海的一部分蘇、浙人士提議，於九月二十一日由江蘇都督程德全、浙江都督湯壽潛聯電滬軍都督陳其美，主張仿美國獨立時十三州會議辦法，由各省公推代表，於上海設立一臨時會議機關，以磋商一切應付時局的妥善方法。又提議大綱三條：一、公認外交代表；二、對於軍事進行的聯絡方法；三、對於清皇室的處置。其所主張集議的辦法則為：一、各省舊諮議局各舉代表一人；二、各省現時都督府各派代表一人，均常駐上海；三、以江蘇省教育總會為招待所；四、兩省以上代表到會即行開議，續到者隨到隨與議。

這個電報到上海後，陳其美首先贊成，於是九月二十二日即以江蘇都督府代表雷奮、沈恩孚，浙江都督府代表姚桐豫、高爾登名義，通報各省派代表來滬，會議組織臨時政府，並請各省公認伍廷芳、溫宗堯兩君為臨時外交代表。

各省接到前項通告後，均覆電贊成，並多就近派各省已在上海有資格人士為代表，故代表會成立甚速。九月二十五日，代表會開第一次會議，議決定名為「各省都督府代表聯合會」。九月二十七日，代表會得悉湖北黎都督亦有通電，請各省派代表赴武昌，組織臨時政府。議決以上海交通便利，會所仍以在上海為宜，並電武昌即派代表與會。九月三十日，議決承認武昌為民國中央軍政府，以鄂軍都督執行中央政務，並請以中央軍政府名義，委任各代表所推定之伍廷芳、溫宗堯為外交總副長。十月初三日，湖北都督府代表居正、陶鳳集到會，報告九月十九日，湖北都督府已通電各省，請各省派全權委員，赴武昌組織臨時政府情形。各代表以武昌既為中央軍政府所在地，各省代表會議自以武昌為便，於是決議各省代表赴武昌，僅每省留一人在上海組織通信機關，以與各方保持聯繫。十月初四日以後，江蘇都督府代表雷奮；浙江湯爾和、陳時夏、黃群、陳毅；福建潘祖彝；山東謝鴻燾、雷光宇；安徽王竹懷、許冠堯、趙斌；湖南譚人鳳、鄒代藩；廣西張其鍠；滬軍都督府代表馬君武、陳陶怡；四川周代本；直隸諮議局代表谷鍾秀；河南諮議局代表黃可權；湖北都督府則派代表胡瑛、王正廷、孫發緒、時象賢與會；均先後赴鄂；共代表十一個區域。時漢陽適於十月初八日陷落（一說漢陽陷落在初七日午後，此從李書城所記），武昌已陷於龜山礮台火線之下，危險異常，於是不得已只好假漢口英租界順昌洋行為代表會會所。十月初十日，開第一次會議，推譚人鳳為議長；十二日，議決先規定「中華民國臨時政府組織大綱」，並推舉馬君武、王正廷、雷奮三人為此項大綱起草員；又議決如袁世凱反正，當公舉為大總統。次日，即將三人起草之大綱通過。大綱內容分四章二十一條，臨時大總統外無副總統，行政各部亦僅有外交、內務、財政、軍務、交通五部，實過分簡略，於當時情況頗不適用，此即後來在南京成立臨時政府必須加以修改的原因。

樂於接受這一委托；其第一目的，在避免長江一帶戰爭的延長，以維持英國在中國的商務；第二目的，則在扶助袁世凱取得中國的政權，他們覺得與其讓民軍得勢，不如運用袁乃於英國更為有利。於是第一步停戰三日，期滿又展期三日，到十月十五日，袁內閣即通電漢口，開列議和條件四項：

一、停戰三日期滿，續停十五日；
二、北京不遣兵向南，南軍亦不遣兵向北；
三、總理大臣派北方居留各省代表人前往與南軍各代表討論大局；
四、唐紹儀充總理大臣之代表，與黎軍門或其代表人，討論大局。

以上所言南軍，秦、晉及北方土匪不在內。

其時獨立各省代表大抵尚留漢口，於接到袁氏上項議和條件以後，即決議議和綱要四項：（一）廢除滿洲政府；（二）建立共和政體；（三）對清帝優給歲俸；（四）以人道主義待滿人。同時討論袁內閣所開條件，議決：（一）不承認北方居留的各省人有代表資格；（二）不得混稱南軍、北軍，應改稱民軍、清軍；（三）不得將秦、晉劃出民軍以外。因將袁內閣所開四條改為兩條：

一、停戰三日期滿，續停戰十五日；全國民軍、清軍，均按兵不動，各守已領之土地。

二、清總理大臣，派唐紹儀為代表，與黎大都督或其代表人，討論大局。

十月十八日，留漢口的各省代表已赴南京，即由黎元洪與袁內閣決定於陝西、山西、四川三省各不增加兵力或軍火，其餘如各省代表會所議，實行停戰。其期限為自十月十九日早八時起，至十一月初五日早八時止，計十五日。並決定以漢口為議和地點。十月二十一日，唐紹儀抵漢，而黎大都督的代表伍廷芳正在上海辦外交，一時不能來，於是將議和地點改在上海，唐代表遂於十月二十五日抵滬，而和議即於次日開始。

於此有三點必須首先加以敘述：

一、儘管和議將告開始，但民軍方面對於臨時政府的組織仍在積極進行，此舉在民軍認為必要，但袁方則不免認為議和的障礙。

二、儘管進行和議雙方均感需要，但民軍方面仍慮袁氏不易應付，不得不作軍事準備。果然到了十一月初十日中山被舉為臨時大總統，和議即瀕於破裂。十三日（即民國元年元月元日）中山就總統職，臨時政府成立，克強任陸軍總長，他當時規劃的北伐方略為：以湘、鄂為第一軍，由京漢路前進。在南京的各省軍隊為第二軍，向津浦路前進；與第一軍會合於開封、鄭州間。淮揚為第三軍，烟台為第四軍，向山東前進，會於濟南、秦皇島。合關外之兵為第五軍，山陝為第六軍，向北京前進。於第一、二、三、四軍既達目標後，再與五、六軍會合，共破首都。這誠然不失為一個完成革命的理想藍圖；但民軍實力散漫，財政尤極端困難，此為袁氏所深知。因此，他仍得運用種種陰謀，不達到他個人攫得臨時大總統的位置不止。

三、當時議和實況，在名義上民軍方面係以清廷為對手，實際則以袁氏個人為對手，因此有明盤有暗盤，明盤為如何處置清室，暗盤則在促袁氏下決心逼清帝退位而已。

當時和議的會場在上海南京路市政廳，前後共開過五次會議。第一次在十月二十八日午後三時，伍、唐兩代表交換驗看文憑，伍代表的參贊為溫宗堯、王寵惠、鈕永建、胡瑛、王正廷、汪兆銘（汪出獄後，原與楊度在北京組有一「國事匡濟會」，為袁與民軍間溝通意見的機構，此時他已南下，）唐代表的參贊為楊士琦。伍代表首先提議，請唐代表致電袁內閣，謂十九日停戰以後，凡湖北、山西、陝西、山東、安徽、江蘇、奉天各省，均應一律停戰，不得進攻，須得切實回電，始能正式開議。如開議以後，再有此等情事，須將擅自行動的軍隊處以嚴罰。唐代表允即照辦。是日並由伍代表將各省代表會議在漢口所決定「廢除滿洲政府」等四項綱領（見上文）提出。

十一月初一日午後開第二次會，時袁內閣允許各路停止進攻的回電已到，因議決自十一月初五日早八時起，至十一月十二日早八時止，再停戰七日。並由伍代表提議，必須袁內閣承認共和，才有開議的餘地。當由伍氏陳述理由，痛論一班人認中國人民程度只能君主立憲不能共和之說為不通，並謂改建共和係合漢、滿、蒙、回、藏為一家，即於滿洲皇室亦為有利。唐代表當答以要和平解決，非共和不可，個人亦以為然；但此事關係太大，須先電袁內閣，俟得有回電後，始能再行商議。於是由唐代表電致袁內閣請代奏清廷，力陳「東南各省民情，主張共和，已成一往莫遏之勢，……惟有明降諭旨，命總理大臣頒布閣令，召集臨時國會，以君主民主，付之公議，徵集意見，以定指歸」云云。袁世凱接到此項電報，即親往醇王（載灃）府商對付之策；次日又集慶王（奕劻）府，大會諸親貴；集議結果，乃開御前會議，決定照唐代表所請召集國會由國民公決國體。

十一月初九日，唐代表已接到清廷召集國會議決國體的諭旨，乃知會伍代表於次日開第三次會議。是日唐代表提議開國會解決國體問題，並先約罷兵。伍代表以全國民意已一致贊成共和，經過國會表決不過一種形式，能因此罷兵，可免人民塗炭，亦未始不好，許之。是日議決的條款如下：

一、開國民會議，解決國體問題，從多數取決；決定之後，兩方均須依從。

二、國民會議未解決國體以前，清政府不得提取已經借定之洋款，亦不得再借新洋款。

三、自十一月十二日早八時起，所有山西、陝西、湖北、安徽、江蘇等處之清兵，五日之內，一律退出原駐地百里以外，祇留巡警保衛地方，民軍不得進佔，以免衝突；俟於五日之內商妥罷兵條款後，按照所訂條款辦理。其山東、河南等處民軍已經佔領之地方，清軍不得來攻，民軍亦不得進取他處。

十一月十一日，民、清兩方代表開第四次會議，議決四條如左：

一、國民會議由各處代表組織，每一省為一處，內外蒙古為一處，前後藏為一處。

二、每處各選代表三人，每人一票，若有某處到會代表不及三人者，仍有投三票之權。

三、開會日期，如各處代表到會之數有四分之三，即可開議。

四、各處代表，江蘇、安徽、湖北、江西、湖南、山西、陝西、浙江、福建、廣東、廣西、四川、雲南、貴州，由中華民國臨時政府發電召集，直隸、山東、河南、東三省、甘肅、新疆，由清政府發電召集，並由民國政府電知該省諮議局。內外蒙古及西藏，由兩政府分電召集。

十一月十二日開第五次會議，伍代表提議國民會議在上海開會，日期定於十一月二十日，唐代表允電達袁內閣，請其從速電復。

正在這雙方議決以國民會議解決國體問題的時候，南京方面，突於十一月初十日由十七省代表開臨時大總統選舉會，選舉孫文為中華民國臨時大總統。於是袁世凱認唐代表交涉完全失敗，乃藉口所訂國民會議辦法，唐代表不候電商，遽行簽訂，實屬踰越權限，堅不承認。於是唐紹儀不得已辭代表職，以後議和事件，即由袁本人與伍代表直接電商。袁表示只有清軍一面退兵，實屬不公；國民會議每省只有三人，亦屬少數專制；但這些都不過是表面的理由，最為袁氏衷心所反對的，實因民國臨時政府已告成立，他要攫取臨時大總統一席，或不容易，因此往返電詰，日必數次，和議幾完全破裂。同時清軍對於山西、陝西、安徽等處，仍繼續進攻。

上文所說克強有將民軍編成六軍大舉北伐的擬議，即在此一形勢之下產生。袁世凱所以不惜冒險擺出這一嚴重姿態，他是有相當把握的：一、他知道全國一般人都不願革命戰爭延長，渴望能得一和平解決。二、如何處置清廷他早已胸有成竹，而且清廷的大權已全部落到了他的手裡，他要如何辦都不難做到。三、全國人心，尤其是憲政派這般人物，對他具有相當信心，也可說對他十分倚賴，不難取得他們的擁護。四、他根據漢口、漢陽作戰的經驗，知道民軍的實力有限，在短期內要編練一支十萬八萬人的勁旅足以與他相抗，很少可能。五、清廷的財政自然也很困難，但南京臨時政府的窘迫實有過之而無不及，以一個沒有錢的政府，而擁一大堆雜亂無章的軍隊，這有什麼可怕？六、他的耳目甚多，甚至連汪精衛他也可以運用；因而他把革命黨的內幕，摸得相當清楚。孫中山本有一套「革命方略」，由「軍法之治」、「約法之治」做到「憲法之治」，要經過九年，原想把革命進行得相當徹底的，但有幾個黨員真有這種信念？大多數的「同盟會」會員，可以說他們的革命重點，僅以種族為限，只要很快能把滿清政府推倒，在他們看便算是革命成功，其他便根本不問。至於附和革命的憲政派，他們把問題看得更簡單，他們覺得袁在清末早已主張立憲，豈不是他最理想的同志？只要政權一旦能掌握在袁的手裡，還怕他們的希望不會實現？袁對以上這種情形，都揣摩得熟透，因此在唐代表解除交涉職務以後，由他自己來直接處理，他對當時的南京臨時政府，乃軟硬兼施，得心應手；即

政權，皆以服務視之為要領。」（原電見《國父年譜初稿》上冊頁二七八）

延至十一月初二（十二月廿一日），他從法國馬賽動身，經東南亞一帶，到達香港。時胡漢民已任廣東都督，乃偕朱執信、廖仲凱等乘兵艦到港歡迎，並決定留中山於粵。既見中山，即屏人詳議，自晨至晚，爭論始決。漢民略謂：清廷人心盡去，惟尚有北洋數鎮兵力未打破，故得延其殘喘。袁世凱實叵測，持兩端，但所恃亦只此數萬兵力。此種勢力未掃除，則革命無由澈底。若先生一至滬寧，眾情所屬，必被推戴。政府當設南京，而兵無可用，何以直搗黃龍？何如留粵，就粵中各軍整理，可立得精兵數萬，鼓行而前，始有勝算。若務虛聲，且貽後悔。中山答稱：「以形勢論，滬寧在前方，不以身當其衝，而退就粵中，以修戰備，此為避難就易，四方同志正引領屬望，至此其謂我何？我恃人心，敵恃兵力，既如所云，何故不善用所長，而用我所短？鄂既稍萌歧趨，寧復有內部之紛擾，以此委敵，所謂趙舉而秦強，形勢益失，我然後舉兵以圖恢復，豈云得計？謂袁世凱不可信，誠然；但我因而利用之，使推翻二百六十餘年貴族專制之滿洲，則賢於用兵十萬。縱其欲繼滿洲以為惡，而基礎已遠不如，覆之自易，故今日可先成一圓滿之段落。我若不至滬寧，則此一切對外大計主持，決非他人所能任。子宜從我即行。」（原文見《胡漢民自傳》，此據《國父年譜初稿》頁二八六－二八七所引。）漢民見中山所持理由更為正當，乃慨然將廣東都督交陳炯明代理，並隨同中山去滬。從孫、胡這一段討論，可見以臨時大總統為餌，誘袁推倒滿清，使革命告一段落，確係中山本人自定的計畫。後來一切照此計畫進行，乃自然的結論，中山決非受黨內黨外形勢的交迫始將臨時大總統讓袁也。

十一月初六（十二月二十五日），中山抵上海，接受同志歡迎，寓猶太人哈同的愛儷園，與宋氏三姊妹第一次見面，影響於後來民國歷史者甚大。

十一月初十日（十二月二十九日），中山被十七省代表選舉為臨時大總統。先是，「各省都督府代表聯合會」既移鄂開會，上海僅存一通信機關，以漢陽失守，武昌甚危，不適於作為臨時政府地點；剛好十月十二日蘇浙滬聯軍佔領南京，於是改以南京為臨時政府所在地乃成定議。各省一部分代表留滬者，以臨時政府急切即須成立，因於十月十四日開會，議決票舉大元帥副元帥，並即日舉行，克強得十六票，當選為大元帥，黎元洪得十五票，當選為副元帥，即以大元帥主持組織中華民國臨時政府。留鄂各省代表得此消息，以留滬代表不過一通信機關，無此職權，不予承認，當由黎大都督電滬撤銷。十一月二十一、二十二、二十三等日，鄂滬兩方的各省代表先後齊集南京，二十四日開會，議決於本月二十六日開臨時大總統選舉會。二十五日，浙江代表陳毅由鄂續到，報告袁內閣代表唐紹儀到後，據云袁內閣亦主共和，於是議決緩舉臨時大總統，承認上海所舉大元帥副元帥。並議決於臨時政府組織追加一條：「臨時大總統未舉定以前，其職權由大元帥暫任之。」蓋元帥名義為臨時行軍聯合之統率，究與大總統有別，緩舉臨時大總統，固將以有待也。本來對設大元帥副元帥一案的成立，手續既不妥當，一會兒撤銷，一會兒又加以承認，已經弄得大家莫名其妙；而其時駐寧蘇、浙兩軍，挾戰勝餘威，又聲言不願隸於漢陽敗將（指克強）之下，顧屬意於黎元洪。於是各省代表會於二十六日有大元帥副元帥倒置之議。適二十七日，克強來電力辭大元帥，並主推黎，當經公決，即舉黎元洪為大元帥，克強為副元帥，黎駐武昌，即由副元帥代行大元帥職權。可是黎既不能來，黃仍堅辭不幹，結果延至十一月初，此一為國人所急切希望成立的臨時政府，仍告擱淺。恰好中山正於此時歸來，各省代表乃如釋重負。中山即於本月初十被舉臨時大總統，而臨時政府也得因以出現，不過仍須經過若干波折就是了。

克強本來只是一個秀才，即他在兩湖書院及留學日本宏文學院讀書，也還是以研究文科或教育為主，對軍事雖也留意，但只是票友性質，並沒有受過正規的軍事教育。可是自從他參加革命實際行動以後，便完全以一軍人的姿態出現：「華興會」預備在湖南起義，他便自任指揮；武昌大革命爆發，他任了中華民國軍政府戰時總司令；南京臨時政府成立，他做了陸軍總長；及臨時政府解散，袁世凱為了辦理南方的軍事善後，也還得任他為南京留守；而且就當時的情況說，要擔任這類的重要職務，也還沒有比他更適當的人選。他其所以取得這樣一種資格，固然是由於歷次的革命起義，他總是身臨前敵，或躬親策劃，而且表現得異常的勇敢；可是還有一個基本原因，卻每為世人所忽視。

先是「同盟會」於光緒三十一年在東京成立；孫中山任總理，克強任庶務部部長。「同盟會」的不成文法，總理因事或因故不在東京本部，總理職務即由庶務部長代理。據李書城說：「黃先生在日本代理『同盟會』總理時，中國陸軍留學生的人數特別多。第四期陸軍士官生有七十五人，第五期陸軍士官生有五十七人，第六期陸軍士官生有一百九十八人，其中加入『同盟會』的陸軍士官生，不下百餘人。我所能記憶的：第四期有張世膺、周承菼、張承禮、蔣作賓、吳鐘鎔、金永炎、覃師範、王家駒、高佐國、吳經明、何澄、劉一清、劉毅、翁之谷、成恍、史久光、周斌、劉維燾、曾繼梧、劉繩武、鄧質儀等；第五期有王孝縝、黃愷元、何成濬、陳乾、李浚、陳之驥、姜登選、李書城、袁華選、全恕、石陶鈞、王凱成、吳和宣、殷承瓛、楊源濬、朱先志、齊琳、高霽等；第六期有尹扶一、李兆祥、王兆祥、劉祖武、孫棨、吳藻華、陳強、歐陽武、張華輔、趙復祥、李根源、林爽、尹昌衡、胡萬泰、劉存厚、盧啟泰、劉宗祥、胡學伸、官其彬、黃國樑、劉汝贊、羅佩金、閻錫山、孔庚、李鴻祥、葉荃、楊曾蔚、李敏、高聲震、仇亮、朱樹藩、姚以价、程子楷、張開儒、紀堪頤、李乾璜、耿覲文、張鳳翽、黃毓成、顧品珍、朱綬光、溫壽泉、唐蟒、唐繼堯、童錫梁、孫方瑜、趙恒惕、田遇東、李烈鈞、程潛、劉洪基、華世中等；此外還有陸軍測量學校的黃郛、曾昭文等。其餘的人記憶不起了。」（見李書城〈辛亥前後黃克強先生的革命活動〉一文）

李既說加入「同盟會」的士官生「不下百餘人」，而他所列舉的這個名單，包括兩位陸軍測量學校的學生，也只得九十三人，可見漏列的不少。我們知道孫、黃兩先生領導革命，曾歷十餘次未能成功，其參加行動之分子，多屬文人與會黨，而武昌起義，乃以新軍為主體，而各省紛紛響應，也以士官生領導的新軍為多，這可看出留日士官生在革命史上地位的重要。但目前已出的各種革命史料，於此卻未加以注意，即「同盟會」會員名單，也往往不詳其學歷，甚覺可惜。克強對這一點，當「同盟會」一經成立，他便另有一個安排。李書城說：「黃先生以為陸軍學生須在回國後掌握兵權，不可暴露革命的真面目。因此，他囑陸軍學生中的『同盟會』會員，不到『同盟會』總部往來，陸軍學生的入黨證也由黃先生一人獨自保管。並商議由陸軍同學在『同盟會』會員中，選擇一批堅貞可靠的同志另組織一個團體，名曰『丈夫團』，以孟子所說的『富貴不能淫，貧賤不能移，威武不能屈。』作為團員應具的品德。據我了解，當時加入這個組織的有李根源、李烈鈞、程潛、李書城、趙恒惕、黃郛、尹昌衡、黃愷元、葉荃、溫壽泉、曾繼梧、華世中、劉洪基、程子楷、孫方瑜、曾昭文、耿覲文、李乾璜、仇亮、楊曾蔚、陳強、孫棨、高霽、楊源濬、殷承瓛、袁華選、陳之驥、姜登選、李浚、王孝縝、何澄、王家駒等。黃先生還鼓勵家有資財的同志出資捐官，俾將來獲得兵權可更大更快些。團員中黃愷元用銀一萬兩捐得道台，陳之驥用銀六千兩捐得郎中。辛亥武昌起義後，在南北各省舉兵響應，充任都督及軍、師、旅、團長的人，多屬『丈夫團』的同志，都是黃先生所熟知的人。因此革命軍人與黃先生有特別深厚的感情，他在革命軍中具有極高的威信。」（同見上文）

據上面這兩段李書城的記載，則克強在革命軍人中能取得一特殊地位，決非偶然。其所以革命軍總司令非他擔任不可，臨時政府的陸軍總長仍非他擔任不可，乃至袁世凱要把當時南方的革命軍隊作一善後的處理，不請他擔任一時期的南京留守，也不容易辦理得風平浪靜。儘管袁世凱對他這一任命，其動機可能不是出於完全的善意，且曾在財政上對克強加以種種的困擾，好像是故意把這個難題交給克強去對付，而他自己卻坐在北京冷眼旁觀，讓革命軍內部發生矛盾；可是我為袁世凱當時的處境著想，他要從自己部下找出一員大將如王士珍、馮國璋之類來代替克強這一職務，乃絕無可能（其時段祺瑞已任了臨時政府唐內閣的陸軍總長）。如果在南京臨時政府初告結束的時候，袁即命一自己的親信大員，到南方來硬性的謀革命軍的解散，或許在當時便會把問題鬧翻。這種地方可看出其時袁世凱的頭腦還是相當的清醒。克強既受命不辭，但僅僅經過兩個多月的時間，便將結束革命軍這件事告一段落，當然非克強是斷難辦到的。

關於組織「丈夫團」這一事實，黃膺白（郛）在民國二十三年的春夏之交，已經在莫干山和我談了一個大概，當時已引起我的注意。李書城所記已比較黃所談的稍詳，但仍有待於補充。現在碩果僅存的「丈夫團」分子趙炎午（恒惕）先生還健在臺北，我很希望臺灣研究現代史的同志，能就此事向趙先生作一次訪問，能得到較多的資料，對革命史也是一種貢獻。

關於克強勸家有資財的軍人同志納資捐官以便獲得兵權更大更快的這一做法，這在當時似已成為風氣，除李書城所舉黃愷元、陳之驥這兩個例子以外，如吳祿貞便曾向慶親王奕劻賄二萬兩；才取得第六鎮的統制；徐錫麟也捐了一個道台到安徽候補，才由皖撫恩銘委他辦理警政，並擔任巡警學堂會辦，然後才有光緒三十三年五月刺殺恩銘的一幕；又辛亥武昌起義以前，「共進會」分子劉公，原也在家裡取得一筆錢準備到北京捐官，但被同志截留五千元作為起義之用，然後捐官一舉才沒有實行。像這類的例子一定還很多，如果我們依照這一線索去搜集資料，不難說明這種做法，也正是這般革命人物從事活動的重要方法之一。

關於克強任留守一職的詳細經過，有《黃留守書牘》一書（臺北文星書店有影印本）可資參考，我不想在這裡多說。但本年五月，克強有致中央及各省卸職陳情一電，可窺見辦理此事經過的全貌，特將原電照錄如下：

「……統一政府成立之時，興自揣才力已竭，曾經迭思歸湘，以安鳩拙。然當時正南北交代，軍隊林立，人心未靖，暫設南京留守，命興勉強支持其間，興不敢以難於收拾之局，遺禍於人，故暫抑私願，勉承其乏。乃甫經任事，即遭贛軍之變，興以德薄能淺，不能撫馭兵士，保衛人民，已可概見。現雖竭力維持，無如力不稱心，時虞隕越，幸賴將士愛國心長，力顧大局，南方各軍安撫均已有端緒：第三軍軍長王芝祥，已將所部桂贛六大隊遣散回籍。第四軍姚雨平，除已遣散兵士三千回籍外，亦擬整頓全軍，陸續開拔回粵。第五軍軍長朱瑞，前已將所部全軍移回浙省。第二隊隊長朱先志，則自請取銷司令部。其餘各軍，已經遣散者，約計不下二萬餘人。此外減縮軍隊之各種辦法，已迭次與各軍師旅長等會同協商，依次進行，僅就縮小軍隊編制而言，約計兩月之內，已可減少全數三分之一；此外裁遣之法，同時並舉，所列之兵數，尚不在此。嗣後南京附近之軍隊，不難如期整理，則留守一缺，即可裁撤；多設機關，反形贅疣，且於行政之統一，諸多窒礙。屢請大總統准予銷職，即將第一軍所屬之第一軍第四師，並九師混成一旅，及淮上軍司令長柏文蔚整理第二軍所屬之第一師、第十二師，交軍長徐寶山整理，歸直隸陸軍部管轄。其餘除第三十九旅，已蒙允撥歸山東都督攝轄外，現分據江蘇地面之第三師、第五師、第七師、第八師、第十師、第十六師、第十九師、第二十三師、第二十六師、獨立第三旅、第三十五旅、南京東北區西南區兩警備隊、獨立步兵團、江陰步兵團、吳淞要塞步兵團、交通團，常、鎮、蘇、淞四路要塞，駐寧光復軍，福字敢死隊，其南京衛戍總督所轄憲兵二營，及陸軍部憲兵一營，並衛隊一混成團，均歸江蘇都督統轄，必能實行整頓，竭力裁汰，不辭勞怨，以濟時艱。興賦性愚拙，罔知矯飾，凡自量力所能為，無論如何艱難困苦，非所敢辭，十餘年來，矢志如此，今之所請，非敢自圖暇逸，蓋為國家制度計，統一政府，既經成立，斷不能於南京一隅，長留此特立之機關，以破國家統一之制，致令南北人士，互相猜疑，外患內憂，因之乘隙而起，甚非興愛國之本心也。況整理南方軍隊之辦法，已略有端緒，但循此以行，則雲屯霧集之軍隊不難漸次消散，裁此機關，事實上並無窒礙，而少一機關之糜費，於國家財政，尤不無微補。伏望大總統鑒此愚衷，准予即行銷職，俾全大局，而償私願，無任迫切待命之至。」

從上面這個電報，我們可看出當時南方待整理的軍隊之多，和情況的複雜。袁世凱所以設立這一臨時機構，雖非所願，但事實又不容已。其時北方一部分的輿論，頗不以多此一駢枝機構為然，事實上當亦有若干政客從中播弄，克強電中所謂「長留此特立之機關，以破國家統一之制，致令南北人士，互相猜疑」云云，可見情況相當嚴重。當時的留守府為應付直轄各機構的開支及裁遣軍隊的大宗支出，兩個月內應領得一千萬元以上始能勉度難關，但事實上卻只領得兩百零五萬元，因之向北京財政部索款之電，措辭甚為急切。其時任北京臨時政府財政總長者為熊希齡，以當時的情況說，他除向六國銀團商請墊付借款以外難得大宗款項，但克強對銀團苛酷的條件又力加反對，一再請將借款合同取銷，另提出一愛國公債及設立國民銀行及銀公司緩不濟急的辦法。此在熊的立場亦甚感為難，因此黃、熊間的電報往返，頗不客氣，而任留守府總參謀的李書城，更對熊不惜破口大罵（其時克強以觸電扇傷指，在上海休養），以致鬧到彼此不歡，此殆亦克強急於求去之一因。一直等到六月四日袁准他辭職，六月六日留守府停止辦公，同月十四日將一切經手事宜全部交代清楚，此一幕鬧劇始告結束。

南京留守府既告取銷，南方軍隊也有了若干的裁遣和安頓。袁世凱為進一步求得形式的國家統一，為應付明年四月開幕的國會，以便自己取得正式的大總統，並得各國對中華民國的承認，乃於六日電中山、克強兩先生北上協商，已得兩先生許諾，並定於八月中旬後起程。但八月十五日，袁以黎元洪一電，竟將武昌首義有功的張振武、方維槍殺於北京，致引起「同盟會」諸人疑忌，幾使兩先生不能成行。但中山仍力主以誠信感化袁氏，謂「無論如何」不能失信於袁，他雖同意克強緩行，他自己仍於八月十八日由上海乘輪前往。以張振武個人的行為來說，本極不檢點，但亦罪不至死。可是「同盟會」諸人為急切求得革命形式的成功，在南方利用一黎元洪，北方利用一袁世凱，此兩人對革命本無認識，卻又取得了正副總統的最高位置，其必然演出悲劇，決非偶然；張、方一案，不過此一悲劇最初的揭幕而已。但中山與袁見面以後，袁乃以操之甚熟的官僚手腕，對中山極盡籠絡之能事：一面對孫先生既優禮有加，在態度上也好像表示得異常的真誠坦率，致使中山相信：「項城實陷於可悲之境遇，絕無可疑之餘地。」所謂「君子可欺以其方」，便正是這一類。於是中山即以此意，仍力勸克強見袁，克強乃於九月十一日到達北京，與孫、袁會商國事，袁之優禮克強一如優禮中山。其結果產生有所謂「孫黃袁黎協定之八大政策」（黎係徵得同意）：

一、立國採統一制度。
二、主持是非善惡之真公道，以正民俗。
三、暫時收束武備，先儲備海陸軍人才。
四、開放門戶，輸入外資，興辦鐵路鑛山，建置鋼鐵工廠，以厚民生。
五、提倡資助國民實業，先著手於農林工商。
六、軍事、外交、財政、司法、交通，皆採取中央集權主義，其餘斟酌地方情形，兼採地方分權主義。
七、迅速整理財政。
八、竭力調和黨見，維持秩序，為承認之根本。

說老實話，像這類空空洞洞的幾條原則，實際只是紙上空談；無論任何一個野心家，都可以自由伸縮，隨意解釋。像中國這樣一個土地廣大，而人口且居世界第一的國家，加上經濟既然落後，而全國各地人民的文化水準又至不齊一，如過分強調形式的統一，而又側重所謂「中央集權」，無論任何人掌握政權，都非獨裁不可；都非以他們簡單的頭腦，來處理複雜的政治問題與建設問題不可；都非以極不光明的手段來對付異己與異黨不可。但這樣便只能積累黑暗，製造奴才，增加罪惡，求如古代偶然出現一兩個明君賢相，還能產生一時期之小康，繁榮一時期的經濟與文化且不可得，遑論現代的所謂民主？而且獨裁未有不偏於保守的，因為獨裁者的第一個目的，便是要平平穩穩緊握著他們的既得政權，最厭聽異聞異說，此袁世凱之所以要祀孔郊天，戴季陶所以要以中山先生遙接堯、舜、禹、湯、文、武、周公、孔子的道統，毛澤東所以要在口頭上死守教條，實際則自便私圖，而道其所道。一切獨裁者的始意原也想求得成功，可是凡獨裁者都必然循著同一的道路紛紛倒下而敗不旋踵。像希特拉、慕梭里尼，日本若干的舊時軍閥，乃至李承晚，吳廷琰以及最近的蘇加諾等等大率都是天下之至愚，故獨裁者最難覺悟，乃至至死不悟！

上面所舉的所謂「孫黃袁黎協定之八大政策」，袁所要的只是權，有了權他便可以任意為之，紙片上的規定算得什麼。孫對袁不肯深說，實亦無從深說，他和克強先生想誘致袁，感化袁，使之効忠民國，這一點他們兩位可能相當一致，故表面上對袁不能不有所敷衍。黎對國家大計無所知，野心也不大，可以存而不論。惟第八點所謂「竭力調和黨見，維持秩序，為承認之根本」這一點，卻是針對現實，在當時或許大家都感到有此需要。也惟有做到這一點，才能有容許政黨政治萌芽的可能。不幸袁是一個經不起群小包圍而最不能實踐諾言的人，因而他與孫、黃會談以後，不及半年，便有暗殺宋教仁更使黨爭劇烈化的一幕出現。

上面所述克強民初歷任軍職的經過，以及北上後所受袁世凱的優禮等等，已可看出民初政象的一斑。但還有幾件事必須補述，乃更可看出克強的思想和態度。

一、在民初袁世凱的臨時政府任國務總理的，第一任為唐紹儀，任事不滿百日，以實行責任內閣不遂而自動解職；第二任為陸徵祥，以在參議院發言失態，致所提六國務員全體被否決，另提雖以利用軍警干涉得獲通過，但陸仍然稱病入醫院不復再出，由趙秉鈞以內務總長代理；第三任為趙秉鈞，實以克強代為向參議院及國民黨疏導乃得實現。蓋趙為袁所親信，本欲提趙，而不便啟齒，且怕參議院不能通過，其時孫、黃均在北京，袁向克強示意欲提沈秉堃以作試探，沈在國民黨雖掛名參議，但關係甚淺，沈固謙辭，克強也覺得由沈任總理在國民黨為有名無實，反不如向袁作一順水人情，以表示合作誠意，因與中山及其他國民黨同志熟商而主張推趙，此實趙內閣出現之由來。但不幸而演成宋教仁被暗殺一幕，其咎固在袁而不在克強也。

二、袁對克強不僅優禮同於中山而已，且於是年九月二日，授克強及黎元洪、段祺瑞為陸軍上將，並於元年雙十節授克強大勳位（按同授大勳位者，除中山、克強外，還有黎元洪、唐紹儀、程德全、伍廷芳、段祺瑞共七人）。黃一歐在〈回憶先君克強先生〉一文記此事經過甚詳：「……授勳令公佈後不久，袁世凱派專使到上海同孚路先君寓所，送來陸軍上將特任狀、授勳令和勳章，另外還有幾件禮物和兩匹英國種棗騮玉點馬，先君當時勉強收下了。來人去後，我因為好奇，戲將勳章佩在胸前，左右顧盼。正在這個時候，先君上樓來了，我感到非常尷尬。先君嚴肅地對我說：『這有什麼用？你知道嗎？這是袁世凱的籠絡手段，可是我不會上當的。』接著又說：『這些東西都要退回，把馬留下來。』我問先君：『為什麼要留馬？』他說：『因為將來還要我打仗的。』他隨即將特任狀、授勳令、勳章及所有禮物都退回去了，只留下兩匹馬。每天清晨，先君要我騎著馬到寓所的對面打鐵濱騎馬道去調教，他自己則站在陽台上觀看。……」

這可看出克強早已窺見袁世凱終必背叛民國，將來仍非以武力討袁不可。

三、上文我已提到克強本來是一個秀才，在兩湖書院和留學日本，原係研究教育，而且在明德學堂擔任過一時期教員。他在任陸軍總長和留守的時期，在南京創辦了一個「貧兒教養院」，又對當時所用的教科書發表了意見，而且他這種願意從事教育的心情，一直到他去世以前都沒有放棄。現在我把他創辦教養院的經過及對編輯教科書的意見敘述在下面。他為維持「貧兒教養院」發出公啟說：

「啟者：南京貧兒教養院之孤兒，緣去年粵軍在徐州之役，見哀鴻遍野，勢成餓殍，故飭各軍士收養。由第四軍軍長姚雨平每名給代價八元，使其父母得謀生活。統計孤兒約數百名，由粵軍携帶來寧。鄙人恐其有失教養，特首捐巨款，創立貧兒教養院，由徐清、周其永兩女士擔任組織該院事務。復經指定舊上元縣為貧兒院址，舊貢院為貧兒勸工場，並由徐、周兩女士開會，籌集開辦經費將次開校。惟常年經費，恆慮不足。頃鄙人交代在即（指交卸留守），不得不為該院妥謀；以竟初志。余右手受傷，未能握管（此指在南京觸電扇所受傷），特用左筆親繕咨文，咨准程雪樓（德全）都督，允撥公款，每月三千元，為該院常年費，如慮不敷，仍可增撥數百元。鄙人接准來咨，無任欣忭。則此後數百孤雛，不患無教養之資；將來教養成立，庶不負鄙人區區之苦心。用綴數言，登報紀實，俾各界慈善家亮察。黃興啟。」

我知道在克強先生逝世以後，徐宗漢女士仍在南京有一孤兒院之經營，不知是否即為上舉「貧兒教養院」演變而來？又，克強於是年七月，曾與旅滬同鄉，發起籌建一「湖南公學」，並由克強任籌備會總理，聶雲台任協理。此事後來結果如何，我也全不知道。

至克強先生對當時教育所陳述編輯教科書的三點意見，其觀點實非常重要，即在今天仍有參考的價值，且為研究中國近代教育史者所不應忽視。現在我把這三點意見節錄在下面：

一、課本提倡民間自由編輯，不限制用國定本，此其為益有三：（一）通儒碩學，均呈著述，搜集宏富。（二）政府專司審訂，不必開局編纂，可省巨費。（三）得相地取材，學生增鄉土之觀念，易動感情。

二、普通教科材料，應取實利主義，教育方針，不宜泛騖。世界大勢，惟適乃存，學生就學數年，欲其出世應用，當畀以人生活必須之具。若各科內容紛繁，非取適當之材料，不足應用。況直觀教授，今世奉為正宗，苟采實利主義，悉可貫通。

三、初等小學讀本，應用國語教授，小學廢止讀經，良由兒童不能領受，以古文為讀本，其弊相等。國民教育，原重應用，以至短之期限，期其了解爾雅之文辭，勢必不能。

況既教事物兼授文義，文法與普通講話不出一致，數層隔閡，領受實難。若用國語教授，但多識字，口所欲言，筆即能述，即義務期滿，雖不再入學，亦能寫通常之信札，便利實多。且練習文語，避去土音，於統一國語，亦有裨益。近者編輯課本，民間稍有從事，然抉擇無本，未必盡適國勢，應請宣示大旨，俾有依從，實為教育前途之幸。愚見如此，敬乞採擇。

以我個人的經驗來說，從光緒三十年春到宣統三年冬，我整整讀過八年小學，所用課本，一色都是文言，尤其是高小的四年，更選讀了三百篇左右的古文。此外從初小開始，便須讀經，八年中所讀的經書，包括《孝經》、《四書》、《詩經》、《書經》、《儀禮》、《易經》。小學與私塾讀經方法的不同之點，即私塾只熟讀背誦而不講解，小學只講解卻不要我們背誦。在八年小學中，我的同班同學，平均都是五十人左右。等到高小四年畢業的結果，能寫通順的文言而沒有大毛病的，在同班五十人中，決不會超過三個，要他們寫一便條或一收據且不知如何著筆。無論如何，這不能不說是小學國文教學的失敗。克強先生在民國元年，即提倡小學廢止讀經，課本全用國語，目的是要兒童在小學畢業後，在文字的運用上，能做到「口所能言，筆即能述」，不能不承認他是先知先覺。這個問題經過民八「五四」前後的大力提倡，一直到今天還沒有完全解決，從小學到大學所有國語國文的教材或課本，還有待於全部整理。但就一般的情況說，卻是相當良好的：一、今天一百個大學畢業生，能用像樣子的文言文從事寫作的，以我觀察，最多不過三五人；二、文史系的畢業生，在他們從事研究而能參考古籍的，卻不算太少；三、凡用半通不通的文言文從事著作的人們，他們所著的書，已經不能多銷，書店也不肯出版，文言必歸淘汰的命運已經確定；四、能用漂亮白話文寫成的文學作品，每部銷行五萬冊、十萬冊已經不算稀罕的事；五、經過近五十年實驗的結果，凡用白話文表達思想，描寫意境，或敘述一頭緒紛繁的事實，無不可以運用自如；六、用正確新式標點符號整理過的古籍，已風行一時。凡此，都是當日提倡白話的人們所要達到的目的，今天所剩下的，只是如何能「百尺竿頭更進一步」的一個問題了。四十年前嚴又陵先生反對白話文說：不妨「如春鳥秋蟲，聽其自鳴自止。」今天還有少數人在那裡勉強掙扎，依然要搖頭晃腦，寫出若干半死不活的古文，我們大可用嚴先生這兩句話轉贈他們：「則亦如春鳥秋蟲，聽其自鳴自止可耳！」這真是這半個世紀以來的一大快事。

宋案與二次革命

克強於元年十月三十一日，曾回湘小住，湖南都督譚延闓予以盛大歡迎，乃至小學生幼稚生也參加歡迎行列，當時各級學生曾高唱新譜的〈歡迎黃克強歌〉，其辭曰：

涼秋時節黃花黃，大好英雄返故鄉；
一手締造共和國，洞庭衡嶽生榮光。

可是反對革命的人如葉德輝，則仍在報紙上以輕薄之辭對克強加以詆譭。克強這次回湘，原有在湖南興辦實業的一種打算，而且著重開礦，可是後來並無結果。計自光緒三十年九月克強準備在長沙起義失敗逃出湖南以後，他已有八年不曾返回故鄉；這次留湘，乃僅及兩月，即仍回到上海同孚路寓所靜住。不幸未及一月，即有宋教仁在上海被刺的一幕。

我在這篇《黃興評傳》裡，已有好幾處提到宋教仁，其原因以宋從事革命的經歷，實與克強的歷史不可分。從光緒二十九年宋二十二歲參加「華興會」實行革命，一直到民國二年他三十二歲被暗殺而死，為時整整十年。他這十年的經過，前半段有他自己的一本日記（原標題為《我之歷史》）記載甚明；一般的敘述，則以前年吳相湘出版的一本標題「宋教仁」的傳記最為詳盡（吳這本書的小標題為「中國民主憲政的先驅」，臺北文星書店發行），宋在革命史上的地位，原已不難確定。可是戴季陶（即戴天仇，亦即戴傳賢，又自號孝園）所著《孫文主義之哲學的基礎》一書，卻說宋的政治活動，一共只有三項工作：

「第一個工作，就是排去『革命同盟會』的革命性，把『革命同盟會』改作『同盟會』，忘記了革命的真義是實際的改造，這個影響，足使當時全國國民政治的認識完全錯誤，直到現在才漸漸地覺悟轉來。」

「第二個工作，就是排除了三民主義的名實，僅僅採用民生政策一句不明不白的話，來騙一般青年同志，避免青年同志的反對。」

「第三個工作，就是用丟了革命性和主義的一群政治勢力集團為基礎，去與反革命的官僚妥協，以圖在短期內掌握政權。」（這裡所引的，都是戴書的原文。）

最後他乃說：「公平的批判起來，革命黨的第一個罪人，實在是桃源漁父。」（按：桃源漁父乃宋教仁的筆名。）甚至連宋在光緒三十一年與克強提挈「華興會」與中山所領導的「興中會」全面合作以創建「同盟會」，乃至辛亥黃花崗一役失敗以後，宋與陳其美、譚人鳳等在上海建立「同盟會中部總會」，以促成同年八月武昌起義，也一筆抹煞不提，實在太不公道。戴寫這本《孫文主義之哲學的基礎》小冊子，其目的原在發揮三民主義的真精神以對抗共產主義，可是戴乃歷舉四點，一則曰「民生主義在目的上，與共產主義完全相同」；再則曰「民生主義在性質上與共產主義完全相同」；三則曰「民生主義與共產主義，在哲學基礎上，完全相同」；四則曰「民生主義與共產主義，在實行的方法上，完全相同」。像這類的話，在共產黨人斷章取義加以附會，豈不適足為共產黨張目？戴寫這本冊子的時候，在民國十四年五月，其時中山新逝，鮑羅廷還在中國，清黨之說尚未萌芽，戴之持論如此，如果有人說戴之解釋三民主義，實有腳踏兩條船的嫌疑，究竟對中山先生的主義為功為罪，還值得重新加以檢討，豈不也是一種極端審慎的態度？戴在民國以前十七年艱苦萬狀的革命運動原未參加，近年則以此類第一手的史料已陸續出現，戴在上文所列舉宋教仁的三大罪狀，我可以一一證明其全屬誣衊。尤其關於利用袁世凱以推翻清室一點，我在上文已說明當辛亥年中山回到香港的時候，已與胡漢民等經過一度熟商，可以說這一著乃完全由中山自己決定，與宋教仁有什麼相干？關於這一類的看法，我在寫《宋教仁評傳》的時候還要詳加闡發，此處暫且擱置不談。

關於宋教仁的生平，凡治革命史者無不深知，但為一般青年讀者能略知其為人，我還要在這裡作一簡單的敘述：

宋字鈍初，湖南桃源人，根據陶淵明〈桃花源記〉所述漁人故事，因別署「桃源漁父」。光緒二十九年，年二十二，讀書武昌文普通學校，即矢志革命，與胡經武（漢）等在湖北設機關，曰「科學補習社」；次年回湘，即與克強及劉揆一等創「華興會」。是年九月，在湖南發動革命失敗，宋以任有重要職務，準備長沙一動，即在常德響應，乃為官方所緝捕，不得已走日本，初入日本弘文學院，繼入早稻田大學，治政法之學有心得。

次年乙巳（光緒三十一年），宋與克強及陳天華等，創刊《二十世紀之支那》雜誌，文筆犀利，鼓吹種族革命甚力。同年夏，中山自歐抵日，與克強等組「中國革命同盟會」，宋奔走最勤，並發動東京留學生開大會歡迎中山，宋任大會主席（時宋年二十四）。「同盟會」者，實由中山所代表之「興中會」，克強所代表之「華興會」，及章太炎、蔡元培等代表之「光復會」一爐而冶，合革命各派勢力為一大團結。當時其所以只用「同盟會」而略去「革命」兩字，乃以實行革命，必須在國內活動，為避免清廷及一般官吏耳目，免得黨人作無謂的犧牲，係「同盟會」成立時大家的意思，決非宋教仁個人的意思。克強提議以《二十世紀之支那》月刊作為「同盟會」的機關，不幸該雜誌第二期即為日本政府所禁不果，因另以《民報》

之名發行。中山以文字提出「民族」、「民權」、「民生」三大主義（當時尚無「三民主義」名目），即從《民報》創刊號他所口述的發刊詞開始。《民報》文字，以汪精衛、胡漢民、朱執信等所寫的最多，與君憲派梁啟超的《新民叢報》辯論也最力，革命風潮的擴大，實以《民報》擴大宣傳的效力最大，而宋教仁即曾一度代黃克強任該雜誌經理。

自乙巳以迄辛亥凡六年，「同盟會」所策動的革命行動，屢經挫失，尤以辛亥三月廣州黃花崗一幕為最慘。宋教仁眼見當時一般同志的意志顯呈頹喪，乃建革命三策：一、聯絡北方軍隊，以東三省為後援（宋曾到東三省作過運動），一舉佔領北京，然後號令全國，如葡土往事是為上策。二、在長江發動，以次向南北各省推進，設立政府，然後北伐，是為中策。三、以邊區為根據，徐圖進取，乃為下策。迄辛亥革命八月十九日武昌首義，克強且親往武漢指揮，全國風從，甫四月而滿清傾覆，乃實行宋的中策。其時宋在上海，躬與策劃，而上海的響應，南京的佔領，也以其與「中部總會」同志陳其美等策動為最有功。

自武昌首義迄南北和議告成，宋曾於各方奔走疏導，他不過是贊成中山以臨時總統讓給袁世凱有力的一人，其結果革命戰爭迅即結束，卒成統一之局。他儘管在北京臨時政府的唐內閣，一度任過農林總長，但是他對袁世凱根本便不信任。因此，必須運用「中華民國臨時約法」，將「同盟會」改組為「國民黨」，並奔走宣傳，以取得國會議席的絕大多數，準備由國民黨組織責任內閣，以限制袁世凱獨攬大權，這便是袁決心要殺宋的主要原因。不幸此一事實，乃為他的後進同志詆譭他為與敵人妥協！數十年來，革命黨的老同志已被摧毀零落殆盡，此實中華民國陷於今日危險境地的癥結所在，這真是值得深切反省的一大悲劇啊！

宋被暗殺在民國二年三月二十日夜十時四十五分，地點為滬寧火車站，以傷重不治，於三月二十二日午後四時四十七分，死於滬寧鐵路醫院。兇手武士英（即吳銘福，山西平陽人）被捕，並在上海應夔丞（即應桂馨，浙江寧波人）宅搜出證據多種，應亦被捕，知直接經手買兇者為應，合謀唆使者為洪述祖、趙秉鈞、袁世凱。其時我在長沙定王臺圖書館讀書，看見上海《民立》、《民權》兩報所登出宋先生的裸身遺像，致命一傷在腹部，面目如生，實為我青年時代留下一最深刻的印象。

殺宋為袁世凱決心與國民黨破裂的步驟之一，亦即五十餘年來中華民國的政治無法走上民主軌道的開始。袁氏把二次革命對付下去以後，假定他稍有為國家打算的誠意，未嘗不可利用當時統一的局面，與民休息而徐圖建設。可是由於他的一念之私，由臨時大總統取得正式大總統仍嫌不夠，不惜毀壞民元頒布的《臨時約法》，代以民三他所自訂的《新約法》，把總統任期改為十年，連任無限制，在實質上他已做到獨裁的終身總統。做了終身總統依然不過癮，到底非做皇帝不可！其結果乃並他自己的生命也卒不能保。袁氏何以利令智昏一至如此？

嚴復有兩段批評他的話說得最好，其一云：

「大總統（指袁）固一時之傑，然極其能事，不過舊日帝制時代一才督撫耳，欲與列強君相抗衡，則太乏科哲學識，太無世界眼光，又過欲以入從己，不欲以己從人。其用人行政，使人不滿意處甚多，望其轉移風俗，奠固邦基，嗚呼！非其選耳。顧居今之日，平情而論，於新舊兩派之中，求當元首而勝項城者誰乎？此國事之重可歎也。」（見嚴與熊純如書札節抄十二）

其二云：

「生性好用詭謀以鋤異己，往者勿論，乃革命軍興再行出山至今。若吳祿貞，若宋教仁，若趙秉鈞，若應桂馨，最後若鄭汝成，若張思仁，若黃遠庸（即黃遠生），海宇騷然，皆以為洹上之主使。夫殺吳、宋，雖公孫子陽（述）而外之所不為，然猶可為說。至於趙秉鈞、鄭汝成，皆平日所謂心腹股肱，徒以洩祕滅口之故，忍於出此，則群下幾何其不解體乎！」（見同上書札節抄第二十）

梁啟超更有一篇〈袁世凱之解剖〉（見中華出版《飲冰室合集》文集第十二冊第四頁至十九頁），這篇文章儘管是寫在民五護國軍已經發動以後，但其時袁尚未死。梁指出袁有七大缺點（這篇文章沒有寫完，在當時似未發表），係綜合袁氏一生的歷史加以分析，與事實非常切合，並不能看作只是一種宣傳，其言曰：

「袁氏之第一大缺點，則為與今世之國家觀念絕對不能相容。……」

「袁氏之第二大缺點，則在驕慢自大，不能容人之言。彼因生平游泳宦海，著著成功之故，則以為自身之能力智識極偉大，舉中國人與世界人莫之能及。……」

「袁氏之第三大缺點，乃彼之施政絕無通盤之籌策，絕無久遠之計畫。……所謂國家全局利害，所謂國家百年大計，袁氏腦中蓋自始未有此物。……」

「袁氏之第四大缺點，則在法律觀念之薄弱。……其自身最忌法律之束縛，又最喜藉法律以為塗飾之具。……且隨時可以命令變更法律，隨時可以行政處分、律。……」

「袁氏之第五大缺點，乃事無大小，必欲躬親，若以一事任一人，付以全權而責其成效，此袁氏一生所未嘗有。……無論何人，彼皆挾猜忌之心以待之，故不肯傾心以專信一人。……彼所行事，大半不可告人，故斷不能使正當之公機關得與聞，且又斷不能使有一人盡知其底蘊，懼為所挾持。……使各機關及各人皆互相疑忌，則必爭獻媚於彼，以圖固寵，彼乃得操縱如意。此袁氏辦事之祕訣也。故權限二字，袁政府所用之字典決不許其存在。奉職於袁政府者，人人皆有權，人人皆無權；無論何機關，皆可任意攬事，而無論何機關之事，皆不能放手辦去。作弊則法門孔多，持正則束手無策，數年來（指民國元、二、三、四這幾年）國事之損壞，皆由於此，而實由袁氏個人之性質有以構成之。」

「袁氏的第六大缺點，則絕對不能用正人君子及有用之才也。……奉職於其政府之人，只能以袁氏之意識為意識，其本身之主見與能力，不許有並存之餘地。……且袁氏尤有一惡劣之僻性：彼心中所懷之意旨，從不肯向人傾吐，或心中明明欲如此，而口中所言乃適與相反，必令人窺探揣摩迎合之而代為道破；或則並不許道破，只許揣承意旨做去；此種妾婦之道，正人君子如何能耐？……而惟餘狡黠之僉壬，闒茸之俗士，承其顏色，若蟻附羶。……」

「袁氏之第七大缺點，則萬事不負責任也。……彼所做事什九皆罪業，而其罪責恆必以嫁諸人，而已身則始終謀巧卸。……惟其如是，故雖積孽稔惡，而國內國外人猶多不知其真相，往往佩誦其才，且遇事而曲為之諒。袁氏亦以此自鳴得意，謂藏身可以永固。……」

嚴復與梁啟超，均與袁世凱有過較長時間的交往，民初的四年間，梁與袁更隨時見面，所以他們對袁的知識能力，以及他這種無賴的性格，看得非常清楚。中山與克強，僅在民元八九月間，與袁有過短時期的接觸，他們對袁不能深知，自在意中。宋教仁比孫、黃年事更輕，閱世更淺，讀書也不夠深入，以為只要有一部《約法》，一個在國會擁有多數議席的「黨」，藉著「責任內閣」的空名，便可以對付袁氏而有餘，這豈不是書生之見？再加上宋鋒芒甚銳，政權慾也極強，當國會選舉期間，他乃以一野黨領袖資格，在各處演說，大逞雄辯，對袁政府多所指摘。袁本人見宋這種舉動，怕對他取得正式大總統有所妨礙；其時趙秉鈞任內閣總理，更怕宋要來取而代之，以實行他主張的所謂責任內閣。洪述祖窺破袁、趙這種心理，乃以去宋之謀進，於是勾結上海流氓，暗殺宋的陰謀因以構成。殺宋以與國民黨正式決裂，又為袁必然走上帝制一途的先聲。當時章士釗已窺見袁的隱微，據他自述：「楊度者，號稱『曠代逸才』，出入袁幕，屢謂吾曰：『袁遣沈兆祉先道地，子不入謁，非禮。』余不獲已，偕楊往。無何，吾與袁迺日親，稍稍預袁祕事。……不久，宋案發，鈍初（宋教仁字）遺電到府，吾方與袁會食，袁太息曰：『鈍初可惜，早知如此，何必當初？』余瞥見電文，僅寥寥『開誠心，布公道，尊重憲法』十大字。余隱笑鈍初受袁誑，至死不悟。食竟，起赴鄰室，就當日事泛論之，慣例往往如是。袁著黑絨緞袍，長不過膝。案置精器，貯鹿茸片，且談且檢食。額多汗，時以毛巾揩拭。兩目有光如電，時奔射人。語次，竟以宋案凶手歸克強，執先一日同孚路黃寓議事，黃、宋爭國務總理，兩派大決裂為證。余大忿，不對而去。明日，余潛赴車站，獨馳返滬。」

「吾到滬，先謁克強，問軍事部署狀，克強氣不振。余曰：『即敗亦須為之，以袁且稱帝，後世見責，將不任也。』克強意不謂然，謂袁專橫誠有之，稱帝卻不敢。往見中山，語如前。中山喜吾主用兵，而同以吾詆袁為過當。余歎國民黨軍力熸矣，高論何益，即亦不辯。……」（見《辛亥革命回憶錄》第二冊章士釗〈與黃克強相交始末〉一文）

中山曾囑章士釗往說岑春煊合作對袁，蓋欲藉岑以運用龍濟光與陸榮廷，岑頗意動。袁以岑任粵漢鐵路督辦，岑曾約章赴武漢說黎元洪舉事，黎不信袁將稱帝，故章說無結果。

當是時，國民黨僅有三個都督：廣東胡漢民，江西李烈鈞，安徽柏文蔚。廣東胡與陳炯明有歧見，部下有蘇慎初、張我權兩師，已被袁收買，實無採取軍事行動可能。柏文蔚部下只有一旅可用，而首當北軍南下之衝，故態度亦游移。有決心且較有實力者，僅一李烈鈞。湖南原有一部分國民黨的潛勢力，但袁收買奸人，在宋案發生不久，即將湖南軍械局付諸一炬，激烈者亦不敢動，譚延闓托庇黎元洪，更持兩端。

宋案初起，中山自日本返滬，主張即以武力討袁。克強深知武力非袁之敵，則主用法律解決，但亦作軍事準備；其倒袁目的，固與中山無出入。

四月國會開幕，國民黨議員，已在袁世凱掌握，雖以大借款未經正式通過反對甚力，袁亦置之不理。

當時國民黨一方的情況大致如此。反之，袁世凱在宋案發生以後，即已積極備戰。馮國璋、李純、段芝貴所率北軍已紛紛向南移動，倪嗣冲、張勳更樂於為袁効命。等到四月二十七日，五國銀行團的大借款二萬萬五千萬元簽字，袁乃於五月十五日下令，取銷克強上將名銜；袁更發出一篇向國民黨公開挑釁的談話：「現在看透孫、黃，除搗亂無本領。我受四萬萬人付託之重，不能以四萬萬人之財產生命，聽人搗亂。自信政治經驗，軍事閱歷，外交信用，不下於人，彼等皆謂我爭總統，其實若有相當之人，我亦願讓。否則我亦未敢妄自推諉。彼等若敢另行組織政府，我即敢舉兵征伐之。」

並囑曾彝進以個人資格往告國民黨人，即說是「我袁慰亭說的，我當負責。」（見《遠生遺著》及李劍農《中國近百年政治史》）

劍拔弩張的情勢以至如此，其必以兵戎相見，自屬當然的結果。

六月九日，江西都督李烈鈞被免職；十四日，廣東都督胡漢民被免職；三十日，安徽都督柏文蔚被免職。

當克強任南京留守時，將當時留在江蘇境內革命軍裁減不少，但仍從將領中選出若干忠實同志編入第八師，其本意原在為國民黨保留一部分武力。可是該師的師長陳之驥係馮國璋女壻，如令其起而討袁，其最後決心如何，殊不可知。中山既主急進，欲運用該師若干連營長，戕殺其師旅長，冒險以求一逞，克強則主慎重。

七月十二日，李烈鈞已集合舊部，在江西湖口舉兵討袁，稱「江西討袁軍總司令」。寧滬起而響應，實已刻不容緩，中山且欲親赴南京主持。克強以中山與寧方軍人多不認識，遠不如與他的關係密切，因請中山留滬領大事，他自己則去南京指揮。十四日，克強在上海愛文義路私宅（時克強已由同孚路遷居愛文義路一百號）集數十人會商。章士釗出其所草二次革命宣言書，克強納書於袖，不及與其夫人徐宗漢說明，即偕十餘人共赴北火車站，向南京出發。宣言書交各報記者，已遍傳滬寧，而二次革命以成。其赴義之勇，殆與辛亥三月二十九日黃花崗一役無二致。

抵南京，即召集駐寧第一、第八兩師軍官會議，捕殺袁黨要塞司令吳紹璘、講武堂副長蒲鑑、要塞第二團教練官程鳳章，以江蘇都督程德全名義宣布獨立，又以程名義委克強為江蘇討袁軍總司令。茲節錄克強就職通電大意如下：

「（上略）自宋案發生，繼以私借外款，袁世凱之陰謀一旦盡露，國民駭痛，理有固然。興當時悲痛之餘，偶電中央，婉辭切責，湘、贛、皖、粵四督，坦懷論列，亦本忠愛民國之心。乃世凱遽有異圖，日作戰備。當時世凱罪狀既彰，豈難申討？徒以天下甫定，外患方殷，鬩牆之戒，乃所宜守，爰戢可用之兵，徐俟元凶之悟。興雖得世凱砌詞辱駡之電，置而不答；四督何譴，罷斥遂至，亦各決心謝職，翩然歸田；宜可告無罪於世凱矣！乃彼豺狼之性，終不可移，忽於各省安謐之時，妄列大兵於江海；當蒙邊不靖之頃，轉重腹地以兵戎，倒行逆施，至於此極，推其用心，非至剿絕南軍，殺盡異己不止。似此滅絕人道，破壞共和，誰無子孫，忍再坐視？興今承江蘇都督程委為該省討袁軍總司令，視事之日，軍心悉同，深悔待時留決之非，幸有急起直追之會，當即誓師北伐，殄此神姦。諸公保育共和，夙所傾服，望即協同聲勢，用集大成。興一無能力，尚有心肝，此行如得死所，乃所尸祝。若賴我祖黃帝之靈，居敵愾同仇之後，天下從風，獨夫寒膽，則興之本志，惟在倒袁，袁氏一去，與當解甲歸農，國中政事，悉讓賢者，如有權利思想，神明殛之。」（按：此文即章士釗手筆。）

時程德全駐南京，克強偕祕書長章士釗往謁。據章追述云：「……未入督院小花園門，已睹嚴裝勁旅，擎槍密集於議事廳前，無慮數百人，槍托頓地，吼聲遠聞，其為威愓勢禁狀，絕非恒人之所願見。於是克強歷階而升，吾緊貼於旁，雁行徐進。雪樓（德全字）自迎於門，口語不晰；克強大聲為兵動未戢告罪，雪樓張口荷荷，仍不辨何語。羅告子時為督署祕書長，亦前席，則相將入客室，四人默爾對坐。雪樓先發言：『袁世凱不法，天下之公憤，江蘇何敢獨異？吾意如蘇州人盤辮子，先佯為不可勝，以待敵之可勝已耳。公驟起任事，得大解脫，幸甚幸甚。』克強向不善詞令，稱：『興暫治軍，餘惟都督之命是聽。』此外交換彼此情報，吐辭無多，飲茶一巡而退。癸丑討袁之役，南京一幕之開場白，如此而已。」（見章文〈與黃克強相交始末〉）

克強所發出就職通電，蓋即在晤程以後。十六日，陳其美在上海誓師討袁，克強即任其為駐滬討袁軍總司令。十七日，柏文蔚亦奉克強命起兵於安徽，稱「安徽討袁軍總司令」。其他湘粵各省，也躍躍欲動，先後宣告獨立。就表面看，好像討袁軍聲勢相當浩大的樣子，可是內容卻非常淩亂，且脆弱不堪一擊。

據章士釗所追述云：「此役士氣消沉，匪夷所思，師長陳之驥（舜按：陳本『同盟會』『丈夫團』人物），為馮國璋女夫，原不能為主勤。黃愷元、王孝縝兩旅長，雖為克強心膂，而以屢受煎熬，上下交迫，口稱徇友，悒鬱不堪。師部矛盾既多，兵額不足，守城而外，幾於難移一步。冷遹第九師，屯第一線，由韓莊敗退，強敵迫近眉睫。洪承點以師長兼兵站總監，徘徊徐、蚌之間，罔知所措。外無援兵，內困孤闈，兩三日間，形勢了然，傾敗已睹，惟爭頃刻。一夜夜深，兩人相對愁苦，克強謂吾：『程雪樓逃出圍城（舜按：程於七月十七日，即託病由寧潛滬，且電袁輸誠，謂南京獨立，非其本意，已在滬署辦公云云），妄自通電，利害雖異，交誼何存？君何不到滬責之，加以禁制？』噫嘻！此克強不願為張巡，而故放許遠之託詞，吾豈不知。翌日，禁淚告別，反奔滬瀆。不數日，克強求自殺不獲，亦以得日人遮護，逕航東京聞。南京討袁軍總司令部，倏爾灰飛烟滅。」（仍見章〈與黃克強相交始末〉一文）

此其所記，殆為當時事實。

按克強於七月十四日抵南京後，同月二十六日，有一函致其夫人徐宗漢云：「宗漢弟愛鑒：上海血戰，非海軍之奴隸一人何至如此？誠為痛心！不知兩日來尚可圖恢復否？聞李平書家被巡捕查搜，想愛文義路（按即克強住宅所在之路）亦必繼續出此，聞已將關係物搬開，甚慰。但帳簿銀摺等，亦不可留家中，手槍子彈，亦望留心再為檢查一遍。總不使另生枝節為好。聞弟極欲來寧一見，此可不必，因天氣炎熱過甚，一美又不能脫乳。興現身體極健，不必罣念！弟能在家保育兒輩（一歐、應生、鴻、強等均在內），我極心感！弟所負之責任，即我之責任。我所應負之責任，因不能盡而遺於汝，汝能為我負之，使我完全盡力於國家，即汝之責任，亦不僅為興一人也，故敢以是相托。吾責至大至危至暫，汝責至細至久至難，然則汝之責任終艱鉅於吾乎！人生如戲，不可認真，戰局方酣，安能逆料，但恨為國民求真正之幸福，而目前之痛苦已不可除，安得國民均能知真正幸福由極痛苦中來也。書至此，吾不欲言矣。即訊佳善！阿強、一美、阿鴻、文子乖好，大妹等均好！興啟。廿六晚。」（見羅家倫編《黃克強先生書翰墨跡》頁一一一至一一三）。他這封家書寫於七月二十六日，戰事前途絕無把握，克強固早已知之，但他的態度仍從容如此。此實克強從事革命以來一貫的精神，蓋隨時隨地視死如歸，這封信的語氣，殆帶有幾分遺囑的意味。

綜合二次革命失敗的經過：鄂黎元洪、浙朱瑞表示中立。革命軍幾次攻上海製造局不能得手，最後歸於潰敗。袁任段芝貴為江西宣撫使，七月二十四日，會同海軍次長湯薌銘夾攻江西，李烈鈞部林虎初戰甚力，但湖口卒告不守，烈鈞退走；八月十八日，南昌陷。徐州也為張勳攻破。時余由長沙準備赴上海讀書，先去六合訪余長兄，路經南京，寓下關洋洋樓旅館，眼見冷遹從江北敗退在下關登岸。其時南京秩序未亂，但內部已無法支持，克強不得已於八月二十九日走上海，旋赴日本。克強走後，南京又由何海鳴支持數日。余在六合，猶聞雙方作戰砲聲。安徽柏文蔚，因部下倒戈，被迫退蕪湖。廣東因陳炯明繼胡漢民為都督，內部兵變，桂軍龍濟光擁袁，乘機進佔廣東。福建孫道仁、湖南譚延闓，見大勢已去，已獨立又宣告取消。重慶的熊克武，也為川、滇軍所擊敗。蓋自宋案發生迄江西崛起，國民黨意見即不一致；而各方形勢散漫，呼應不靈，財政更無法調度；全國人民對袁世凱仍有相當迷信，而心厭戰爭，視二次革命若無與己事，其精神與辛亥不同，比較後來的護國之役也完全兩樣。其時袁挾有完整的武力，握有大借款的財源，雙管齊下，壓力甚大，故不及兩月，二次革命即歸慘敗。假定當時赴南京指揮者非克強而為中山，其必陷於同一命運，殆無疑義。自中山、克強赴日，偕其同志的一部分，重度流亡生活，留國內者也橫遭壓迫。於是江西、江蘇、湖北、湖南、廣東、四川、福建各省，乃盡入袁世凱勢力範圍，而後來的動亂，且方興未艾。

關於克強逝世前後一般的看法

以宋案發生後國民黨與袁世凱兩方的形勢論，國民黨發動對袁用兵，無論由中山或克強出而指揮軍事，結果必至失敗。其原因不難列舉：

一、一般國民求苟安之心甚切。大家以為只要滿清倒了，不問任何人出來領導全國都可以有辦法。即以孫、黃兩公來說，他們也以為在清廷剛倒民國初建的過渡時期，利用袁在清末的經驗、資望，以及他可能運用的武力，以求得全國的統一、列強的承認，然後徐圖整理與建設，確為適當的一著。這種心理，並不說明孫、黃對袁果能信任，但當時一般國民，不問其對政治及袁之為人有無認識，其希圖苟安的心情，則大體如是。一旦看見又要二次革命，他們當然十分厭倦，所謂「形勢比人強」，利於袁而不利於國民黨，事屬顯然。

二、當時的國民黨還擁有幾省的地盤，但形勢散漫，關於武力與財政都相當空虛。胡漢民、李烈鈞、柏文蔚三位都督，雖係「同盟會」的人，在革命過程中各有其勞績，但說廣東、江西、安徽的人民對他們有如何了不起的感戴，他們對同志又相處得如何融洽也正未必。湖南的譚延闓、浙江的朱瑞，都另有結托，其不可靠，自更在意中。克強在南京臨時政府一度任陸軍總長，又曾一度擔任結束軍事的留守職務，與各軍將領的關係，以克強最深；當他在解除留守職務以前，原也在留寧各軍中，布置了若干的舊日同志，可是其時的大權已屬於都督程德全。江蘇軍隊比較戰鬥力稍強的為第八師，師長陳之驥雖係「同盟會」同志，但他卻是馮國璋的女婿，頗難望其積極。冷遹的第九師屯韓莊第一線，一經接觸，又即告敗退。可見克強對南京的軍事情況尚且無法運用，如由中山親往督師，自更不難想像。

三、用兵以財政為第一，自辛亥首義以迄二次革命，民黨的失敗，實以財政無辦法為一主要原因。當中山任臨時大總統時，南京集中的革命軍已有若干萬，餉無所出，向上海借三十萬元的小款，尚須張謇出面擔保；打算向日本方面借得一筆較大的款子，日方即以合辦漢冶萍公司為要挾，經張謇反對，以去就力爭（時張任實業總長）卒作罷論。當時孫、黃兩公，眼見袁世凱狼子野心，原不是沒有北伐以貫澈革命的打算，但以財政無著，乃不能不委曲求全，以政權讓袁。又當克強任留守時，要遣散一部分軍隊，或使各省軍隊得分別開拔回籍，兩個月內非有千餘萬元無以渡過難關，可是當時由北京交付之款，僅得兩百零五萬，其時已入夏季，軍中猶著棉衣，有一部分每天僅得稀飯一頓，幸克強曉以大義，乃僅得免於譁變。克強之不得不趕快把留守府結束，其原因即在於此。二次革命雖經克強發動，但他抵達南京以後，對財政仍束手無策；袁世凱的大借款已經到手，卻可惟所欲為。可見二次革命之失敗，實敗於財政而非戰之罪。

四、當時的國民黨，原為一新造的政團，其所以能結成一個大黨，取得國會多數議席制袁，實以宋教仁之力為多；宋死以後，即失去主要的領導人物，已無法運用。因此，袁氏但一心一意求得軍事的勝利，至於一部《臨時約法》，一個反對黨擁有多數議席的國會，原不在他的眼中，只須一舉手之勞，即不難全部加以摧毀，這是袁世凱最兇最狠的地方，而二次革命的勝負之數，實已前定，其他一切的想法，全不相干。

關於二次革命失敗後，孫、黃兩公及其少數重要同志，再度亡命赴日，以及因中山重組「中華革命黨」，致孫、黃間發生歧見，我不敢作任何揣測之辭，僅就兩先生之老同志或老友記載此事的經過，節錄一部分於此，以供他日為克強先生正式寫一篇詳傳者的參考，或不無補益。

五年前，章行嚴先生寫了〈與黃克強相交始末〉一文，其記中山及克強這次到達日本後的情況有一段云：「吾徒革命黨也，共和曇花一現，重履亡命之途，渾沌窮奇，亦何所謂！顧克強精神抖擻，仍復計畫多端，期於振刷。頃檢得遺札一通云：（按：以上為行嚴的話。）『昨晚劭襄兄來云：雜志之事，漢民兄等，仍要求兄主其事，未經承諾，殊為懸懸。弟思袁氏作惡已極，必不能久於其位，兄能此刻出為收拾人心之舉，亦不為早。至組織後，如最激烈分子，當可設法使其不憤事，劭襄亦言及此。如何之處，乞示知，不勝盼禱。』」（此段為克強給行嚴的信）

由此緘可得窺見數義：

一、克強敗後赴東，仍與孫派合作，至欲強拉一非「同盟會」之舊友，共創機關刊物。外傳克強反孫，顯係造謗。

二、強吾主持雜誌，倡議者為胡漢民，可見孫派自審勢孤，謀黨內外大團結，克強實為當時作合柱石。

三、孫派中卻沒有如夏重民者一類激烈分子。吾另辦《甲寅》後，夏重民曾搗毀吾林町社址一次。倘真共營一報，後患寧復可言。

四、劭襄者，劉承烈也。……為熱烈而有學識者之一人。……在北京化去，友朋中弱此一個，至堪痛惜。（上四點為行嚴對克強前信的解釋。按行嚴僅加入「華興會」，始終未入「同盟會」。）

「時則中山認為二次革命失敗，由於黨員不聽命令，意指克強，刻責無已。而克強溫溫自克，不一校也。中山別創『中華革命黨』，以服從為第一義，聲明必欲作真黨魁，黨員須捺手印，明信誓。舊『同盟會』會員皆不欲，克強不作表示。其時袁力寖盛，黨軍根基剗盡，內地無措手間隙；假其有之，吾意克強終俯首莅盟耳。舊士官派，方欲起『歐事研究會』（時歐戰爆發），異軍蒼頭，職志特異。克強暫難為左右袒，乃擔簦赴美，冀避其事。此行首尾三年，丙辰護國一役（民五），克強未嘗與聞。中山亦困頓異國，難於遄返，後雖在袁死邊緣，間關到滬，終一籌難展。」（此段說明孫、黃發生歧見時之實況。袁死於民五六月六日，中山於四月二十七日始自日本返回上海。）

「袁世凱之自斃於帝制也，國民黨殆全無起事能力，中山之命令，無處可發。獨賴蔡松坡（鍔）雖注籍梁門，而革命抱負甚大，猶降心與吾輩合。西林（岑春煊）則依倚舊部陸榮廷，開府端州（肇慶），強支門廡。迨吾由粵返滬，以病店僵臥醫院，而克強始返自北美（克強於袁死後月餘，即七月八日始返抵滬）。吾憶對語病牀，克強欲在西林久原借款中，稍分一滴，以資因應。吾意款經用罄，商必無成，徒使桂系軍人蔑視吾黨，所損太大，終未輕開口。未久，克強謝世，致成吾愧對良友之一大事，疚恨無已。」（這一段說明克強到上海後經濟甚窘，行嚴恐為桂系軍人所輕，不肯開口，可謂能識大體。）

行嚴於歷敘他與克強生平關係既畢，最後有兩段論贊性質的文字，更為研究克強先生之為人者所不可不知，特錄於下：

「論曰：吾弱冠涉世，交友遍天下，認為最難交者有三人：一陳獨秀；一章太炎；一李根源。（舜按：此三君者，吾均及見其人，出入太炎之門者，更歷兩年以上；吾終覺太炎晚年已爐火純青，言談間雖偶亦雜以詼諧，但從未聞其輕於臧否人物。與陳獨秀談過多次；李根源則僅於太炎客座中一面而已。）但吾與三人都保持始終，從無詬誶。吾答或問：吾恃以論交之惟一武器，在『無爭』兩字，然持此以禦克強，則頓失憑依，手無寸鐵。何以言之？我以無爭往，而彼之無爭尤先於我，大於我。且彼無爭之外，尤一切任勞怨而不辭，而我無有也。由是我之一生，凡與克強有涉之大小事故，都在對方涵蓋孕育之中，渾然不覺。因而我敢論定：天下最易交之友，莫如黃克強。又克強盛德大量，固不獨對吾為然也，凡視天下之人，罔不如是。視天下之人且如是，何況首領？於是吾又敢論定：人若以克強不服中山相齮齕者，克強有靈，必且惶恐退避，而不作一語，使言者在克強之前，化為渺小無物，不知所裁。」

「又曰：克強平居自勵之語，為『事苟有濟，成之者何必在我』。復舉董江都之訓誡，『正其誼不謀其利，明其道不計其功。』此類詞語，吾於昔年宴坐言談之頃，頻頻聞之。凡此皆先生砥礪自得，深信不疑之辭，與泛泛以口頭禪欺人者異趣。先生辭南京留守日，吾在《民立報》撰文送之，頌言美德，昭示後昆，即臚舉上列二訓，以為金玉之式。今忽忽五十年矣，鉅人長德，歷久彌昭，後死者誰，詬尤與積，噫嘻先生，愛而不見，搔首踟躕，求其友聲，還勗故我。」

又周道腴先生（震鱗）寫了一篇〈關於黃興、華興會和辛亥革命後的孫黃關係〉回憶文字，與上舉章文互有詳略，可以參看。其最後三段，尤關重要，其言曰：

「討袁軍事失敗，孫、黃兩先生和各省革命同志，只得東渡日本，以圖再舉。中山先生總結失敗經驗，認為宋案發生後，本應立即興師討袁，不應等到大借款成立以後始舉事，以致袁世凱得以從容布置，使革命遭到失敗。因此，中山對克強先生頗有責難。對於黨務方面，中山先生認為黨內精神渙散，行動極不統一，必須恢復民國以前精神面目而加以嚴格的整肅，因而決意另行籌建『中華革命黨』；原來的國民黨黨員，志願參加的，也必須各具誓約，服從黨魁一人之統率，並須在誓約上用中指按上指印，以志矢忠。克強先生則認為當時亡命日本的國民黨黨員，都是參加討袁且被通緝的，不應該在這時對他們嚴加整肅，而主張就原有基礎發展反袁的其他革命分子，以便團結更多的力量共同奮鬥。因此，他不同意中山先生另組『中華革命黨』，並且表示他個人決不參加。當時兩人的態度都很堅決。中山先生雖然一時不能說服克強先生，但仍積極籌建『中華革命黨』，而將協理職務仍然虛以待黃。當中山先生成立『中華革命黨』的時候，各省重要同志二十餘人一方面拒絕參加，另方面又發起『歐事研究會』，其中半數為湘籍。陳英士方面的人早就覬覦協理一席，『歐事研究會』的出現，更使他們振振有詞了。當時還有少數叛徒已被袁世凱收買充當『袁探』，乘隙進行挑撥離間，尤其大事宣揚『孫、黃分家』。克強先生因奔走革命多年，已染胃病，亟思易地療養，乃向中山表明對革命事業始終不變的態度，於一九一四年離日赴美。中山先生仍對他極表關懷。當電告美洲支部同志曹亞伯等為克強先生照料旅居方面。克強先生在美國各地發表演說和談話，內容也仍然是宣傳中山先生的三民主義。足見孫、黃兩先生雖然在意見上發生了一時的分歧，而在革命的根本主張仍然是一致的。」

「克強先生離日赴美後，『歐事研究會』同人逐漸認識到革命組織不可分裂。覃振首先加入『中華革命黨』，並擔任湖南支部長，主張解散『歐事研究會』。我原先因為不同意中山先生所要求的填寫入黨誓詞和打指印的做法，拒絕參加『中華革命黨』，但我是始終反對黨內派別分立的，此刻在覃振同志之力促下，也就按入黨手續參加了。同時，李烈鈞等也陸續辦理了入黨手續，中山先生大為嘉慰。從此一般革命同志皆能蠲除成見，又復團結在中山先生統一領導之下，繼續共同進行艱苦的革命戰鬥。關於孫、黃兩先生間的意見分歧，我曾從中盡力斡旋，為雙方解釋，頗得嘉納。關於黨的名稱問題，在討袁軍事將告結束的時候，我以國民黨在國際國內影響較大，成績較多，也曾向中山先生建議：不如今後仍改稱國民黨，並為了區別於日本的國民黨（日本的犬養毅等所組的政黨也稱國民黨），可以冠上『中國』二字。當時中山先生亦予默許。」

「當蔡松坡先生在雲南揭舉護國軍討袁義旗的時候，曾迭電請克強先生回國。迨克強先生由美回國，歸途中在日勾留時，我既託赴日歡迎的同志帶給他一封長信，把我斡旋他和中山先生關係的情形詳告。克強先生得知中山先生對他完全諒解，急回上海。他行裝甫卸，就晉謁中山先生。中山先生旋即回訪克強先生。兩人相見，握手言歡，極為親切快慰。這時袁賊已死，討袁軍事結束，孫、黃兩先生又在上海召集革命同志，籌商反對北洋軍閥的策略，並命我赴北京在議會聯絡同志，進行分化北洋軍閥的工作。不幸克強先生病勢沉重，竟於一九一六年十月三十一日齎志以逝。中山先生頓感失去革命臂助，異常悲痛。黨內同志組成了以中山先生為首的治喪委員會，翌年國葬克強先生於湖南岳麓山，典禮隆重。由此可見孫、黃關係始終是建立

附錄一

與黃克強相交始末

章士釗

吾與克強初相識，在武昌兩湖書院齋房中，時一九一一，即前清光緒二十七年辛丑秋也。吾生於光緒七年辛巳，是年虛歲二十一。先是吾讀書於長沙東鄉和佳冲老屋，用功甚苦，患咯血症，吾姊憂之，稍微摒擋，勸吾遠遊，至遊何地，將何為，吾與姊皆未嘗計及也。迨抵鄂，赴自強學堂，謁監督程頌萬子大，辭以非考期，不收新生。則有舊同學善化王闓憲，隸兩湖為寄宿生，願分齋舍與吾共讀。吾因以未嘗注籍全不合格之儻來新生，鳩居鵲巢，蒙混一時，以是識克強，克強以同治十三年甲戌生，虛歲二十八。

吾初識克強，不過同舍嬉遊而已，彼此並無所體會。翌年壬寅，余赴寧，入江南陸師學堂。又明年癸卯，余率陸師退學生趨上海，蟻附愛國學社，公言革命。而克強以日本弘文師範生，畢所業返國，稍滯於滬。吾二人握手道故，而形勢大變。

吾於是年五月一日，正式入蘇報館任筆政，距是以前，亦為《蘇報》撰文。吾憶訪克強於洋涇浜客棧。是日，《蘇報》論文為詆諆江南陸師學堂退學事，克強詢退學情形甚悉，可見克強由東抵滬，時在初夏，自五月以至閏五月，吾迫於報務，與克強見面不多。洎《蘇報》被封，吾從事實際革命工作，開始與克強計畫如何籌款。第一步，吾二人同赴泰興，訪龍硯仙；又同赴南京，訪魏肇文（江督魏光燾第三子，新由東京返國）。旋折回滬，部署略定，乃同返長沙，始籌備華興會。

華興會開第一次會議於長沙，地點在彭淵恂宅，到會者共十二人。十人湘籍，餘二人為侯官翁鞏、無錫秦毓鎏。湘籍十人，除克強與吾及彭淵恂外，劉揆一、胡瑛、柳大任叔侄咸在。時癸卯七、八月間。

會後，吾返滬，長沙經始一切，克強獨任之。已在明德學校充教員，別設華興會機關，聯絡會黨，乘隙起事。事後，據《龍萸溪筆記》，得其崖略如下：

華興公司，賃屋於南門外為之，表面標榜辦實業，裡面直是革命組織。無何，外間指目克強為革命黨，謠言稍起。九月二十五日，余（按此龍萸溪自稱）在家中讌客，克強與焉，揚揚如平時。唯笑謂余曰：「有相士請我，將有縲絏之災。」余曰：「此無稽讕言，公何信之？」時克強寓紫東園，忽報寓所有士兵搜檢，里衖遮阻，人不得出入。尋知會黨首領馬福益之部下失風，於醴陵車站被逮，詞連黃堇午老師，即克強也。余亟引克強入西園密室暫避，而外察形勢。時學務處總辦張鶴齡、兵備處總辦俞明頤，皆素交，且通達時務，無意興大獄，事稍緩。是夜，克強以布置革命實況見告，黨眾約二萬餘人，教員學生居多，惟無一語及新軍。此或克強不欲激動俞壽丞，俾便相助，亦未可料。綜計克強所語要點，歸宿於十月十日那拉后萬壽節，百官赴皇殿慶祝時，一舉轟之，從而四方響應，庶幾成事。今事已破壞，無取瀆敘，現同志被獲者不知幾何人，如事態擴大，為首者誼當到官，何忍獨生云云。胡子靖、譚組安均在座，聞此言，則共勸慰毋躁，以圖善後。克強又言，有一藏置祕件之小箱，存西長街長沙中學室內，不可放佚。翌日，余假託謁客，衣冠出門，逕往該中學攜歸，就中冊籍名紙，悉數焚燬，不留痕跡。克強因取自用水晶小印章贈余，已則讀書自遣，飲噉如故，如是者三日，尋為聖公會牧師黃吉亭及湖北曹亞伯掩護出鄉赴滬。久之，湘撫端方謂余：「足下胡乃放下黃興？」張小浦從旁答曰：「龍萸溪不能賣友。」亦遂釋然。

事非親歷，唯同人口語是信。萸溪遂以信友著聞，號八先生。歲甲申，即一九四四年，萸溪年七十，吾避難重慶，曾草一文，展揚龍氏昆仲風儀為壽，辭多不錄。大先生硯仙事，前見，茲僅留一語作質的，曰：辛亥以前，湖南新起形勢，不論激隨緩急，大小輕重，都不能違離龍氏，惟克強革命亦然。

克強返滬，與吾輩復合，時吾為革命後方略有籌劃，重心尤在宣傳。吾既創立《國民日日報》，復別設東大陸圖書譯印局。除鄒容《革命軍》先期印發外，他如《黃帝魂》、《孫逸仙》、《沈藎》、《攘書》等小冊子，以及《保國歌》等單張，充類布達。吾又租賃招待所四處：一在餘慶里；一在梅福里；兩所在昌壽里，此一為《日日報》編輯所，一為克強與吾祕密計事處。一夕，議程剛了，客散，克強也新置手鎗，相與摩挲，偶一失慎，子彈劘迫吾額，揚聲飛去，突入窗櫺寸許。吾二人大詫不已，幸其地僻，未令鄰屋聞知。爾時內地各處，東連日本東京，同人風聞克強在湘謀大舉，漸次到滬會合。各招待所隨分安置，而餘慶里尤有人滿之患。克強仍自賡續湘局，為逾年瀏醴起事張本。華興會者，以振興實業為名，人眾而機事難密，則湘中增設同仇會，聯絡紅幫弟兄；上海別樹愛國協會，招邀內層志士。如蔡孑民、陳獨秀、蔡松坡輩，咸在上述祕密計事處，由楊篤生監誓加盟。蓋克強志切實行，恐其名重易漏，堅不肯任會長，於是眾推篤生主持，而吾副焉也。所有革命計畫，當然以暴動為主，而暗殺亦在討論之列。特後者克強不甚贊成，而篤生認為必要。篤生勤攻化學，制置鍋爐道具，在餘慶里宅，著手試驗。居無何，以萬福華刺王之春聞。斯案也，異軍突起，與華興會原不相涉，吾別撰甲辰年暗殺案一文詳其事，茲不覼縷。案發之明日，緣吾偵察不謹，牽率餘慶里同人十餘輩入獄，克強以隨員名義，連同被放，馳赴東京。後四十日，吾亦出獄東邁，上海之局，暫告結束。時千九百零四，即光緒三十年冬初也。惟篤生幸脫縶累，猶獨行踽踽，不告於眾，潛蹤北京。尋知棲身譯館，（謂充譯學館教員），旅進旅退，假友閒房，託言製皂，從而陰合炸器，手授吳樾。越兩年，東車站炸五大臣案，震耀一時云（製皂事聞之朱啟鈐）。

吾抵東京，寓牛込區若宮町二十七番地。未久，克強移來同居。適中山孫先生由橫濱携小行囊，獨來東京，旨在合留學生，議起大事。而留學生時以楊度為有名，彼寓富士見町，門庭廣大，足以容客。於是中山與楊，聚議三日夜不歇，滿漢中外，靡不備論，革保利病，暢言無隱。卒乃楊曰：「度服先生高論；然投身憲政久，難驟改，櫜鞬隨公，竊愧未能。度有同里友曰黃興，當今奇男子也，輔公無疑，請得介見。」（劉禺生《世載堂雜憶》稱：楊度與中山初見於橫濱永樂園。禺按：孫、楊橫濱之會或有之，然決非初見。禺生又謂：「同行有梁煥彝。」吾知煥彝留英，未到過東京。禺生記事疏闊，往往類此。）中山喜。翌日，吾若宮町宅，有先生足跡見臨。克強與吾，皆初見先生。吾昨歲草《孫逸仙》冊子，以前知尤相契合。樓下席廣窗明，主客失次，三人或蹲或臥，按地圖，議天下大勢，殊未易一二數；俄而集留學生，為大會盟之議起。先生辯才無礙，指揮若定，吾徒傾心折服，難以形容。克強情異虬髯，幟鄙自樹，太原真氣，戶牖冥濛。時則汪兆銘、胡衍鴻之流，頭頂辮髻，手摩講章，出入梅謙次郎之門，洋洋與同舍爭一日之短長，顧仍木然無動於衷也。

上海之新敗也，吾才短力脆，躁妄致敵，潛懷我殺伯仁之惧，兼蓄願為周處之思；加以未達壯年，了無學殖，人眾茫然無主，事到不知所裁，眼前失機猶小，將來誤事必大；願假數年之力，隱消大過之媒，際茲大黨雙建，應以分工為務，量其才力，資其性分，緩急文武，各任所宜。吾於焉發議，本黨大隊趨重實行，小隊容其攻苦，審時度勢，或庶幾焉。孫、黃二公，不允所請。吾堅持本議，久而不決。吾憶太炎與孫少侯，同寓新宿，受二公之託，要吾蒞盟，吾不署諾，則見誘禁閉一室，兩日不放。卒之克強明吾本懷，敢證忠純不二，聽吾自擇，眾亦釋然。當同盟會旗鼓大張之時，正鄙人閉戶自精之候。時吾年已二十五矣，洋文不識ABCD，算學不解乘除加減，老泉廿七，初習篇章，才謝秦嘉，見笑聘室（聘妻吳弱男，行畢業青山女學院）。一千九百零七年，吾發東京，經滬赴英。在蘇格蘭大學，修碩士學位，距結業不足一學期，而武昌事發，吾廢卷東馳，涉冬抵寧，在鐵湯池參謀部會客室，重與克強相晤，則千九百十一年冬矣。

吾留英五年，所學幾何，伊誰知之！顧吾赴游府西街，謁宋鈍初，寒暄乍已，主人捧剪報巨冊見示。則數年間，吾所寄京滬諸報論政文字咸在，質不可曉，而量殊可觀。吾笑謂鈍初：「江左夷吾偌大本領，原來孕育於故紙堆中，亦自可喜。」鈍初以一笑見報，兩俱莫逆。

吾思之，吾重思之，鈍初後來見燬，終為此類斷爛朝報所誤。五十年舊夢，默演一過，為之憬然。

中山先生之在倫敦也，原要吾掌記。吾率一妻二子，料量不易，遲遲其行，迨吾抵南府，則胡漢民獨擁記室皋比，似無余事可辦。克強謂吾：「各部長官，多久曠未到，君一試何如？」吾曰：「否否，吾有鐵飯碗在，公何忘卻？」克強一笑喻意。時《民立報》為同盟會唯一刊物，言龐待理，于右任聞吾願任斯職，大喜過望。雖然，此中有鐵門限，踰越不得，蓋吾非同盟會員也。初建黨時，吾未加盟，倘趨蹌於政成之後，非鄙夫誰勝此？克強知吾性愎，因不欲相強。顧建政之初，黨人勢張，不洽輿論之事非一，他報不敢置辭，訾嗷讓《民立報》為之。就中建都問題，及漢冶萍借款一案，《民立報》社論之悍然不顧，去與政府為敵，其間不能以寸，而借款亦適以此不就。黨人因大鬨，謂黨報也，奈何使非黨人持之？實則此類反動文字，非出余手，撰文者例自署名，一目了然。顧余總主筆也，虎兕龜玉，究不得不負其責。克強、右任大窘，左右不知所為。余曰：「黨人責難是也，吾辭職便。」黃、于皆不允。吳忠信時充報社協理，尤涕泣相留。余曰：「否否，凡事以理勝者，不可以情克。」吾卒擺脫此職而去。其時天下有視，視《民立報》；有聽，聽《民立報》；某也「焉從而來，焉往而止」（二語本柳集），世多疑焉。

吾脫離《民立報》後，與揚州王旡生別刊《獨立周報》布於世。報社設小花園。吾懃懃執筆，仍舊貫，然光氣一落千丈矣。繼知旡生暗受袁世凱津貼，余尤意興索然，不數期即擱筆。克強適以世凱邀遮，擬赴宛平，央吾同行。吾曰：「君且不免為曳尾龜也，獨不畏尾大不掉乎？」相與一笑而罷。時元年冬也。實則吾困群疑罪謗之中，不欲久留滬，亦願北首燕路，一看形勢。因先趨天津，略有所事。一夕，訪梁啟超於《庸言報》館，值熊希齡、楊度在座。啟超懟曰：「國民黨銳意起內閣制扼袁世凱、而手控憲法起草權，弛張惟意，世凱恨焉。吾黨誠不知何道之從，君其無意解斯厄乎？」吾視啟超几上，有漢譯蒲徠士《民主政治》兩巨冊在，因檢〈費城會議〉一節，笑謂啟超：「公試讀此，應有所得。」三人者俱大詫。越數日，《庸言報》出，梁先生主張憲法草案，脫國會獨立，北美開國，供吾先例，中國有華盛頓，宜施設是。此常人所不敢言，憲政黨人躐之，而余適於是時入京。楊度者，號稱「曠代逸才」，出入袁幕，屢謂吾曰：「袁遣沈兆祉先道地，子不入謁，非禮。」余不獲已，偕楊往。

無何，吾與袁迹日親，稍稍預袁祕事。吾內心滋疚，苦不得脫。袁已前知吾壻廬江吳氏，則謂吾曰：「君自家人，有所見，丞言毋隱。」余聞言大震。吾妻吳弱男，在滬得袁書道地，函電交質吾，革命黨不得自污為裙帶官。其實余固無求官意，北京大學校長，牒雖出，已辭去矣。不久，宋案發，鈍初遺電到府，吾方與袁會食，袁太息曰：「鈍初可惜，早知如此，必何當初？」余瞥視電文，僅寥寥「開誠心，布公道，尊重憲法」十大字。余隱笑鈍初受袁詐，至死不悟。食竟，起赴鄰室，就當日事泛論之，慣例往往如是。袁著黑絨緞袍，長不過膝。案置精器，貯鹿茸片，且談且檢食。額多汗，時以毛巾揩拭。兩目有光如電，時奔射人。語次，竟以宋案凶手歸克強，執先一日同孚路黃寓議事，黃宋爭國務總理，兩派大決裂為證。余大忿，不對而出。明日，余潛赴東站，獨馳返滬。

吾到滬，先謁克強，問軍事部署狀，克強氣不振。余曰：「即敗亦須為之，以袁且稱帝，後世見責，將不任也。」克強意不謂然，謂袁專橫誠有之，稱帝卻不敢。往見中山，語如前。中山喜吾主用兵，而同以吾詆袁為過當。余嘆國民黨軍力熸矣，高論何益，即亦不辯。中山曰：「自蘇慎初、張我權兩師長被袁買收，粵如無人之境，非利用龍、陸，不足舉事，君能往說岑春煊乎？」克強在旁，慫恿尤力。吾曰：「姑試為之。」明日，王芝祥來，吾與計此事。芝祥喜躍，急赴杉板廠，為吾先容。又明日，吾與西林縱談天下大計，語無不合。西林極意詬袁，用力無所顧恤；且憤然曰：「吾且如漢文帝，單騎逕赴梧州龍濟光營，視濟光不作周亞夫，將胡為者？」此雖儗不於論，而語甚壯。孫、黃二公大喜。吾因自居曹邱生，在滄洲別墅設宴，宴兩公及西林，視士相見禮；約汪、胡與陳英士、于右任等，共襄是事，吾夫婦各由席之盡頭起立，舉琖為壽。由今思之，夥頤沉沉，此殆不得謂非革命豪帥之東南高會也。

西林時充粵漢鐵路督辦，越數日，約吾馳赴漢上，說黎元洪舉事。西林勇銳過國民黨，孫、黃陰寄厚望。迨吾儕過江，抵都督府，適章太炎、李仲仙咸在。吾徐以袁世凱帝制自為狀語元洪，元洪憤激，立而誓曰：「項城稱帝，元洪敢以百口保之。」一座囂然，主人送客，屏後袁探不乏。即日北京洞悉其事。是夜，元洪密遣人，齎台票五百版，致太炎與吾，央即刻返滬，免為人算。說者曰：元洪雖闇，顧不失為忠厚長者，茲為顯證。西林稍遲數日，亦並東下。武昌約從之行，其效如此。

上海計事，孫急而黃緩。然黃先生之緩，蓋深悉其軍力及錯綜之情狀而為之，非得如孫先生逕情而直行也。計其時可用之兵力，湘、粵均摧毀無餘，已使兩先生同為痛心，所剩者只區區南京第八師耳。此區區者，孫先生遽欲歆動其營連長，戕殺師旅長，冒險以求一逞，夫未加遺一矢於亂人，先喋血於蕭牆之內，此何等驚險前景！黃先生所為痛哭出師，謂身代先生以赴敵，留先生領大事者，真披肝瀝血，萬分情迫之言，可為知己道，而難求諒於後人者也。是時吾在兩先生左右，孫先生急，而吾似較孫先生尤急。何以故？以吾挾一袁氏稱帝之固定觀念，而兩先生俱無有也故。（按此段所引兩先生之言，皆出兩先生遺札。）

卒之議定：孫先生留上海，督陳其美備豫響應；李根源充討袁軍參謀長，輔西林赴粵；吾充討袁軍祕書長，隨黃先生入吳。吾憶黃先生午車出發，吾夜車繼之，翌日早晨，趨第八師司令部聚齊，吾立伴黃先生，在謁都督程雪樓。未入督院小花園門，已睹嚴裝勁旅，擎鎗密集於議政廳前，無慮數百人，鎗托頓地，吼聲遠聞，其為威愓勢禁狀，絕非恒人之所願見。於是克強歷階而升，吾緊貼於旁，雁行徐進。雪樓自迎於門，口語不斷，克強大聲為兵動未戢告罪，雪樓張口荷荷，仍不辨何語。羅偕子時為督署祕書長，亦前席，則相將入客室，四人嘿爾對坐。雪樓先發言：「袁世凱不法，天下之公憤，江蘇何敢獨異？吾意如蘇州人盤辮子，先佯為不可勝，以待敵之可勝已耳。公驟起任事，得大解脫，幸甚幸甚。」克強向不善詞令，稱：「與暫治軍，余惟都督之命是聽。」此外交換彼此情報，吐辭無多，飲茶一巡而退。癸丑討袁之役，南京一幕之開場白，如此而已。

近唐生智記孫、黃兩先生瑣聞，錄克強討袁通電一則如下：

與一無能力，尚有心肝，此行如得死所，乃所尸祝。若賴祖宗之靈，民賊一去，即當解甲歸田；國中政事，悉讓賢者。如有權利之想，神明殛之。

此赫然吾之手筆也。五十年後，猶能動人心弦，懃懃記錄，則當時言非外鑠，黃先生有其本來，可想而知。

此役士氣消沉，匪夷所思。師長陳之驥，為馮國璋女夫，原不能為主動。黃凱元、王孝縝兩旅長，雖為克強心膂，而以屢受煎熬，上下交迫，口稱徇友，悒鬱不堪。師部矛盾既多，兵額不足，守城而外，幾於難移一步。冷遹第九師，屯第一線，由韓庄敗退，強敵迫近眉睫。洪承點以師長兼兵站總監，徘徊徐、蚌之間，罔知所措。外無援兵，內困孤闈，兩三日間，形勢了然，傾敗已睹。唯爭頃刻。一夜夜深，兩人相對愁苦，克強謂吾：「程雪樓逃出圍城，妄自通電，利害雖異，交誼何存？君何不到滬責之，加以禁制？」噫噫！此克強不願為張巡，而故放許遠之託詞，吾豈不知。翌日，禁淚告別，反奔滬瀆。不數日，克強求自殺不獲，亦以得日人遮護，逕航東京聞。南京討袁總司令部，倏爾灰飛烟滅。

吾徒革命黨也，共和曇花一現，重履亡命之途，渾沌窮奇，亦何所謂！顧克強精神抖擻，仍復計畫多端，期於振刷。頃檢得遺札一通云：

昨晚劭襄兄來云：「雜誌之事，漢民兄等，仍要求兄主其事，未經承諾，殊為懸懸。」弟思袁氏作惡已極，必不能久於其位，兄能此刻出為收拾人心之舉，亦不為早。至組織後，如最激烈分子，當可設法使其不僨事，劭襄亦言及此。如何之處，乞示知，不勝盼禱。

由此緘可得窺見數義：

一日吾謁孫公於靈南坂，周孝懷不約而至。語次，公廢然太息，指吾稱：「吾革命無成，因君不肯相助。」孝懷問其故。公曰：「行嚴左挈岑西林，右攜黃克強，二力見輔，吾何功不成？」吾喟曰：「公何言之易也！西林吾新相識，孝懷則舊主賓，性習蓋深知之。此公豈容易聽人指揮耶者？夫彼為遜清遺老，原與吾黨無瓜葛誼，一旦強之濡迹，相牽亡命，吾黨不僅無一語相慰，且罵之為官僚，排之不令預事，吾有何面目，更為耳語，使趨事公？至克強與公共事爾久，忠心耿耿，人無間言，今雖稍有痕迹，然吾敢保公有命令，彼無不從，何待有人從中牽曳為？」吾如此說，公亦無語。二客同時辭出，途間猶聞孝懷頻頻嘆聲。

袁世凱之自斃於帝制也，國民黨殆全無起事能力，中山先生之命令，無可發處。獨賴蔡松坡雖注籍梁門，而革命抱負甚大，猶降心與吾輩合。西林則依倚舊部陸榮廷，開府端州，強支門廡。迨吾由粵返滬，以病痁僵臥醫院，而克強始返自北美。吾憶對語病床，克強欲在西林之久原借款中，稍分一滴，以資因應。吾意款經用罄，商必無成，徒使桂係軍人，蔑視吾黨，所損太大，終乃未輕開口。未久，克強謝世，致成吾愧對良友之二大事，疚恨無已。

論曰：吾弱冠涉世，交友偏天下，認為最難交者有三人：一陳獨秀；一章太炎；一李根源。但吾與三人都保持始終，從無詬誶。吾答或問：吾恃以論交之唯一武器，在「無爭」二字，然持此以禦克強，則頓失憑依，手無寸鐵。何以言之？我以無爭往，而彼之無爭尤先於我，大於我。且彼無爭之外，尤一切任勞怨而不辭，而我無有也。由是我之一生，凡與克強有涉之大小事故，都在對方涵蓋孕育之中，渾然不覺。因而我敢論定：天下最易交之友，莫如黃克強。又克強盛德大量，固不獨對吾為然也，凡視天下之人，罔不如是。視天下之人且如是，何況首領？於是吾又敢論定：人若以克強不服中山相齮齕者，克強有靈，必且惶恐退避，而不作一語，使言者在克強之前，化為渺小無物，不知所裁。

又曰：克強平居自勵之語，為「事苟有濟，成之者何必在我。」復舉董江都之訓誡，「正其誼不謀其利，明其道不計其功。」此類語詞，吾於昔年宴坐談言之頃，頻頻聞之。凡此皆先生砥礪自得，深信不疑之辭，與泛泛以口頭禪欺人者異趣。先生辭南京留守日，吾在《民立報》撰文送之，訟言美德，昭示後昆，即臚舉上列二訓，以為金玉之式。今忽忽五十年矣，巨人長德，歷久彌昭；後死者誰，詬尤與積。噫嘻先生，愛而不見，搔首踟躕，求其友聲，還勗故我。

附錄二

辛亥前後黃克強先生的革命活動

李書城

（一）武昌起義以前

一九〇二年，湖廣總督張之洞從兩湖、經心、江漢三書院選派學生三十多人，赴日本東京弘文學院學速成師範，定期八個月畢業，學成回國後充任學堂的師資。黃克強先生和我分別從兩湖書院和經心書院被派出國。在武昌出發時，我才認識黃先生。從三書院派出的同學，還有李熙、盧弼、金華祝、李步青、周維楨、張繼煦、馮開濬、余德元、萬聲揚、王式玉等。到東京後，同班上課的還有浙江學生周樹人（魯迅）、湯櫄（爾和）、許壽裳、壽昌田等十餘人。弘文學院院長由日本高等師範學院院長嘉納兼任，教師都是日人，梁啟超的弟子范源濂任翻譯。那時，梁啟超正在日本橫濱創辦《新民叢報》，主張君主立憲，留學生中附和者不少，弘文學院學生亦多對梁啟超表示崇敬。不久，我們與湖北早先派出的學生戢翼翬、劉成禺、程家檉等接觸以後，知道他們曾在孫中山先生居住日本時，同孫先生見過面，聽過孫先生講述排滿革命的道理。他們並介紹我們閱讀一些書籍，如《嘉定屠城記》、《揚州十日記》及黃梨洲、顧亭林、王夫之等明末清初諸大儒的著作，遂激發起我們的民族感情。我們回溯中國從鴉片戰爭到庚子事變以來，遭受外國人的侵侮日甚一日，將有亡國滅種的慘禍，這都是由於清廷的腐敗無能、抑壓漢族民氣所致的。我們覺得清廷是中國復興的障礙，愛國志士要救亡圖存，必須首先推倒清廷，因而都認為孫先生主張排滿革命是對的。弘文學院同學每晚都在自習室討論立憲和革命的問題，最初頗多爭論，以後主張排滿革命的占了多數。

黃克強先生在同學中一向是篤實厚重、不多發言的，但他把問題看清楚了，決定自己應走的道路以後，意志即異常堅決。他曾說，他的遠祖在清初曾寫過遺書，要黃氏子孫永不出仕清朝。有一晚，他與一些同學爭論得很激烈，氣急得說不出話來，竟將手中的小茶壺擲地摔碎，表示他已下定決心從事排滿革命，不是任何力量所能動搖的。他與湖南學生陳天華、楊篤生等共同創辦了《游學譯編》。這個刊物同留日的浙江學生出版的《浙江潮》、江蘇學生出版的《江蘇》、湖北學生出版的《湖北學生界》，都是宣揚革命理論的刊物。同時，鄒容所著《革命軍》、陳天華所著《猛回頭》、《警世鐘》、楊篤生所著《新湖南》以及各省留學生所著宣傳革命的其他各種小冊子，風起雲湧，大量輸入國內，喚醒了國人，也震動了清廷官吏，因而曾引起查禁報刊、停止留學生官費的一場風波。黃先生與萬聲揚、李步青、金華祝和我畢業回鄂時，大為梁鼎芬所不滿（梁在當時是張之洞所最寵信的紅人，執掌湖北教育大權）。他對我們五人大加申斥，不派職務。於是李步青、金華祝分別赴天津、江西從事教學，暗中宣傳革命。萬聲揚赴上海開辦昌明公司，表面上是經營普通書店業務，暗中發售革命書籍，並為國內外革命同志的聯絡機關。黃先生回湖南，同教育家胡子靖辦明德學堂，培養革命青年，同時創辦華興會，準備起義。我在武昌閒住數月後，得東京同學資助，再赴日本，作自費生留學。當日俄戰事爆發，東京留學生組織義勇軍時，我曾參加，受過軍事訓練。我深感革命須靠武力，希望進日本陸軍學校，但陸軍學校不收自費生，須由清廷駐日公使保送，而駐日公使保送須由清政府或各省督撫造送名冊。恰巧浙江撫臺保送名冊中，有一永嘉縣「丁人俊」的名額是預填的一個假名，準備留給革命同志頂替入校的。我就頂替了「丁人俊」名入振武學校，尋升入陸軍士官學校為中國第五期士官生。

一九〇五年，黃先生在湖南起義失敗，潛赴上海，再到東京。適孫中山先生也來東京，他們會面之後，認為各方革命團體須統一組織起來，才能步調一致，力量雄厚，遂結合留日學生中的進步分子，成立中國革命同盟會，舉孫中山先生為總理。孫先生提出了「驅除韃虜，恢復中華，建立民國，平均地權」的黨綱。當時入黨的人對於排滿革命的理論是深信不疑的，並且正是因為具有這種革命決心，才宣誓入黨的。先一年章太炎、蔡元培、陶成章等在上海成立光復會時，他們的黨綱上只有「恢復漢族、還我河山」兩句話。同盟會會員對孫先生所提「建立民國、平均地權」的意義還不大明白，以為是將來革命成功以後的事，現在不必推求。孫先生對宣誓入黨的同志講解「建立民國」時，是舉法國和美國為例；講解「平均地權」時，是舉德國在青島所訂地價稅和按價收買土地辦法為例（「耕者有其田」係在辛亥革命以後提出的）。因此，同盟會會員在國內宣傳革命、運動革命時，只強調「驅除韃虜、恢復中華」這兩句話，而對「建立民國、平均地權」的意義多不提及。湖北共進會的誓詞與同盟會相同，但把「平均地權」改為「平均人權」，意謂滿人壓迫漢人，人權不平等，所以要革命。辛亥武昌起義以及全國各地響應起義所用的共同口號，只是「排滿革命」。在南北議和時，南方提出的條件，只是要清帝退位，以為清帝退位即算是革命成功了。以後選舉袁世凱為大總統，也以為只要袁世凱宣誓贊成共和，就算是開始「建立民國」了。當時許多革命黨人都抱著這種看法。

孫中山先生不常在日本，自日政府禁止孫先生入境以後，同盟會總理職務即由黃先生代理。黃先生是留日學生，又長住日本，因此，國內外同盟會會員多與他直接商討問題或通信聯絡，他和同志間的感情也就深厚起來。特別是黃先生與軍人的關係，由於有一段特殊原因而更加密切。黃先生在日本代理同盟會總理時，中國陸軍留學生的人數特別多。第四期陸軍士官生有七十五人，第五期陸軍士官生有五十七人，第六期陸軍士官生有一百九十八人。其中加入同盟會的陸軍士官生不下百餘人，我所能記憶的：第四期有張世膺、周承菼、張承禮、蔣作賓、吳鍾鎔、金永炎、覃師范、王家駒、高佐國、吳經明、何澄、劉一清、劉毅、翁之谷、成桄、史久光、周斌、劉維燾、曾繼梧、劉繩武、鄧質儀等；第五期有王孝縝、黃愷元、何成濬、陳乾、李浚、陳之驥、姜登選、李書城、袁華選、全恕、石陶鈞、王凱成、吳和宣、殷承瓛、楊源濬、朱先志、齊琳、高霽等；第六期有尹扶一、李兆祥、王兆祥、劉祖武、孫棨、吳藻華、陳強、歐陽武、張華輔、趙復祥、李根源、林爽、尹昌衡、胡萬泰、劉存厚、盧啟泰、劉宗紀、胡學伸、官其彬、黃國樑、劉汝贊、羅佩金、閻錫山、孔庚、李鴻祥、葉荃、楊曾蔚、李敏、高聲震、仇亮、朱樹藩、姚以价、程子楷、張開儒、紀堪頤、李乾璜、耿覲文、張鳳翽、黃毓成、顧品珍、朱綬光、溫壽泉、唐蟒、唐繼堯、童錫梁、孫方瑜、趙恆惕、田遇東、李烈鈞、程潛、劉洪基、華世中等；此外還有陸軍測量學校的黃郛、曾昭文等。其餘的人記憶不起了。

黃先生以為陸軍學生須在回國後掌握兵權，不可暴露革命的真面目。因此，他囑陸軍學生中同盟會會員不到同盟會總部往來，陸軍學生的入黨證件也由黃先生一人獨自保管。並商議由陸軍同學在同盟會會員中選擇一批堅貞可靠的同志另組織一個團體名曰「丈夫團」，以孟子所說的「富貴不能淫，貧賤不能移，威武不能屈」，作為團員應具的品德。據我了解，當時加入這個組織的有李根源、李烈鈞、程潛、李書城、趙恆惕、黃郛、尹昌衡、黃愷元、葉荃、溫壽泉、曾繼梧、華世中、劉洪基、程子楷、孫方瑜、曾昭文、耿覲文、李乾璜、仇亮、楊曾蔚、陳強、孫棨、高霽、楊源濬、殷承瓛、袁華選、陳之驥、姜登選、李浚、王孝縝、何澄、王家駒等。黃先生還鼓勵家有資財的同志出貲捐官，俾將來獲得兵權可更大更快些。團員中黃愷元用銀一萬兩捐得道臺，陳之驥用銀六千兩捐得郎中。辛亥武昌起義後，在南北各省舉兵響應，充任都督及軍、師、旅、團長的人，多屬丈夫團的同志，都是黃先生所熟知的人。因此革命軍人與黃先生有特別深厚的感情，他在革命軍人中具有極高的威信。

黃先生在日本同孫中山先生組織了同盟會，又將同盟會中的陸軍學生組織成更嚴密的丈夫團以後，乃祕密回內地，親率革命同志，在廣西的欽、廉、鎮南關和雲南的河口等處發動武裝起義，均遭失敗。最後，他在廣州集合各省最堅貞勇敢的同盟會會員八百多人，組織敢死隊，於一九一一年四月二十七日（舊曆三月二十九日）攻打督署，結果又失敗了。這次起義雖未成功，但壯烈犧牲的精神震動了全國。

學堂。如陸軍測繪學堂，陸軍中學堂，陸軍小學堂，普通中學堂，工業、農業、商業、礦業、鐵路、方言、理化、省師範、道師範等學堂，武昌五路小學堂，以及教會所辦的博文、文學兩中學和文華大學等，總計武漢三鎮的學生約有一、二萬人；從這些學生中派往東西洋留學的先後也不下數百人，自費到日本留學的人數更多。他們出洋後，見到外國的強盛和中國的積弱不振，兩相對照，更感到目怵心驚。其中接受孫中山先生政治主張的人，知道中國要發憤圖強，必先推倒清室，因而紛紛加入了同盟會。在日本留學的湖北學生除將《猛回頭》、《警世鐘》、《革命軍》等書祕密輸入湖北之外，並且在東京出版《湖北學生界》，枝江張繼煦、漢川李熙、潛江李書城等復在東京撰印《致湖北同學書》，皆用激烈的言辭鼓動革命。湖北的學界、軍界受到這些革命書刊的影響，大為振奮。湖北留日學生並捐購幻燈機片運至武漢放映，觀者甚眾。留日歸國學生如吳祿貞、劉伯剛、金華祝、余德元等常於放映幻燈時，講演國外形勢，宣傳世界各民族反抗壓迫進行革命的情形，對於激發愛國思想，亦收效不小。由於以上種種原因，武昌革命的潛力甚大；經過數年的醞釀，在文學社、共進會聯合組織統一革命機構以後，革命勢力在軍隊中更加強大起來，遇到機會成熟，便即爆發。起義以後，武昌、漢陽兩處存儲的槍枝、彈藥，足供幾萬兵士之用。武昌藩庫存銀及銀元局、銅元局、官錢局所存硬幣及臺票，合計約有四千多萬元。兵械充足，物力豐盈，由此可見一斑。而團結一致、有紀律有訓練的士兵，亦不下五千人。武昌起義就是在這樣人力、物力各種條件具備的情況下發動起來和取得初步勝利的。

武昌起義半個月後，黃先生於十月二十五日在上海紅十字隊隊長張竹君女士的掩護下，扮作醫療隊隊員，偕同夫人徐宗漢及日人萱野長知等從上海乘江輪上駛，於二十八日到達漢口。黎元洪都督派兵一隊從武昌江岸迎至都督府。黃先生聽說漢口戰事緊急，立即赴漢口擔任總司令，設司令部於歆生路滿春茶園。各軍士見黃先生親來指揮作戰，士氣大振。

先是，漢口民軍總指揮何錫藩受傷，以張景良繼任。旋張景良因通敵正法，又以姜明經繼任。姜明經又因戰事失利，避匿不出（張、姜兩人均係起義前的中級軍官，未參加革命團體），戰線上無人指揮，士兵各自為戰，僅能守住現有陣地。作戰十餘日來，軍民死傷已有數千人，大智門、劉家花園、外沿鐵路、華洋街、水壇、礄口等處均先後失守。黃先生重新部署以後，連日反攻，奪回了幾處陣地，但每到夜間輒不能固守。士兵依靠市街房屋作掩蔽，射擊來攻敵兵，敵亦不敢進逼。因此，敵人乃縱火焚燒市街房屋，使我軍無藏身之所。到十一月二日全市大火，我軍難以立足，遂全部向武昌撤退。黃先生回到武昌，在都督府開軍事會議。他在報告中分析漢口戰事失利原因有五；一、各隊新兵太多，未受過訓練，難以指揮。二、軍官多從弁目提升，指揮能力太差。三、各隊戰鬥日久，傷亡過多，官兵均甚疲勞，一聞敵方機關槍聲，即紛紛後退。四、兵士是在武漢附近招募來的，夜間多私自回家，戰鬥員減少了多少，軍官亦無法查實。五、我軍只有步槍而無機關槍，且只有山炮，亦不能抵禦敵方的管退炮，因此較敵人的損失為重。但黃先生又指出，我軍有一優點為敵人所不及，即我軍衝鋒時異常勇猛，敵人雖係北洋久經訓練的軍隊，每遇我軍喊殺時即後退；我軍所恃者全靠這一點猛勁。

這時接到漢口報告說，在漢口作戰的第三協協統林翼支已於十一月一日晚間離漢潛逃（初逃襄陽，又匿隨州，後被槍決）。以後又接漢陽報告，負責防守漢陽的第一協協統宋錫全擅率所部向湖南撤走（宋退至湖南，由黎元洪電請湘督譚延闓逮捕正法）。會議當即一致決定：先在漢陽防守，俟湖南援軍開到後再反攻漢口。

我是從北京經上海乘江輪於十一月二日到漢口的。武昌起義的消息傳到北京後，我即隨同陸軍第六鎮統制吳祿貞到保定，計畫舉兵響應。忽接軍諮府大臣載濤的電令，命我即日回京。我原是軍諮府的科員兼官報局副局長，即遵令回京。載濤命我同科員黃郛赴南方與革命黨人商議罷兵言和辦法。我與黃郛即日携眷出京，從天津乘海輪赴滬。到滬後，黃郛留滬幫助陳其美攻取上海，我則乘江輪赴漢。十一月二日船抵漢口時，我見全市火光熊熊，烟霧彌天，槍聲已息。即換渡輪到武昌江岸，岸上有一隊學生軍來迎。到都督府後，會見黎元洪、黃先生及首義各同志，並參加當日舉行的軍事會議。會議決定黃先生為中華民國軍政府戰時總司令，我為參謀長。

十一月三日晨，黎元洪命各部隊派代表到閱馬廠廣場舉行登壇拜將的隆重儀式，借以鼓勵士氣。授印時，黎元洪、黃先生都有演說，士氣大振。是日，即將總司令部人員組織完成。以吳兆麟為副參謀長（吳原係第八鎮工程第八營左隊隊官，未參加革命團體，八月十九日夜間起義士兵攻占楚望臺軍械庫時，推他為臨時總指揮，由他下令攻打督署。他曾向張之洞所聘請的日本鑄方大佐學過參謀學，以富有軍事學識著稱），姚金鏞、金兆龍、高尚志、甘熙績、耿丹、辜仁發、吳兆鯉、余鴻勛等為參謀，田桐為祕書長，王安瀾為兵站司令。以後王孝縝從北方來鄂，任為副官長。原在武昌起義的湖北及外省學生共同組織的學生軍，由劉繩武為標統，田化龍、趙士龍、佘子祥為管帶，共約三百餘人，調歸總司令部直接指揮。是晚，黃先生率總司令部人員同赴漢陽，在伯牙臺設總司令部；嗣因敵方槍彈能射至院中，次晨移往昭忠祠。

四日晨，黃先生率總司令部人員登龜山頂觀測漢口敵方陣地。敵方大炮向龜山射擊，炮彈都落入龜山後的江中，無人受傷。尋沿河邊防線視察一周，決定利用漢陽兵工廠、鋼藥廠的鐵板、木材，沿漢水南岸構築防禦工事。因部隊都係新兵，須受訓練，不令擔任此項任務，另由各部隊招募民工，按日付給工資，由官長督修。當漢口大火以後，火燼多日未熄，敵人亦不能踏過火場來攻漢陽。因此，兩岸槍聲沉寂，我方沿河岸每日雖有數百人修築工事，敵軍亦未來擾，工事得以順利修成。工事修成後，我方即向敵方進行宣傳，誇說防禦工事如何堅固，形容得好似銅牆鐵壁一樣，借以使敵人有所畏懼，以延緩其進攻企圖，並掩飾我方援軍未到、漢陽守軍空虛的弱點。

黃先生初到漢陽時，只有蔣肇鑑協統的步兵第一協守在兵工廠附近。第一協協統原是宋錫全，他把部隊帶赴湖南後，黎都督派蔣肇鑑繼任第一協協統，其時只剩一營兵士，蔣接任協統後才陸續補充。其他調到漢陽的部隊，有張廷輔所率的步兵第四協、熊秉坤所率的步兵第五協、胡效騫所率的步兵第四標。十一月六日，湘軍第一協協統王隆中（與我在日本士官學校同學，未加入同盟會）率所部開到漢陽。九日，湘軍第二協協統甘興典率所部徒手兵開至武昌，領取槍支後也開到漢陽。湘軍兩協士兵開到漢陽後，在漢陽防守的士兵都大為興奮，以為轉敗為勝的時機到了。

從各方來漢陽參加作戰的，有留日陸軍同學曾繼梧、程潛、程子楷、唐蟒、曾昭文、王孝縝等，他們曾在漢陽前線或後方分別擔任各項臨時的或固定的工作。有從南京陸軍中、小學來鄂的學生蔣光鼐、李章達、陳銘樞、陳果夫等數十人，由隊長張我權、副隊長徐源泉帶到漢陽，作為總司令部的督隊員。有一日本軍人大原大尉親來漢陽向總司令部投効。他每日在漢口探訪敵情來漢陽向我軍報告，但十一月十七日以後即未見其再來，後來聽說，他於是日我軍進攻漢口時犧牲了。

上海光復以後，當地名流如張謇、湯壽潛、趙鳳昌等推莊蘊寬來鄂，為組織統一革命機構事向黃先生和黎元洪徵詢意見。我以前在廣西作陸軍幹部學堂監督兼陸軍小學堂監督時，莊蘊寬是廣西督練公所督辦，我在廣西的一切革命活動他都知道，也是暗中維護我的。他是一個同情革命的開明官吏，因邀約了一群革命同志到廣西作革命活動，被廣西巡撫張鳴岐脅迫而離開廣西的。他告訴我來鄂的真意，是請黃先生到上海去。他說，上海方面的人認為黎元洪是武昌起義的革命黨人所擁戴出來的，不是真正的革命黨領袖；而孫中山先生還在海外未回，現在只有黃先生是國內唯一的革命領袖，應該負起領導全國革命的責任，到上海去統率江、浙軍隊攻克南京，在南京組織全國軍政統一機構，繼續北伐，完成革命事業。他敦促黃先生早赴上海。但是黃先生對他說：「全國軍政統一機構是愈早組織愈好，但不必要我擔任領導人。我現在還擔任武漢方面的作戰任務，不能離開武漢。看以後情形如何再說。」

袁世凱曾派鄂人劉承恩來見黎元洪與黃先生，表示願意停戰言和。黎元洪和黃先生曾分別函復袁世凱。黃先生函中略云：「明公之才，高出興等萬萬。以拿破崙、華盛頓之資格出而建拿破崙、華盛頓之事功，直搗黃龍，滅此虜而朝食，非但湘鄂人民戴明公為拿破崙、華盛頓，即南北各省當局亦無不有拱手聽命者。蒼生霖雨，群仰明公，千載一時，祈毋坐失。」黎元洪覆函中的措詞亦大致相同。是時，汪精衛亦派人來漢密告南方同志，說袁世凱不是効忠清室的人，如南方革命黨肯舉他為第一任共和國總統，他是願意同我們一致行動的。汪囑南方同志從速表示態度，以促袁早下決心。武漢革命同志都贊同汪精衛的意見，並囑汪在北方對袁世凱多做工夫，促成其事。

吳祿貞於十一月六日夜在石家莊被暗殺的消息傳到武漢後，革命同志對清廷更加憤恨，發誓出師北伐，以雪此恨。甘興典率所部湘軍開到漢陽後，幾乎每日到總司令部來催促下令反攻漢口，並說他的部隊都願意上前線殺敵，不願縮在壕溝內消磨銳氣。當時又探得漢口敵軍日益增多，與其待敵軍兵力充實後向我來攻，不如我乘其兵力尚未充實時先發動進攻。總司令部提出這個意見後，得到都督府的同意，遂作進攻漢口的準備。從武昌運來的槍彈每個士兵都領到四百發左右，可供幾天戰鬥之用。架橋材料也運到渡河地點。一切進攻準備就緒後，黃先生於十一月十六日下令分三路向漢口進攻。第一路由步兵第三協協統成炳榮率所部從武昌青山渡江，在漢口湛家磯登陸，進攻劉家廟。第二路由步兵第六標標統楊選青率所部乘裝甲小火輪及民船由漢陽東北岸出發，向漢口龍王廟強行登陸，佔據陣地後相機進攻。第三路由駐在漢陽的各部隊組成，歸黃先生直接指揮，是此次進攻漢口的主力軍。這一路以湘軍第一協協統王隆中所部為右翼，湘軍第二協協統甘興典所部為左翼，鄂軍步兵第五協協統熊秉坤所部為總預備隊。其餘砲兵第一標及工程第一營均隨同前進。黃先生命令第三路各部隊在十六日黃昏後開始行動，從琴斷口渡過浮橋，向指定地點集合，進入陣地，準備次晨拂曉向漢口玉帶門及礄口一帶之敵進攻。黃先生率總司令部人員於是晚十時許渡過琴斷口浮橋。時正遇大雨，天黑不辨路徑。先渡橋的部隊把橋頭一間草屋點火燃燒，作為照明之用。黃先生知道後，立即找到房主，給予房屋賠償費。再往前進時，不見甘興典部隊的踪跡，甚為驚訝。不久，發現該部都藏在民房內避雨，或蹲或臥，擁作一團，每個士兵的背上都負著一捆稻草當作雨衣，狀似一群難民。我看見這種情形，實出意料之外。我對黃先生說：「我們的作戰命令只是紙上談兵，沒有考慮到兵士的素質。這些士兵遇雨即如此狼狽，對戰線上打來的彈雨怎能抵擋得住呢？現在還未接到第一路、第二路出發的報告，是不是同這裡情形一樣，深為可慮。預料敵人現在還未發覺我軍的動作，可否改變計畫，先把部隊整理一番後再行進攻？」一時陸軍同學唐蟒在側說：「革命軍人有進無退，退則沮喪士氣。」黃先生叫我們先把藏在民房的兵士喊出來，再看情況。於是總司令部的參謀、副官及督戰員都到各民房把兵士一一叫了出來，要他們趕快到指定的陣地上去。將近天曉時，這些士兵都被喊叫出來走上陣地了。學生軍最勇敢，首先向前開了火。隨著，左右兩翼部隊都向前推進，形勢似很有利。不料中午以後，敵人運到了機關槍和大炮，向我軍猛烈發射。甘興典的士兵有幾個受了傷，向後退卻。甘興典也騎著馬向後奔跑，以至引起

南都督譚延闓於甘興典到達長沙時立予正法，將其部隊繳械遣散。

這次進攻漢口失敗，不僅暴露了我軍的弱點，也使敵人輕視我軍，加強了敵軍進攻漢陽的企圖。這是因為我在戰略戰術上都犯了極大的錯誤所致。從戰略上說，我軍若不進攻漢口，敵人是不敢輕於進攻漢陽的。因為漢陽的防禦工事相當堅固，並且作了些誇大的宣傳，使敵軍望而生畏。且敵我兩軍隔河對峙，船隻都靠在我方河岸，敵若渡河攻堅，地勢於我有利，於敵不利。我若堅守漢陽，可爭取時間，得到更多省份的響應和所派援軍的支援。如果這樣，漢陽是儘可不失的。從戰術上說，我不懂得兵士是作戰的基礎，未查明軍官和兵士的訓練程度，只照書本上的作戰公式下命令，結果三路進攻的負責軍官一個被撤職，兩個被處死。士兵不僅在戰場上死傷了很多，而且在退卻途中並無敵軍追擊，落水而死的亦竟達數百人之多。敵軍是素有訓練的北洋軍，我以初成之師與之作陣地戰，真是既不知彼也不知己，犯了軍事上的大忌。進攻漢口的失敗，又引起了漢陽的失守。我對這兩次戰役的失敗，是應該負重大責任的。因我的作戰計畫錯誤，使黃先生受「常敗將軍」之譏，使革命形勢受到挫折，我至今猶引為遺憾。

十一月十七日進攻漢口既未獲得勝利，兵員、武器、彈藥卻損失不少。甘興典既率部逃回湖南，他原來守的防線不免薄弱，從而不得不加重了王隆中部隊的負擔。這支部隊能戰能守，但經多日的拉鋸戰，兵員損失也不少。特別是連日繼續作戰，不能休息，兵士疲勞過度也是事實。王隆中竟於十一月二十三日率領他的部隊擅離漢陽，退到武昌兩湖書院，說要在武昌休息幾日再赴漢陽作戰。我奉黃先生命，到武昌勸他開回漢陽。但他對我說，兵士實在太疲勞，不休息幾日不能作戰。我商請黎元洪允給該部五十萬元犒金，只要該部開回漢陽。他還是執意不肯開回，竟至向我下跪。我未能說服他，只得回去報告黃先生。黃先生也無法可想，只是和我共同嘆息而已。

十一月二十五日，湘軍協統劉玉堂率所部千餘人來漢陽增援。劉係山東人，身幹魁梧，性情豪爽，舊式巡防營出身。他初見黃先生時，即問前線情形如何，並表示願率所部到緊急的前線去作戰。黃先生命他到花園前線抵禦從仙女山來攻的敵軍。他率所部到達陣地後，數次向前衝鋒，因敵軍用機關槍掃射，未能得手。當日下午，劉不幸中彈陣亡，所部兵士紛紛後退。在花園山、扁擔山防守的鄂軍均在黃昏後全部退卻，日間所守陣地都被敵人占領。總司令發出的當晚作戰命令都已無人接受，傳令兵只好帶回，交還總司令部。我們發現總司令部所在地已成為最前線了，乃將駐在後方的輜重營調到前線來作總司令部衛隊，並在學生軍中徵集敢死隊員百餘人在總司令部前方佈防。

在這種情況下，漢陽已危在旦夕，實難再守。我與黃先生商議，將戰況報告黎元洪、請早將兵工廠機器、存儲漢陽的彈藥、糧秣以及一切軍用物資搬回武昌，以免資敵。

十一月二十六日，我到武昌向都督府報告以上軍情，當即在都督府開軍事會議。大家都贊成作有準備的撤退。惟都督府副參謀長楊璽章慷慨陳辭，主張堅守漢陽，雖至一兵一卒亦不放棄。於是楊璽章自告奮勇，組織參謀部同志十餘人赴漢陽助戰。我因連日疲勞已甚，向黎元洪請假休息一天，當晚宿在都督府祕書萬聲揚家中，睡至次日午後才醒。醒後，驚聞楊璽章已於是日午前在漢陽陣亡，漢陽守兵正在向武昌撤退，退兵在渡江時傷亡不少。晚間，黃先生退到武昌，向黎元洪報告失利情形後，即率一部學生軍同徐宗漢夫人、張竹君女士及日人萱野長知等乘江輪赴滬。

黃先生離漢時，我未趕上，次日（十一月二十八日）始偕同湯化龍、萬聲揚、胡瑞霖、陳登山、黃中塏等乘江輪赴滬。我在這四天的航行途中，除飲食外總是沉沉酣睡，因在漢陽二十多天的緊張繁忙的生活使我疲勞已極，這時得到休息，真覺睡眠是人生最舒適的享受了。

我們到上海後，在昌明公司開會。湯化龍和萬聲揚提議：我們離開武昌時未向都督府請假，應該發一電報到武昌表示歉忱。胡瑞霖是一個爭強好辯的人，他道：「電文措辭不要表示道歉，應該指摘武昌首義諸人對我們有種種歧視，所以我們才離鄂來滬。黃中塏也贊成胡瑞霖的意見，說這是說真話。電文由胡瑞霖起草發出。以後武昌方面對湯化龍竭力排斥，其原因即在於此。

（三）南京臨時政府和留守府時期

十二月二日，蘇、浙、滬聯軍攻克南京，各省在滬代表議決臨時政府設在南京。四日，公舉黃先生為大元帥，黎元洪為副元帥。黃先生以黎元洪為首義元勛，抑居副職，恐武昌方面有意見，於革命內部的團結不利，乃堅辭大元帥不就。各省代表復於十二月十七日在南京開會，改舉黎元洪為大元帥，黃先生為副元帥，並以副元帥暫行大元帥職務。黃先生本擬早日起程赴南京就職，並已商請張謇向上海日商三井洋行借款三十萬元作到南京後軍政費的開支。但在預定起程赴南京的先一天晚上，黃先生忽向我說，他明天不去南京了。我問何故不去。黃先生說：「頃接孫中山先生來電，他已起程回國，不久可到上海。孫先生是同盟會的總理，他未回國時我可代表同盟會；現在他已在回國途中，我若不等待他到滬，搶先一步到南京就職，將使他感到不快，並使黨內同志發生猜疑。太平天國起初節節勝利，發展很快，但因幾個領袖們互爭權利，終至失敗。我們要引為鑒戒。肯自我犧牲的人才能從事革命。革命同志最要緊的是團結一致，才有力量打擊敵人。要團結一致，就必須不計較個人的權利，互相推讓。」我聽了黃先生這一番話，感到他的人格偉大，感到他對革命事業的忠誠純潔，深為佩服。這一晚的談話，使我深深印在腦海，永不磨滅。我看他以後處理一切事、對待一切人，都是從這種精神出發的。

十二月二十五日，孫中山先生到達上海。同月二十九日，各省代表在南京選舉孫先生為中華民國臨時大總統，並議決中華民國紀年改用陽曆，以舊曆十一月十三日為陽曆一月一日。孫先生即在中華民國元年一月一日在南京就臨時大總統職。最初，各省代表曾欲仿法國制度，設總理一職，並擬舉黃先生為總理。後因孫先生主張採用美國制度，不設總理，此議始作罷。孫先生向參議院提出黃先生為陸軍總長兼參謀總長，得同意後，黃先生即赴南京組織陸、參兩部。黃先生本預定以我為陸軍次長。當我正在上海南海邑館陸軍招待所同北京陸軍部、軍諮府南來的同學商量南京陸軍部各司局人選的時候，湖北陸軍革命小團體中最年長的同志陳裕時要我把陸軍次長讓給北京陸軍部的科長蔣作賓，因為蔣為人一團和氣，又曾當過科長，在南來的陸軍同學中他的官階最高，他當了次長，則部內的各司局人選由他安排就比較容易，免得我作次長時引起同學的地位爭執，不好處理。我接受了陳裕時的建議，即請黃先生任蔣作賓為陸軍部次長（蔣以後從南京陸軍部轉到北京陸軍部，受到段祺瑞、徐樹錚的種種輕侮，他都能忍受；袁世凱死後，黎元洪繼任大總統，他入總統府作黎的幕僚，又經常與專橫的段、徐二人打交道，他確是很有耐性的）。參謀部次長是鈕永建，他在江、浙軍界中是相當有威信的。陸軍部祕書長和祕書由湯化龍和林長民分別擔任。湯、林兩人在上海當過黃先生的私人祕書，黃先生對外的文電都是他兩人草擬的。後來湖北方面因銜恨湯化龍曾在上海電責武昌首義人士，特電致南京反對他任陸軍部祕書長。湯乃離寧赴滬。林長民在南京街頭上曾受到老同盟會會員的當面譏刺，說他從前反對革命，現在又混進革命隊伍來了。他因此也辭職赴滬。他們兩人後來成立民主黨，與國民黨為敵。

某日，安徽軍軍長柏文蔚來陸軍部領開跋費，說奉孫大總統手令，要他的軍隊即日開赴江北佈防。黃先生因陸、參兩部都不知道有此命令，遂與我商議，由我到總統府任軍事祕書，以便與陸、參兩部聯繫。我到總統府後，又請孫總統加派耿覲文為軍事祕書。以後總統府發出的有關軍事文件，都是由我二人草擬的。

那時總統府的祕書長是胡漢民。祕書中有吳玉章、任鴻雋、王夏、張通典、譚熙鴻及宋靄齡等。

當時黃先生所擔心的是軍費開支浩大，並且需用甚急。某晚，黃先生約我同見孫先生，詢問向英、美借款事有無頭緒。孫先生當時正在看外國報紙。他放下報紙，回答說：「外國人曾向我說過，只要中國革命黨得到政權，組織了政府，他們就可同中國革命黨的政府商談借款。我就職以後，曾向他們要求借款，並已電催過幾次，昨日還曾發電催問，請他們實踐諾言。但今日是星期六，明日是星期日，外國人在休假日是照例不辦公的，明日不會有覆電，後天可能有覆電來，我再告訴你。」黃先生出來後，默默無言，心中似乎很著急的樣子。以後他即未再向孫先生詢問借款事，只是求助於上海的資本家張謇等暫時應付急需。以後又過了幾個星期，一直到總統府取消時，外國借款還是杳無回音。在向外國借款的問題上，孫先生比較樂觀，而黃先生即認為外國政府如果攫取不到中國的特權，是不肯借款給我們的。當時在上海和南京方面的同志對於獲得外國政府的承認和借款本抱有極大的希望，但結果都成泡影，因而他們對孫先生多不諒解，說孫先生只是「放大炮」。但黃先生向他們作了如下一番解釋，大意是說：孫先生在國外的友人大率都是在野的政治家，還未取得政權。他們可能與執政的人有些聯繫，可以向執政者建議給中國革命黨人以幫助。但歐美的當權派要借款給中國，首先考慮的是在借款條件上能否在中國攫取特殊的利益，他們的目的並不是幫助中國進步黨派，促使中國走上進步道路。例如我們曾向日本要求借款，它就要我們把漢冶萍公司同它合辦；我們不應允，它就不借款給我們。孫先生當然不會拿我們國家主權去換取外國借款的。我們對孫先生應該有此認識，不要抱怨孫先生向外國借款不成功。經過黃先生這番說服，同志們對孫先生的責難也就平息了。

孫先生在南京任臨時大總統時，掃除了中國舊官僚講排場、擺架子的惡習，也減除了一些官僚式的繁文縟節，無論官階大小都著同樣制服，這種制服以後稱為中山服，流行至今。孫先生的生活非常簡單樸素，很平民化。他常書寫「自由」、「平等」、「博愛」的橫幅贈給同志。孫先生以親身的行動，在南京開創了一種新時代的風氣。黃先生對孫先生這種作風極為欽佩，常常向人稱讚不已。

南京臨時政府成立後，南北繼續停戰，兩方和議代表仍在上海開會。袁世凱所希望於南方的，是要南方選他為第一任大總統。南方所希望於袁世凱的，是要他促使清帝退位，改專制為共和。兩方代表對此都早有默契。談判中間曾有過幾次波折：一是南方已許舉袁為大總統，而又選出孫中山先生為臨時大總統，在南京就職，致引起袁之懷疑，認為南方無誠意，會議曾因而一度停頓，經解釋後仍繼續開議。一是清廷有些頑固派阻撓清帝退位，袁乃故意使和議停頓一下，同時授意段祺瑞等四十二個將領聯名拍電威脅清廷，迫其就範。清帝終於在民國元年二月十三日下詔退位。和議告成後，孫先生即向參議院辭去總統職。

在議和期間，同盟會內部在讓位給袁世凱的問題上是大有分歧的。孫先生和一部分同志，認為袁世凱是一個巨奸大憝，把建立民國的大任付託給他是靠不住的；我們革命黨人應該有勇氣、有決心率領南方起義將士繼續戰鬥，趁此全國人心傾向革命的時候，必然勝利可期，此時多費些氣力掃除障礙，在新的基礎上建立新的國家，將是事半功倍的。而黃先生和另一部分同志的看法則不同。他們說，袁世凱是一個奸黠狡詐、敢作敢為的人，如能滿足其欲望，他對清室是無所顧惜的；否則，他也可以像曾國藩替清室出力把太平天國搞垮一樣來搞垮革命。只要他肯推翻清室，把尚未光復的半壁河山奉還漢族，我們給他一個民選的總統，任期不過數年，可使戰爭早停，人民早過太平日子，豈不甚好。如果不然，他會是我們的敵人，如不能戰勝他，我們不僅得不到整個中國，連現在光復的土地還會失去也未可知。

這時，在北京出獄不久、在同盟會中素負盛名的汪精衛已到上海。汪早已同袁世凱及其子克定密商決定袁在北方推倒清室，他勸南方推戴袁為大總統。他曾派人到武漢告知黎元洪、黃先生和武漢首義同志，他們均表贊同。這時汪既任南方議和代表，仍堅持他的主張，甚至不惜惡意攻擊孫中山先生本人有權利思想。他並邀約當時負社會重望的吳稚暉、李石曾等發表宣言提出「五不」主義（不做官，不做議員，不納妾，不吸烟，不飲酒），他自己也故意力辭廣東都督不就，以表示他個人的「清高」和「言行一致」。此外，光復會的領袖章太炎、陶成章等對孫先生因早有誤會，也曾對孫先生大肆攻擊。攻克南京有功的浙軍司令朱瑞係保定軍校學生，與段祺瑞有師生關係，這時已向段密通消息，表示擁袁上臺。黎元洪當漢陽失守後，因情勢危急，曾一度退出武昌城外。袁世凱抓住機會，通過漢口英領事提出雙方停戰，黎始悄悄回城。因此，黎認為袁世凱對他有意維護，對袁感激不盡。其他各省都督如譚延闓、程德全、莊蘊寬、湯壽潛、陸榮廷、孫道仁等，各省統兵大將如沈秉堃、王芝祥等，本係清廷大官僚和地方大紳士，在他們看來，擁戴氣味相投的袁世凱自然比擁戴那些素不相識的革命黨人要好一些。當時如和議破裂，要他們聽革命黨人的命令對袁世凱作戰，他們很可能是反戈相向的。以張謇為首的上海名流們曾替袁世凱劃策，慫恿他推翻清室，並在上海起草清帝退位詔書，送交袁世凱用隆裕太后名義頒布。他們當然對袁有好感，也是不肯反袁的。同時，南方議和代表伍廷芳、溫宗堯等既已切實允諾舉袁為大總統，並且因此才換得一紙清帝退位詔書，他們當然也要實踐諾言，不肯失信。還有最主要的一個問題，是革命軍的實力。當時南方除少數從正規軍擴編的軍隊尚有作戰能力外，大部分新編入伍的士兵多是城鄉失業民眾，尚未受過軍事訓練。各部隊形式上雖具備軍、師、旅、團、營、連、排的編制，實係烏合之眾。從漢口、漢陽失敗的經驗看來，想依仗這種軍隊去衝鋒陷陣，一直打到北京，是靠不住的。在國際方面，那時袁世凱已同英政府暗中勾結，英政府隨時可給他援助。其他各國也大都希望中國形成分裂的局面，以便於他們任意要挾宰割；他們自然絕不會願意中國有一個新興的、由進步的勢力組成的統一政府，來抵抗他們的侵略。因此，凡是考慮過以上各種情勢的人，都主張對袁讓步，舉袁為總統。曾在日本、歐美學過法政的同志如宋教仁、王寵惠等，主張用約法限制總統的權力。當參議院選舉袁世凱為大總統後，隨即修改約法，把總統制改為責任內閣制，以為這樣就可以限制袁世凱的行動了。此外，參議院還通過了建都南京、要總統在南京就職的兩個決議。但是這些紙上的決議都被袁世凱種種設辭和陰謀手段（如南方迎袁代表到京後嗾使兵變）所撕碎了。袁世凱終於實現了他在北京就職、竊取政權的野心。我們當時主張讓袁世凱做第一任總統，當時的背景約如上述。關於這個歷史問題的是非得失，從今天看來，應該怎樣判斷，應該如何吸取經驗教訓，還是一個值得研究的問題。

南京臨時政府撤銷以後，設立南京留守府，辦理政府機關的結束事項和接收管理駐寧的軍隊。黃先生被任命為留守府的留守，我為總參議。府內設政務、軍務兩廳，以馬良（相伯）為政務廳廳長，張孝準為軍務廳廳長，陳嘉會為祕書長，何成濬為總務處處長，耿覲文為參謀處處長，曾昭文為軍需處處長，陳登山為軍法處處長，趙正平為軍學處處長，林虎為警衛團團長。黃先生經常在上海同各方面會商國事，他的留守職務由我代行。當時最感困難的問題是南京擁有十餘萬人的軍隊，軍費沒有來源。熊希齡在上海時曾允俟到北京就財政總長職以後，即撥匯軍費到南京來，但他就職以後分文不給，雖經多次函電催促，仍置不理。我曾用南京留守府總參議名義，公開指摘他的失信，他還是不理。我不得已，只得把南京軍隊的伙食從乾飯改為稀粥。以後連稀粥也不能維持了，乃將南京城的小火車向上海日商抵借二十萬元，暫維現狀。某夜，江西軍俞應麓所部突然嘩變，在南京城內肆行搶劫。經請廣西軍王芝祥軍長派隊彈壓，到天曉才平定。除由軍法處將罪據確鑿的犯兵予以懲處外，其餘均遣送回籍。經過這次兵變，我才認識到有兵無餉的危險。我當時曾想到，在兵多而無餉的情形下，黃先生與其擔任南京留守，不如作一個江蘇省的都督，可以有豐富的財源，來訓練幾師精兵保衛國家。我正擬將此意寫信到上海向黃先生建議，不料上海方面已推定程德全為江蘇都督。我感覺到出路已窮，南京留守府多存在一天，即多負一天危險的責任。袁世凱一面迭次挽留黃先生，請黃先生不要辭職，一面又總不撥給軍餉。這明明是袁世凱的毒計，要使黃先生墮入陷阱，身敗名裂。我遂商請黃先生從速結束留守府。

在結束留守府以前，在南京駐紮的軍隊除江蘇軍隊劃歸江蘇都督管轄外，其餘浙江、廣東、湖南的軍隊分別調回原省，剩餘的軍隊一律在南京遣散。但為保存革命實力計，將所有遣散部隊的優秀軍官及精良武器組成一師，定名為第八師。這個師從師長以下至營連長，都是在日本陸軍士官學校和保定軍官學校畢業的同盟會會員。師的槍支有兩套，一套分發士兵，一套存儲倉庫備戰時擴軍之用。餉項歸中央陸軍部直接發給。師長陳之驥是直隸（今河北）省人，日本陸軍士官第五期學生，同盟會內的丈夫團團員，為人忠實耿直，尚義氣，重然諾，曾經捐過郎中，又是北洋軍閥馮國璋的女婿。他被推為第八師師長，是陳裕時首先提出來的。陳裕時是一個多計謀、喜用策略的人。他那時從廣西帶來一支軍隊，編入第八師為一旅，他也被推為第八師的一個旅長。他認為陳之驥是馮國璋的女婿，在北方有靠山，不會受袁世凱的抑壓，將來還可大有發展。大家都贊成他的意見，推舉陳之驥為師長。同時，推定兩個旅長，除陳裕時之外，另一個旅長是從廣西桂林帶來一支軍隊的司令趙恆惕。王孝縝、黃愷元、何遂、陶德瑤、劉建藩、張華輔、張厚琬等先後為團長，吳和宣為工兵營營長，袁華選為參謀長。其後，陳裕時辭職，趙恆惕也調到湖南，由王孝縝、黃愷元兩人兼任旅長。我們當時只想用全力把第八師組織得堅實健全，作為革命軍隊的一個中心堡壘，對其餘應裁的軍隊就設法促其迅速裁遣，以便早日結束留守府。我看到有些師、旅長對裁遣軍隊進行不力，就訂出一個限期裁遣、餉項包乾的辦法，即：先發一個月的全餉交師旅長掌握，過期不再發餉；從早遣散了兵，所剩餘的餉項也不上繳。這樣，各師就不待催促，都盡先裁遣士兵，以便留有餘款作官長回家的旅費。正當各師大力裁兵的時候，第八師的同志就急忙從他師被裁的士兵中，挑選精銳來補充自己的隊伍。此事被各師發覺以後，他們紛紛來留守府控告，指明第八師的團長何遂招收了遣散而尚未出城的士兵，要求處理。留守府知道裁遣各師而只保留一個第八師，這件事早為各師所不滿，現在各師又把第八師違令招兵的事實來府控告，若處理不善，恐有礙裁兵的順利進行。我遂忍痛將何遂同志撤職，以暫平各師的攻擊，準備事後再令何復職。第八師不同意，要我收回成命。我堅持不肯，王孝縝同志還氣沖沖地到留守府來要打我。我還是照原令執行了。裁兵黃先生離京時，曾與袁世凱商議，留我在北京作總統府軍事處次長，以便聯繫。軍事處總長是蔭昌，我與他都無事可辦，負實際責任的是參議唐在禮。所有關於軍事機密事宜都是由段芝貴與參謀部次長代理總長的陳宧直接同袁世凱密商辦理，連陸軍總長段祺瑞也不令參與。袁世凱那時對待南方革命軍人表面上極為優渥，凡來府謁見的，他都親自接見，褒獎備至，離京時贈送珍貴禮物，並隨時賞給文虎章或嘉禾章，以資籠絡。袁對肯受收買的人更給以高官厚祿，使其甘心作他的爪牙，經常在各省內部搗亂，並把各省內情密報北京。

袁世凱偵知宋教仁聯繫南方各省，在國會議員中能獲得多數選票，可能被選為內閣總理，乃與趙秉鈞密謀，嗾使奸人於一九一三年三月二十日在上海車站向宋行刺。宋遇刺後於二十二日四時身死。宋案發生後，很快便發現這是袁世凱的陰謀。袁世凱本來照例每星期中總有一天約我同段芝貴、陳宧與他共餐，會談南北兩方情況的，但自宋案發生後有兩星期沒有約我聚餐。我心中懷疑他對我有所疑忌。恰巧一個素有神經病的同鄉名叫劉端吾的來找我，向我說：「你不要怕，我今天已寫信給袁大總統，說你是個好人，不要懷疑你有什麼舉動。」我聽了他這番話，怕他這封信反而提醒了袁世凱對我有所行動。我為了免被袁世凱暗中監視或者暗害，即於是晚借送客上車為名，跳上京滬通車一直回到上海。未出京的軍人同志仇亮和林述慶，以後都被袁殺害。我卻因這個神經病者的一番話，得以倖免。

我到上海後，同孫、黃兩先生及在滬同志會商處理宋案的辦法。大家都異常悲憤，主張從速宣布袁世凱謀殺宋教仁的罪狀，舉兵討伐。當即商定由孫先生密電廣東陳炯明，黃先生密電湖南譚延闓作出兵的準備，並派我同李根源、張孝準赴南京發動第八師準備出兵討袁。但陳炯明、譚延闓都回電聲述出兵困難，說他們內部不一致，實力還薄弱，不能在此時出兵。南京第八師的陳之驥、陳裕時、王孝縝、黃愷元等都說第八師兵士缺額尚多，以前歸第八師指揮的林虎一個團已調往江西，湖南都督譚延闓因湘省防務空虛，又把該師陶德瑤的一個團由趙恆惕率領調回長沙。他們還責備我在留守府主持裁兵禁止第八師招兵，又撤了一個團長，以致他們不得不把招兵計畫延緩下來。因此，他們的結論也是：現在還不能出兵。我們回上海向孫、黃兩先生報告南京情形後，黃先生鑒於掌握兵權的人既不肯在此時出兵討袁，僅僅我們在上海幾個赤手空拳的人空喊討袁，是不濟事的。他遂主張暫時不談武力解決，只好採取法律解決的辦法，要求趙秉鈞到案受審。黃先生這種用法律解決的主張也是有一種用意的。他認為當時國人還未認清袁世凱的凶惡面目，還以為反袁是國民黨人的偏見；我們如果通過法律解決的辦法把袁世凱謀殺宋教仁的真相暴露出來，使國人共見共聞，即可轉變國人對袁世凱的看法，激起國人的公憤，使他們轉而同情國民黨。是時，上海法庭曾根據所得證據票傳趙秉鈞到案，趙拒不到庭。同時北京方面亦借口在京破獲了國民黨的暗殺機關，通知上海法庭轉傳黃先生到案。黃先生為了揭穿這個陰謀，便按時向上海法庭報到。袁陰謀終不得逞。

是時，袁世凱到處派人收買革命軍人，廣東駐滬代表覃鎏欽已被袁世凱收買，態度曖昧，行蹤詭祕，上海同志都對他特別警惕。袁世凱並派北京平政院院長莊蘊寬來滬探聽我的意見。莊對我一向關懷，且知道我的性格，他不直接找我而託他的祕書問我願不願離開上海。他的祕書對我說：「袁總統托莊院長告訴你，如你願意回京，不必再入總統府，可出任綏遠都統。如你願出洋，袁總統願送你旅費八萬元，這是袁總統的意思，託莊院長回滬之便向你轉達的。」我說：「黃先生在滬一天，我絕不會離開此地。如宋案得到合法解決，我與黃先生也都不會長留在上海的。」

孫先生在那時還是主張出兵討袁。他一面派人赴各省聯絡軍人，一面還派陳其美、戴天仇（後改名戴傳賢）來與黃先生辯論。黃先生仍然堅持不能用武力解決的意見，往往爭論激烈，不歡而散。孫中山先生這時想親自到日本尋求日政府的援助，但黃先生和在滬同志多不贊同此舉。黃先生認為依靠外援來反袁，是不容易得到國人諒解的，而且袁世凱反可以此為藉口向歐美各國求援。

袁世凱在對南方的軍事部署就緒、大借款成功以後，就下令把廣東、江西、安徽三省的都督免職。此時大家都感到保全實力、隱忍待時已不可能了。江西都督李烈鈞離職赴滬後，又返湖口，於七月十二日宣布獨立，樹起討袁旗幟。

南京第八師的兩個旅長王孝縝、黃愷元於七月十三日午後倉皇來滬，向黃先生密報說：朱卓文從上海携款二萬元到南京運動第八師的幾個營、連長，叫他們殺了師長、旅長後宣布獨立，並請孫先生蒞臨南京主持討袁軍事。但未受運動的營、連長向王、黃兩人報告了這個消息，並主張先發制人，除掉這幾個營、連長。他們兩人認為第八師主張慎重，不輕於發動討袁，是為了替本黨保存實力，留在將來起更大的作用；現在若內部自相殘殺，必至兩敗俱傷，第八師實力將完全消滅。他們兩人感到，與其自己消滅自己，不如一致對付敵人，雖實力不能保存，也算作了光榮的犧牲。因此，他們兩人囑咐告密的人把這個消息極端保密，不要告訴別人，也不要報告陳之驥師長，因陳是個性情耿直、胸無城府的人，恐怕他聽了這個消息，暴跳起來，反誤大事。他們兩人在向黃先生報告了如上經過以後，就對黃先生說，現在事已至此，雖準備未充分，也得樹起討袁的旗幟，請黃先生赴南京作討袁軍總司令，他們一致服從，但千萬請孫先生不要在此混亂時期赴南京，須俟南京獨立穩固後，再請孫先生去組織政府。

在商討總司令部組織時，他們建議總司令部的參謀長人選可俟黃先生到南京後再行公推，只是聲明不要鈕永建、李書城兩人擔任。因為他們認為鈕在廣西督練公所作幫辦時，遇事遲疑不決，顧慮太多，往往對重大問題不能及時解決；而李在留守府主持裁兵過激，曾撤過第八師一個團長的職，致使該師兵員至今還不足額，官兵對他有意見。黃先生見勢已至此，遂應允他們的要求，決定次晨赴寧。他隨即往見孫中山先生，說他自己願赴南京舉兵討袁，請孫先生在初舉義旗時暫勿赴南京，俟創立一個局面後再請孫先生前往主持；並謂南京獨立後，須有上海方面的兵力、財力的支援，請孫先生在滬督促陳其美趕快佔領上海。孫先生同意後，黃先生乃囑王孝縝、黃愷元兩人當夜趕回南京，布置起義。

七月十四日晨，黃先生裝作赴南京游覽的姿態偕同眷屬乘滬寧火車到達南京。是晚即在李相府陳之驥住宅開軍事會議，與會者有南京第一師師長章梓、第七師師長洪承點、第九師師長冷遹、第八師師長陳之驥等。會上決定出兵計畫，各部分擔任務如下：原駐江北的冷遹第九師，加上從第八師編成的一個混成團（團長劉建藩），共同配備在蚌埠鐵路沿線，抵禦馮國璋南下的軍隊；章梓、洪承點兩師布置在淮揚一帶，防守長江要塞，阻止張勛部前進。黃先生於次晨（七月十五日）赴江蘇都督府會晤程德全，請程通電各省宣布獨立。程德全被迫應允，並推黃先生為討袁軍總司令。

當黃先生在江蘇都督府會客廳候晤程德全、程尚未出見時，江蘇都督府參謀長兼江蘇第一師師長章梓突然宣布前第一師師長陳懋修、講武堂副堂長蒲鑑、要塞掩護第二團教練官程鳳章、南京要塞司令吳紹璘等通敵，均予槍斃；尚有張一爵、張斯麐兩人聞風先逃，未被捕獲。

據陳之驥告我說：被章所殺的那幾個人，多是留日陸軍學生，曾在徐紹楨統制下作過軍官，因與章梓素積嫌怨，遂為所殺，並不是由黃先生或程德全的命令執行的，也不是由南京幾個師長會商決定的。

程德全雖被迫宣布獨立，但於七月十七日托故離寧，設辦事處於上海，飭南京取消獨立。南京宣布獨立後，第八師組織一混成團，由劉建藩指揮向江北進攻。在該團尚未到達前線與第九師會合時，第九師的前線指揮官迫不及待，首先單獨發動進攻，與敵軍交鋒未久，即被擊退，潰不成軍，紛紛後退。劉建藩率所部進入陣地後，因人數不多，只能採取防禦戰術，堅守待援。與此同時，陳其美、鈕永建攻取上海，亦告失敗，敵軍將從上海進逼南京，而湖口方面失利的消息又傳到南京，南京將有三面受攻的危險。討袁軍參謀長黃愷元見南京形勢危迫，深恐黃先生悲憤自殺，日夜守在黃先生左右，並極力勸請黃先生離寧赴滬。黃先生離寧時，師長陳之驥趕來送行，知黃先生身無一文，臨時找衛隊長湊集了銀幣七十元送交黃先生作旅費。黃先生坐日本停在下關的運煤船，與黃愷元同赴上海。據陳之驥說，黃先生臨行時曾囑咐他要維持南京秩序，不要讓殘留在南京的兵士擾害商民。

南京取消獨立以後，第八師將開往江北的部隊繞道瓜洲調回南京，並將蚌埠橋梁炸毀，以阻止敵軍南進。接著，何海鳴運動守衛都督府的第一師殘部，又在南京宣布獨立，自稱討袁軍總司令，旋為第八師的部隊逼令取消。第八師兵士受何海鳴部下的煽動，向官長索餉，鼓噪不已。代理團長李浚召集士兵訓話，嚴加譴責。士兵即將他打死，紛紛西散。第八師的軍官亦全部離寧，各自逃亡。南京第八師的實際領導權一向為旅長陳裕時所掌握。上海方面的革命黨人認為第八師初則反對出兵討袁，繼則一遇戰事失利，就在南京取消獨立，這些都是陳裕時在暗中主持的，因而對陳銜恨甚深。他們已組織幾個暗殺人員，擬俟陳由滬赴寧進入城門時將他殺死。此消息為他的妹夫何遂所探知，乃急電陳中途返滬，陳始倖免於難。又陳裕時為使第八師獲得保障與發展，曾與袁世凱的親信陳宧暗中有聯繫。在袁稱帝時，陳裕時為表明自己的立場，曾約請黃愷元赴長沙勸說湯薌銘，他自己也親赴成都勸說陳宧，敦促湯、陳通電反袁。後黃愷元出家為僧，在杭州一小庵內修閉關法，因病圓寂。陳裕時亦在家學佛，參訪漢、蒙、藏佛學大師，頗為虔誠，在抗日戰爭時期因病死於重慶。

上海、南京討袁軍既相繼失敗，廣東、江西、福建、湖南、四川的討袁軍亦先後崩潰。國民黨內部有人認為此次討袁失敗原因在於未先發制人，坐失時機。但當時各省將領起初所以不肯舉兵，都是因為各有困難。在這種情況下，即使及早發動，舉兵討袁，也不一定就能取勝，因為成敗關鍵並不是這樣簡單的。

館，把當地警察找來，告知他這件事。警察聽說，並不驚訝，謂可一笑置之。這時，他才把黃先生的住址告知我們，並陪同我們到黃先生那去。

我們不久即同黃先生移住東京，國內參加討袁失敗的同志也陸續來到日本，大家交換意見，籌謀善後辦法。這時，孫先生提出了改組國民黨為中華革命黨的意見。他把本黨失敗的原因歸咎於黨員不聽他的話，並且認為黃先生應負更大的責任。孫先生說，在南北議和時期，他憤袁氏狡詐，曾主張寧可開戰，不可讓步，但黃先生不贊成；以後他主張建都南京，要袁世凱南來就職，黃先生也不表示堅決支持；宋案發生後，他主張用武力解決，黃先生也不肯聽；他欲再赴日本求援，黃先生又力阻其行；最後他本擬親赴南京出師討袁，黃先生忽自告奮勇，阻其前往，致招挫敗，全局瓦解。孫先生既把一切失敗的原因，都歸之於黨員不聽話，尤其是黃先生不聽話，所以他主張改弦更張，把國民黨改組為中華革命黨，並且規定黨員入黨時要寫誓約，打指印，以表明願意犧牲一切，服從孫先生的命令。陳其美、戴天仇、楊滄白首先贊成，並邀約在日亡命的同志都一致參加。但一般首義有功的同志，尤其是在首義時作過高級將領的同志，都認為這種寫誓約，打指印的做法有失身分，不肯附和。孫先生仍然堅持一定要這樣做。陳其美復到處奔走，要大家贊成，凡不贊成加入的同志他就大肆攻擊。黃先生曾約請胡漢民、汪精衛兩人設法婉勸孫先生改變這種做法。胡、汪兩人說，他們最初曾盡力勸阻過，但後來鑒於孫先生的意見異常堅決，為暫時照顧孫先生的情緒，他們兩人都勉強按照孫先生規定的辦法履行了入黨手續，等候時機再設法進勸。黃先生以為長此在東京相持下去，恐同志之間意見日深，將自行削弱革命力量，給敵人以挑撥離間的機會，故決定離開日本，遠適歐美，以便使孫先生得以行其所是，各不相妨。黃先生遂於一九一四年夏由日本乘輪先赴美國，並準備遇有機會再到歐洲游歷。

同黃先生赴美的有其夫人徐宗漢、幼子一美、翻譯徐申伯、祕書石陶鈞和我。翻譯唐月池則先期前去辦理入境手續。我們到達美國舊金山時，唐月池與先在美國留學的黃先生長子一歐、女振華以及舊金山的許多僑胞都前來迎接。因時臨夏季，在舊金山未住幾日，即在舊金山北面的一個海岸避暑地住了一個多月，隨即赴紐約小住。不久就在費城郊區租賃一所住宅定居下來。

從美國西部到東部，凡有華僑聚居的地方，黃先生都被邀去作了訪問。各地華僑同胞除開會歡迎外，並擬籌集款項送給黃先生作革命活動的經費。黃先生每到一處，除了說明旅外僑胞歷來幫助革命，貢獻很大，向他們表示感謝之外，並詳述袁世凱背叛民國的事實，鼓勵華僑繼續奮鬥，共同打倒袁世凱。他並囑華僑同胞將籌集的款項直接匯寄東京交孫先生支配，聲明他自己這次是來美暫居，不需要僑胞資助。他每與僑胞談及孫先生時，都表示很尊敬孫先生，從未講及他自己與孫先生在黨的改組問題上的意見分歧，因為他唯恐因此使僑胞熱愛祖國的情緒受到影響。

黃先生旅美期間，歐戰已發生，日本也接著對德宣戰。聚集在東京的一部分未加入中華革命黨的同盟會會員認為時局嚴重，相約組織「歐事研究會」，經常商討當前時局及應付的方針，並函告黃先生，徵求黃先生的意見。

黃先生到美國後曾商請章士釗在日本創辦「甲寅雜誌」。這個刊物在當時對革命起了推動的作用。當時有些同志在東京創辦了大森浩然廬和東京法政學校，專收亡命日本的同志學習軍事和政治。殷汝驪主辦浩然廬，彭允彝主辦法政學校。兩校的經費是由黃先生和李烈鈞負擔的。

黃先生在美聽到日本向袁世凱提出二十一條要求時，立即向國人表示，為了舉國一致反對日本無理要求起見，即時停止反袁活動，以便袁世凱專心對外，維護國權。國內外同志多響應黃先生的號召，作了同樣的聲明。後來袁世凱陰謀推翻共和、僭稱帝號時，黃先生聽到孫毓筠、胡瑛、李燮和加入籌安會，洪承疇等簽名贊成帝制的消息時，極為憤恨，罵他們是革命黨中的敗類，認為這是革命黨人的恥辱。

黃先生在費城郊區住下以後，正擬從事美國國情的研究，並計畫參觀訪問一些地方，以廣見聞，不意在某晨起床以後吐血數升，經醫生診斷認為胃潰瘍病，須妥速治療，並作長期休養。為使黃先生能靜心養病，我與石陶鈞遷出黃先生住宅。另在附近各寄寓一家庭旅舍，一面學習英文，一面了解美國人的生活方式。石陶鈞不久移居舊金山，尋又先行回國。我學到幾句英語後，即坐火車從費城到舊金山，又從舊金山經美國南部繞道華盛頓回到費城，計往返時間約一月有餘。

我在這一個多月的旅行期間，結識了一些美國友人，增長了不少知識。……當我旅行歸來，同黃先生談到這些問題時，黃先生說，我們回國後，一定要用政治力量來儘量防止這些不合理現象的產生；同時他也談到了他對於將來建設中國新社會的理想。他說，將來中國要由政府開辦養老院、慈幼院、衛生院、殘廢院，經費全由國家供給，不收費用。所有大、中、小學校也都由國家設立，免費供給學生膳宿，學生只要考試及格，即可入校讀書，使窮苦人家的子弟也能受到教育，不讓有錢的子弟佔有特權。黃先生還時常談到男女平等的問題。他認為中國社會受孔教的影響，對女子抑壓太甚，要矯正這個積習，應先讓女子能與男子受到同等的教育，享有與男子同等的財產權、選舉權、勞動權，只有這樣，所有買賣婚姻、包辦婚姻、童養媳、孀婦不能改嫁等惡習才會自然消除。他還說，中國人口本多，如果佔一半人口的婦女從沉睡中覺醒起來，同男子一樣把力量貢獻給國家，中國的富強就可以趕上歐美。他認為這是我們在回國後應該大家努力去做的一件事情。

袁世凱在打敗國民黨的討袁軍隊後，更加肆無忌憚，公然帝制自為。黃先生在這時期，加緊與國內外同志聯繫，鼓勵同志各就力之所及，分別活動，不論各黨派政見如何不同，不論他們以前與國民黨有何種嫌怨，只要他們現在反對帝制，肯出力打倒袁世凱的，都要與他們合作。當全國討袁聲勢重新高漲的時候，國內同志及一些日本朋友都電催黃先生早日回國。黃先生遂於一九一六年五月由美國乘輪回到日本。輪船甫進入神戶港內，尚未靠岸，頭山滿、宮崎寅藏、萱野長知等即乘小輪迎接黃先生先行上岸，尋赴東京。日政府已借給岑春煊〔註〕二百萬日元，以半數作軍費，半數在日本購買軍火；這時又提出借給黃先生五百萬日元作為招集舊部編練軍隊之用，並無任何條件。黃先生囑我到上海籌備。我到上海不幾天，袁世凱就死了。於是黃先生回到上海，各地同志都來上海會商。當時的主要問題，是在國會恢復後國民黨的國會議員如何在國會內進行鬥爭的策略問題。在此期間，黃先生與孫先生互相過從，商談國事，一如往昔，並無絲毫芥蒂。

黃先生回國以後，病體並未恢復，又因應接繁忙，生活習慣驟然改變，以致胃潰瘍舊病復發，又未能及時轉地療養，照常會客談話，病情因而日趨嚴重。十月十日，黃先生因胃血管破裂，吐血數盂，暈絕經時，延至三十一日午後竟溘然長逝，享年四十三歲。

黃先生的死耗傳出後，國民黨同志固然感到十分悲痛，即素與國民黨敵對的政黨或個人亦多函電致唁或在報章上著文表示悼念，並對黃先生一生待人誠懇、篤實厚重、効忠革命、勇於犧牲的精神稱道不已。

黃先生臨終以前，李根源向他辭行時，他曾對李根源說：黎元洪太懦弱，段祺瑞、徐樹錚專為北洋派打算，恐怕全國統一無希望；對內搞不好，更談不上對外了。並對李根源囑咐幾件事：一、胡瑛無志節，可恨可憐，聞他很窮，望念舊交，維持其生活；二、譚人鳳修宋教仁墓尚未完工，應有人負責；三、李烈鈞隊伍快到餓飯地步，須請黎元洪妥籌辦法；四、國會要注意立法，法立而後政治始有依據，只問政治則政治愈紛亂不可收拾。（下略）

〔註〕一九一六年五月一日，兩廣反袁部隊組織都司令部，舉岑春煊為都司令。八日，組織軍務院於肇慶，推唐繼堯為撫軍長，岑春煊為副撫軍長攝撫軍長事。

附錄三

回憶先君克強先生

黃一歐

先君克強先生逝世，忽忽已四十五年。憶自一九〇四年春，隨先君就讀長沙明德學堂，後來東渡日本，奔走海外，十餘年中，聚少離多，回思往事，百感交集。現就我所知道的關於先君生活的片斷材料，隨筆述之。但因事隔多年，記憶模糊，錯漏在所難免，希望前輩先生不吝指正。

應縣考

先君曾對我談過他青年時代的一些故事，其中印象最深的是應縣考。

先君十八歲那年，和姑父胡雨田以及同村的劉石介，一道往應縣考。三個人進了考棚，湊巧都被分配在同一個字號。當時應試要做八股文，規定黎明前進場，即日交卷，不許繼燭。這天，先君最先打完草稿，但是看了又看，很不滿意，想另寫一篇。而胡、劉兩人正在搜索枯腸，還沒有定稿。先君這篇文稿便被劉石介要去謄正，作為他的試卷。先君隨後寫好了第二篇，仍然覺得沒有寫好，結果又被胡雨田要去頂替了。最後先君聚精會神，寫好第三篇，自己才感到非常滿意。不料發榜時，胡、劉兩人都榜上有名，唯獨先君名落孫山。先君落第回家，擔心先祖父不高興，他不好意思地將三份文稿都拿給先祖父看。祖父看過之後，也認為第三篇勝過前兩篇。這時，先君才解脫了心頭的疙瘩。

到了次年春天，先君又往應考。動身的前夕，親友置酒預賀，先君不以為然，表示讀書要求真學問，赴試僅僅是母命不可違而已。他寫過一首〈別母應試感懷詩〉，結句有云：「一第豈能酬我志，此行聊慰白頭親。」在應試期間，先祖父病故，繼祖母特意瞞著先君，不使他知道，以便讓他安心應考。這次，先君入縣學為諸生，沒有辜負老人家的期望。

華興會

一九〇三年夏秋之間，先君由日本回到了長沙，在明德學堂教書，暗中聯絡同志，醞釀組織一個反抗清朝統治的革命團體。這年十一月四日（陰曆九月十六日），是先君三十初度。一些具有革命思想的知識分子，聚集在長沙西區保甲局巷彭淵恂（號希明，長沙人）家裡，借為先君做生日酒的名義，辦了兩桌酒菜，舉行祕密會議。到會的有彭淵恂、周震鱗、張繼、柳聘農、陳方度、徐佛蘇、譚人鳳、蘇玄瑛、吳祿貞、陳天華、宋教仁、黃牧、柳繼忠等二十多人。會上，決定設立華興會，公舉先君為會長。但為避免清政府的注意，對外採用「華興公司」的名義，以半公開的形式出現，並規定公司的任務是「興辦礦業」，集股一百萬元，作為「開礦資本」。實際上是以「礦業」二字代「革命」，「入股」代「入會」，股票即是會員證。當時還提出了兩句口號：「同心撲滿，當面算清。」這兩句口號，驟然聽起來，像是談的生意經，實則含有「撲滅滿清」的意思。這次集會，可以說是華興會的一次籌備會。到了次年二月十五日，才在更廣泛的基礎上，正式召開成立大會。

華興會成立後，先君又另外創立了兩個小團體：一是同仇會，專為聯絡哥老會、策動會黨參加起義的機構；一是黃漢會，專為運動軍隊參加起義的機構，陳天華、姚宏業，陳方度、黃牧等人都做過這方面的工作。

一九〇四年的出走

一九〇四年秋，先君謀於西太后「萬壽節」在長沙起義，事洩失敗，化裝改名逃走。關於這一段史實，言人人殊，其說不一。那次出事，我是在場目擊者之一，印象最深，雖然隔了五十多年，記憶猶新。

那年，我隨先君在明德學堂小學乙班讀書，陳果夫時名祖燾，與我同班。當時明德學堂師範班設在湘春街左文襄祠，中、小學設在西園周氏花園。我家則賃居紫東園，離左文襄祠僅二三百步。陰曆九月十六日，為先君三十周歲。這天，他親自下寒菌麵招待三位進城的姑媽。大約是早上七點鐘，西園龍宅差人持帖子來請先君去，先君正準備下面，沒有去。過了半個多鐘頭，龍研仙先生第二次差人持帖子來催，先君說，麵還沒有下好，吃了麵就去。先繼祖母非常機警，她看到龍宅一連來了兩次帖子，催得這麼急，一定是有緊要的事，因此，催先君馬上就去，回來再吃麵不遲。

先君剛剛坐轎出門，在門口就和來捕捉他的差役對面碰頭了。差役見了他，便問：「你是黃軫嗎？」（先君原名軫，字廑午，後改字克強。）先君情急智生，鎮定地回答說：「我是來會黃軫的，他家裡人說他到明德學堂去了，我要再到那裡去找他。」於是差役跟著先君的轎子向西往左文襄祠走。先君到了明德學堂下轎，佯稱進去喊黃某出來，叫差役們在門口等候。他進校後，就由靠西邊的金華祝老師住室旁的小側門溜出，躲進了西園龍宅。差役在學堂門口久候不見有人出來，才知道上當了，只得將三個轎伕帶走，把他們打得皮破血流。記得在一九一二年，曾有其中一個羅姓轎伕的家屬來過我家，先繼祖母還送過他一筆錢。

我原來是在學堂裡住宿的，那天因是先君生日，頭一天晚上就回家了。我看到先君出門就碰到差役來捉他，心裡驚慌萬分，便飛跑到學堂裡，告訴平日最接近的沈迪民老師。沈老師叫我待在他房裡不要出去，他自己急忙走了出去，找人設法讓先君脫險。

先君先由明德學堂躲到西園龍宅內室，以後又轉移到吉祥巷聖公會黃吉亭處。十二月二十六日深夜，先君化裝海關人員，由黃吉亭、曹亞伯護送，乘一小船至靖港，搭輪船赴漢口轉往上海。從聖公會臨走前，黃吉亭囑先君到達上海後來一電報，俾使此間友好知道他已經平安到達目的地，並為了保密起見，約定電報只署一「興」字。先君到上海後，如約打了一個「興」字電報給黃吉亭。從此以後，他就改名「黃興」了。

習射擊

先君於一九〇四年起義失敗出走後，有株連全家的危險。因此，一九〇五年秋天，我便同湘潭黃積成（後在士官學校習測量）一道去日本。到日本時，正是同盟會成立後不久，先君已往南洋去了。次年秋天，先君自南洋回到東京，住在牛込區東五軒町林館。記得初到林館的時候，先君就要我到相距不遠的麴町區靖國神社去參觀（那裡陳列著日本在甲午戰爭中所奪得的戰利品）。先君說：「你去看一看，就曉得我們國家成了個什麼樣子！」

每逢星期日，如無特殊事故，先君必定抽空前往麴町區神樂坂「武術會」參加射擊比賽，有好幾次是帶著我一道去的。當時參與比賽的，除了各階層的日本人之外，中國人去的也不少，辛亥革命後擔任過國會議員的湘陰陳嘉會，就是經常和先君同去的一個。

「武術會」的競賽，每次先分小組初賽，再由各小組優勝者進行決賽。先君的射擊技術很好，每射必中，彈無虛發，因此，名次總是很高，得的獎章不少。在他的書桌抽屜裡，各式各樣的獎章堆得滿滿的，有銀質、銅質的，也有一種像景泰藍一樣的質料的。我有時趁先君外出未歸，打開抽屜，揀出幾枚佩在胸前，自鳴得意。有一次還瞞著先君，佩著獎章到附近的一家照相館照了一張相片。

剪辮

一九〇三年先君出日本回國，就剪掉了辮子。其時剪辮子的人並不多；有的人雖然剪了辮子，可是回國之後，又在頭上裝了一條假辮子，如柳聘農就是這樣。

一九〇六年秋天，周震鱗先生從國內來到東京，住在先君寓所。第二天，先君有事外出，臨走時囑我陪周先生往浴室洗澡。我因想到日本人素來看不起留辮子的中國人，尤其是小孩們見了就嘲罵，呼作「鏘鏘波子」，於是便慫恿周先生剪掉辮子再去洗澡，並且說做就做，拿了一把快剪，興奮地給他把辮子剪掉了。先君回寓之後，看到周先生剪了辮子，非常驚詫，問明原委，才知道是我的惡作劇。先君把我叫到他的住室，厲聲呵斥道：「你曉得嗎？辮子要留都留不起，怎麼可以隨便剪掉，以後再不許胡鬧！」

不久之後，譚人鳳先生到日，也拖著一條辮子。我因吸取前次的教訓，就不敢輕舉妄動了。譚老先生是為了奔走革命便於掩護而留著辮子的，一直到辛亥革命時才剪掉。

劉道一

一九〇六年十二月三十一日，劉道一在長沙就義。他是同盟會會員中為革命犧牲的第一個人。噩耗傳到東京，先君悲痛萬狀，經久不能自已。

先君在長沙創立華興會，劉道一是最先加入的一個。一九〇五年七月，中國同盟會在東京開籌備大會，他和先君一道宣誓加盟。劉道一每到一個地方，住上幾個月，便學會了當地的方言；到日本後，日語、英語都說得很流利。同盟會的對外交涉，他曾盡了很大的力量。他生性好動，火氣很大，容易和人家發生爭論，有的人稱他為「暴徒」。

一九〇六年，劉道一和蔡紹南、彭邦棟、成邦傑等被派回湖南，運動軍隊，重振會黨。這年十二月，瀏陽、醴陵起義，他是領導人之一，後來在衡山被岑春蓂派人逮捕，嚴刑拷打，以所佩印章「鋤非」二字羅織成罪。

劉道一被捕的消息，最先是劉揆一告訴先君的。當時他們曾從各方面設法營救，終歸無效。先君聽劉道一被害的消息後，曾經不止一次地懷著無限沉痛的心情對別人談過：「炳生（劉道一別號）平日鋒芒太露，不穩重，人才難得，真是死得可惜！」

先君曾寫過一首七律，哀悼劉道一的慘遭犧牲：

英雄無命哭劉郎，慘澹中原俠骨香。
我未吞胡與漢業，君先懸首看吳荒。
啾啾赤子天何意，獵獵黃旌日有光。
眼底人才思國士，萬方多難立蒼茫。

在小石川區

一九一〇年，我隨先君住在東京小石川區，同住在一起的，有林時塽、林覺民、何天炯、方漢成、李文甫以及方聲洞之弟等十餘人。當時大家的生活很艱苦，有一次連伙食費也籌不出來了，眼看就要斷炊。先君拿出他的一件大禮服，要我去當了三十日元。我們十多個人就靠著這筆錢吃了一個星期的紅薯，才勉強度過難關。

贖當的期限到了，我把大禮服贖了來。在翻晒這件衣服的時候，出乎意料之外，從衣袋裡發現一張一百日元的大鈔。這張鈔票是什麼時候放在口袋裡的，先君已經記不起了；我在送當時以及當舖中人收檢時，都沒有搜出來。忽然添了一筆意外之財，大家都很高興。

先君對於衣著素來不大講究，但求其整潔而已。即如這件大禮服，原是一九〇五年到東京後為了會見外賓之用而做的，到了辛亥革命之後，他的身體雖然發胖了，仍然穿著這件已經不合身的禮服去接待外賓。

廣州三月二十九日之役

一九一一年一月，先君由南洋到了香港，在跑馬地三十五號設立統籌部，準備在廣州舉行一次大規模的武裝起義。我於先君到香港後，也由日本來到香港。這次，我冒宮崎龍介之名，穿和服，講日語，將由宮崎寅藏介紹向日本人倉地購買的駁殼槍五十支、勃郎寧二十支和子彈一萬餘發，分裝四口皮箱，運到香港交給了統籌部。

這年二月，黨人龔敬夫從其親戚張通典（湘鄉人，時為廣東巡警道衙門文案師爺）處，打聽到巡警教練所有幾名缺額可補。先君認為這是一個不可錯過的好機會，因為教練所有學員四百餘人，槍枝二百支，如能掌握在我們手裡，對起義會發生很大的作用。同時，派人進去，既可以聯絡同志，熟悉廣州的街道和當地方言，又可以借巡警學員的合法身分作掩護，參與起義活動。於是，決定派我和陳方度、柳聘農、胡國樑四人同往應考。我們都是湖南人，陳方度的年齡最大，我最小。在香港動身時，先君囑咐我兩樁事：一是戒驕戒躁，謙虛待人，好好聯絡同志；二是要聽從陳方度的調度，不要各搞一套。我們到達廣州後，立即報名應考，結果都考取了。但一時找不到保人，到三月初才由張通典、周達夫（同盟會會員，湘陰人，時任廣州西關警察署長）分別擔保，入所受訓。我們一面積極聯絡同志，一面等待發難的命令。當時全所學員四百多人，每支步槍有子彈五發。自溫生才炸孚琦後，外間風聲很緊，巡警道衙門怕學員出問題，把子彈都收去了。

陰曆三月二十五日（陽曆四月二十三日），先君由港到省，確定三月二十九日發難，並將原來決定的十路進攻計畫，臨時改為四路。其中陳炯明一路進攻巡警教練所，由我們作內應。二十九日午後二時許，我們四個人一起去見該所所長夏壽華（益陽人）。陳方度對夏談了一番革命道理，並出示手槍（統籌部發給我們每人手槍一支）對夏壽華說：「我們就是革命黨，今天下午五點半鐘就要發難了。」夏壽華對我們說了一些同情革命的話，並堅留我們喝一杯酒。我們在夏壽華的簽押房裡吃了酒菜，就飛奔到小東營五號機關裡。先君正在發號施令，整裝待發，沒有和我們多講什麼話。只交代陳方度趕快回去，待機行事。於是我們又匆忙跑回巡警教練所，等待陳炯明來攻，以便裡應外合。不料陳炯明不按計畫行事，初以全力守大南門，後則並大南門而不守，因而坐失良機，對整個起義影響很大。先君後來還幾次對我談到陳炯明這次的誤事，感到十分憤恨。

八字家書

一九一一年十月，武昌首義，中外震驚。先君由香港打電報到東京，要我急速去港。我趕到香港時，先君已經動身去上海，胡漢民堅留我和其他一部分同志在香港，等待廣州發難。後因陳其美從上海連來兩次急電，說需要人力支援。於是胡漢民叫我和趙光（趙聲之弟）、洪承點等七八人速往上海。到上海後，才知道先君剛赴武漢督師。十一月四日，上海方面攻下了製造局，洪承點等即著手組織軍隊，以原第九鎮一部分官兵、上海參與起義的警察以及巡防營士兵為基礎，組成滬軍，並推洪承點和我擔任滬軍正、副司令。

這時，武漢戰事正在劇烈進行中。先君托張竹君（女，上海南市醫院院長，武昌起義後組織紅十字會救護隊去漢陽前線，這時回上海採購藥品）帶信給我，要我趕快到武漢去。我因滬軍剛剛組成，又須往鎮江、杭州等地聯絡，不能抽身前往。隨後不久，先君從漢陽前線寄了一封信給我。拆開一看，僅僅八個大字：「一歐愛兒，努力殺賊。」這是先君因為我不能到他身邊去，在軍書旁午之際，特地寫來勉勵我的。

就在接到這封信之後不久，漢陽戰事危急。為了策應漢陽戰事，牽制清軍兵力，我就率領滬軍，會同浙、蘇、吳各處民軍，陸續開到鎮江，會合當地民軍，推第九鎮統制徐紹楨為聯軍總司令，協力圍攻南京。十二月二日，南京光復。

「南北一家」

一九一二年六月十四日，南京留守府撤銷，先君解職，退居上海。這年秋天，袁世凱邀請中山先生和先君入京會談。先君本來是不準備去的，中山先生到了北京以後，來電極力敦勸，先君才於九月十一日入京，待了不到一個月的時間，即行返滬。

據隨先君入京的祕書陳鳳光（湘陰人，後任國會議員）告我：先君至京時，袁世凱表面上殷勤接待，禮遇甚優，並請中山先生和先君提出組閣人選，而暗地則密派心腹隨時偵察先君的行動。有一次，湖北旅京同鄉在湖北會館開歡迎會，先君演說之後，會館負責人請他題字。先君不假思索，立即寫了「南北一家」四個大字。斯時斯地，題這四個字，是十分發人深省的。

拒絕袁世凱的籠絡

一九一二年九月七日，袁世凱授先君為陸軍上將；同時授為陸軍上將的，還有黎元洪和段祺瑞。這年雙十節，又授先君勳一位。

授勳令公布後不久，袁世凱派專使到上海同孚路先君寓所，送來陸軍上將特任狀，授勳令和勳章，另外還有幾件禮物和兩匹英國種棗騮玉點馬，先君當時勉強收下了。來人去後，我因為好奇，戲將勳章佩在胸前，左右顧盼。正在這個時候，先君上樓來了，我感到非常尷尬。先君嚴肅地對我說：「這有什麼用！你知道嗎，這是袁世凱的籠絡手段，可是我不會上當的。」接著又說：「這些東西都要退回去，把馬留下來。」我問先君：「為什麼要留馬？」他說：「因為將來還要我打仗的。」他隨即將特任狀、授勳令、勳章以及所有禮物都退回去了，只留下兩匹馬。每天清晨，先君要我騎著馬到寓所對面的打鐵浜騎馬道去調教，他自己則站在陽臺上觀看。

一九一六年雙十節，北京政府又授先君以勳一位，先君也堅決拒絕了。

三十九年知四十非

先君向來不喜歡人家做壽送禮，作無謂的應酬。他自己的生日，總是隨隨便便地度過的。一九一二年十月二十五日，為先君三十九歲初度，也未宴請任何賓客。他於由滬返湘途中，在楚有號兵艦上曾作了一首生日感懷詩：

卅九年知四十非，大風歌罷不如歸。
驚人事業隨流水，愛我園林想落暉。
入夜魚龍都寂寂，故山猿鶴正依依。
蒼茫獨立無端感，時有清風振我衣。

（下略）

附錄四
黃興與明德學堂

黃一歐

談到先君與明德學堂的關係，先要把胡元倓創辦明德學堂的經過，簡單敘述一下。胡元倓，號子靖，晚署樂誠老人，湖南湘潭縣人，生於一八七二年（清同治十一年壬申），比先君大兩歲。他少承家學，由附生選光緒丁酉科拔貢。一九〇二年（光緒二十八年），湖南巡撫俞廉三選送留日官費學生，胡子靖與陳潤霖、仇毅、劉佐楫、顏習菴、李致楨、俞誥慶、俞蕃同等同時被選赴日留學。到日本後，進了東京弘文學院（日本著名教育家嘉納治五郎專為中國留學生所設）速成師範班。

胡子靖在日本留學時，慕福澤諭吉之創立慶應義塾（後改慶應大學，以財政經濟著名），造就大批人才，便立志回國創辦學校，從事教育救國。同年冬，胡子靖學成歸國，首先在江蘇泰興縣會見了龍璋（研仙），與談興學之計，龍即極力贊同。回到長沙後，又得到龍璋之弟龍紱瑞的支持，由龍氏兄弟各出洋一千元作開辦費，命名為明德學堂，賃湘春街左文襄祠為校舍，自任監督，招中學兩班，於一九〇三年（光緒二十九年）三月二十九日（農曆三月初一）正式開學。湖南之有私立學校，自明德學堂始。其時科舉尚未廢除，胡子靖以一個窮拔貢辦起洋學堂，一般劣紳迂儒，公開反對甚烈。於是，他找到龍璋的父親，在籍刑部侍郎龍湛霖，也面擔任學堂總理，借龍的官紳地位以避謗。這年夏天，譚延闓來校參觀，捐了一千元，另年助英文教員薪金一千元。胡子靖有了這筆辦學資本，特地赴杭州聘華紫翔來教英文，並加招中學一班，又成立了師範班。隨後，賃西園龍宅西側房屋為校舍，別立經正學堂。經正與明德，其實是兩塊牌子，一套人馬。

胡子靖是在弘文學院和先君認識的。當他初入弘文時，先君已先在該院師範班肄業，以同鄉關係，彼此過從密切。一九〇三年夏天，他往杭州聘英文教員，經過上海時，碰見先君方從日本回國，因此，堅約先君來明德共事。先君當面應允了，不久就回到了湖南，主持新成立的明德學堂師範班（後來又擔任學監，即教務主任）。師範班第一期有學生陳嘉佑、彭國鈞、任紹選等一百一十八人，分為兩班上課，於一九〇四年五月卒業。當時明德學堂聘請的教員中，許多人是富有革命思想的，如張繼（溥泉）教歷史，周震鱗（道腴）教地理，蘇玄瑛（曼殊）

教國文。先君兼任歷史及體操教員；在其他教員缺課時，文科方面的課程，一般都是由他代課的。張平子是經正學堂第一班學生，據他回憶，先君在上歷史課時，向他們解釋民權二字，不引盧梭、孟德斯鳩之言，而問他們讀過《孟子》沒有？孟子說的「民為貴，社稷次之，君為輕」，就是民權思想，由此可見，民權思想在中國古已有之，並不是從外國搬進來的東西。

明德創辦後的第二年春天，胡子靖向當時的上海道湘潭袁樹勳，屈膝募得一萬元，即以此款在上海購置理化儀器及博物標本，聘日本人掘井覺太郎為理化教員，永江正直為博物教員。儀器和標本都買來了，教員也請到了，只須找一位懂日語的助教即可開課。恰好陳介（庶青）在弘文學院普通科畢業，請假回國省親，道出長沙，先君與胡子靖就留他在明德學堂擔任助教。

一九〇四年（光緒三十年）秋，明德學堂賃西園周氏花園為校舍，開辦高等小學，教員都由中學分任，而以陳介兼主任。明德辦了小學，先君在日本求學時的活動情況，我未親見親聞，全然不知道。待到他在明德任教，我跟在身邊，許多事實對我說來是記憶猶新的。先君當時已經剪辮，在學堂裡多穿操衣（一種對襟短裝的體操服，夏白、秋藍、冬黑色），天氣酷熱時，常光著赤膊坐在塘邊樹蔭下看書，出門時衣著也很隨便。他在回國不久，就團結同志醞釀成立一個革命的團體，並大量翻印鄒容所著的《革命軍》、陳天華所著的《猛回頭》、《警世鐘》等書籍，散布到軍商各界，擴大反清宣傳。一九〇三年十一月四日（農曆九月十六），先君三十初度，朋友們在保甲局巷彭希明（淵恂）家備了兩桌酒菜，到周震鱗、陳天華、張繼、宋教仁、譚人鳳、蘇玄瑛、柳聘農、秦效魯、陸鴻逵等二十多人。在這次借祝壽名義舉行的祕密會議上，決定成立華興會，從事反清革命運動；對外用辦礦名義，取名華興公司，發行華興票。

華興會與明德學堂有著密切的關係，它的主要成員中，有的是明德的教職員，如先君與周震鱗、張繼、蘇玄瑛、秦效魯、陸鴻逵、易宗夔等；有的是明德和經正的學生，如柳繼忠、陳嘉佑、蕭翼鯤、胡瑛（後來墮落為國民黨的叛徒，與楊度等人組織籌安會，擁袁世凱稱帝）等。也有本人不在明德，而與明德有密切關係的，如仇亮（湘陰人，後在日本士官學校畢業，辛亥參加山西起義有功，南京臨時政府成立，先君長陸軍部，任以軍衡司長）係明德教員仇道南的兒子；或者當時不在明德，而後來與明德發生關係的，如章士釗曾任明德大學校長。此外，在明德的教職員中，有些雖未參加華興會，而對革命運動深表同情或實際投入革命活動的，如陳鳳光、李步青、陳介、王正廷（辛亥革命後任參議院副議長）、辜天佑、楊德鄰（一九一三年任湖南財政司司長時，被湯薌銘殺害）、陸鴻第、陸鴻賓等。胡子靖本人也沒有加入華興會，他對這個革命團體卻出了不少氣力。

華興會成立後，運動新軍、會黨，組織起義活動，在在需款，先君為此出賣了在長沙東鄉涼塘的祖遺田產近三百石（最初賣與張姓地主，後由張家轉賣與王先謙）。張斗樞在南陽街經營圖書儀器印刷業務，先後捐助達萬餘元。彭淵恂、柳聘農、陸鴻逵等也提供了一部分經費。陸鴻逵當時是明德學堂的國文教員，因批改學生文卷，語意激烈，劉佐楫唆使教員單某持向巡撫告密，謂明德學生昌言革命。舊紳又落井下石，從而謀害之，學堂陷於危境。因得趙爾巽的維護，事未擴大。這次事件的發生，實質上是革命黨人與封建劣紳之間的鬥爭。劉佐楫當時投拜於王先謙門下，與胡子靖意見不合，同周震鱗交惡更深，周、陸同屬華興會員，胡是同情華興會活動的，劉就借機會興風作浪，唆使人家向官方告密。

從這裡看出，當時的明德學堂，是湖南新舊勢力互相交鋒的場所。一方面，有一批革命黨人在這裡鼓吹革命思想，隱為革命中心；另一方面，又是立憲派分子活動地方。胡子靖延攬人才是兼容並蓄的。他既邀了先君與張繼、周震鱗、蘇玄瑛、秦效魯、陸鴻逵等來校共事，並盡其力所及，多方掩護他們的活動；又聘請譚延闓繼龍湛霖為總理，黃忠浩也掛了校董名義，並有所捐助；湖南立憲派的重要分子如粟戡時、廖名縉、劉佐楫、曹典球等都先後擔任過明德的教職員。他晚年常說：「我於死友中，最不忘者二人，一曰黃克強，二曰譚組安。」

此外，胡子靖通過龍氏父子的斡旋，和清廷官方也保持了一定的關係。如請當時的湖南巡撫趙爾巽來校參觀，和兵備處總辦俞明頤，學務處總辦張鶴齡等也有交往。這樣，胡子靖利用官紳權勢以維持明德學堂，利用學堂以掩護革命黨人的活動，而基本的態度是傾向於革命的。

先君在明德學堂教課，給他從事革命活動以很多的便利。如一九〇四年先君與劉揆一、馬福益等商議，謀於十一月十六日（農曆十月初十日）西太后七十生辰，全省文武官員在皇殿行禮時，預置炸彈於拜墊下以炸斃之，乘機佔領長沙，作為根據地。這次準備起義用的炸彈，就是在掘井覺太郎的指導下，在明德學堂理化實驗室祕密製造的。先君當時任明德學堂學監，和掘井覺太郎很接近（癸丑討袁失敗後，先君亡命日本，掘井關懷舊友，特意騰出他在東京市郊巢鴨目白的房子給先君住），時常出入實驗室。人以其特感興趣，且主管教務，故不疑有他。後來這次起義事洩失敗，當差役來拘捕先君時，他由明德學堂內西側一小門溜出，躲到西園龍宅，得龍氏父子的掩護，匿居吉祥巷聖公會黃吉亭會長處，然後脫險往上海。臨走前缺少旅費，胡子靖向張鶴齡處借到三百元送與先君，才趁日清公司輪船離開長沙。

一九一一年廣州三二九之役以後，我由香港到東京。這年夏天，我化名黃祖光，同劉大輝、劉沅、陳嘉立、陳嘉任、羅應坤（廣東人）、陳楧、石磊（均湖北人）等人由東京回到長沙，集體住在明德學堂，我們一面和在長沙活動的同盟會員譚心休、曾伯興、唐蟒等人取得聯繫；對外則宣傳成立野球會（野球一名棒球，起源美國，當時在日本風行一時），招收青年學生學習野球，以增強體質，實則借機會團結同志，並因學擲野球而練會擲炸彈，以為他日舉事之準備。當時正值暑假期中，學生多已返鄉，但參加的仍然不少，其中以明德學生居多數。記得練習不到一個月，有人向官方告密，端方由湖北來電通緝（唐蟒列第一名，我列第二名），幸得陳樹藩（陳嘉任之父，時任諮議局副議長）暗通消息，我們才匆忙離開長沙，仍回日本去了。

一九一一年十月，武昌首義，胡子靖由日本回國（任留日學生監督），謀擴充明德學校。他到上海時，曾與先君會面。據我所知，南京臨時政府醞釀成立時，先君原準備推薦胡子靖出任教育總長，後以胡不願做官，決志回來主持明德學校，遂作罷論。

胡子靖辦明德學校幾十年，畢生精力，盡瘁於是。除了因范源濂的再三敦促，做過幾個月的留日學生監督外從未擔任過其他官職。他每對明德學生演說，常說：「克強先生在日，我對他說，流血革命險而易，磨血革命穩而難，公倡革命，乃流血事業，我辦教育，是磨血之人。」（他在晚年刻過一顆圖章，曰「磨血人」，即取教育磨血之意。）

一九一二年夏天，胡子靖去北京，行前有信給先君，商議擴充明德學校，籌辦大學。當由先君領銜，呈准北京教育部設立明德大學於漢口，並領得補助費八萬元。後以武漢地區兵燹之後，元氣未復，而北京人才薈萃，容易聘請教授，就於第二年春改設明德大學於北京，賃乾麪胡同房屋為校舍，設商科及政治經濟科，聘章士釗為校長，是為明德有大學之始。

先君以一九〇四年十月由明德出走，一九一二年十月自上海回湘省親，曾往西園龍宅叩訪，並到明德學校訪問，當時全體師生舉行了盛大的歡迎會。這次訪問，是先君出走八年後的第一次回到明德，也是最後的一次。

附錄五

關於黃興、華興會、和辛亥革命後的孫黃關係

周震鱗

（一）黃興、華興會和甲辰之役

「華興會」是一九〇三年夏曆九月十六日在長沙創建的，地點在保甲巷彭淵恂住宅，當日參加結盟的，除黃克強先生外，有宋教仁、陳天華、譚人鳳、吳祿貞、蘇曼殊、張繼、劉揆一、柳聘農、周震鱗等二十餘人。一九〇四年，華興會發動武裝起義，因起義計畫在起義前一個月被清朝政府偵悉破獲而失敗了，這就是所謂「甲辰之役」。這次起義雖未成，但是它擴大了革命的影響，為以後「瀏醴之役」準備了一定的條件。

關於黃克強先生早期的革命活動，華興會在湖南的活動情況和甲辰之役的始末，現就個人

所知所見，略述如下：

克強先生的父親筱村先生和我的叔父理琴先生，都在長沙教館，常相過從，因此，我和克強先生在青年時期就訂交了。後來我們又在湖北武昌兩湖書院同學五年，同住一個齋舍。克強先生原名軫，字堇午，甲辰失敗後改名黃興，字克強。他是一個愛國的血性男兒，平居沉默寡言，治學行事，腳踏實地，對待同志，披肝瀝膽，因而能夠得到一般革命同志的衷心愛戴。

清朝政府於甲午中日戰爭喪權辱國以後，逐漸激起了國內維新運動的高潮。一八九五年，張之洞在湖北開辦了兩湖書院，陳寶箴在湖南開辦了時務學堂。梁啟超在時務學堂講學，傳播維新思想，成立南學會，積極宣傳變法改制的政治主張，譚嗣同、沈藎、舒菩生、楊篤生和秦力山等，都是其中的主要人物。一八九七年，譚嗣同的父親譚繼洵就任湖北巡撫，譚嗣同延攬這班南學會人士進入他父親幕府，朝夕相與研討變法改制的道理。我和克強先生因楊篤生、秦力山是我叔父的門人關係，也就經常和譚嗣同等來往，從此關心政治，研討時事。但由於我們接受了歐美的民主革命思想，認為清朝政府以異族統治中華，媚外賣國，決不能夠救亡圖存，因此不同意他們的保皇主張，拒絕參加他們的團體。

戊戌政變，譚嗣同等六君子在北京遭害，南學會人士痛恨清朝慈禧太后和一般頑固官吏的專橫腐化，急思變革，但仍固執保皇主張。克強先生屢次以民族民主革命的道理向他們進行勸說，都沒有效果。

庚子八國聯軍侵入北京，保皇黨唐才常等痛感國是日非，並想為戊戌六君子報仇，計畫在武漢發動「勤王起義」，結果唐才常被捕犧牲，起義又告失敗。湘籍南學會人士在武漢、長沙兩地犧牲了三十餘人，幾乎一網打盡，倖免於難的僅楊篤生、秦力山等少數人而已。當他們準備起義的時候，我和克強先生曾協助他們運動清軍中的湘籍軍人不加阻礙，事後其中有部分中下級軍官被清軍加以捕治不力的罪名革職。這是克強先生第一次運動軍隊，初步了解了當時清軍的內部情況。

楊篤生、秦力山等經過這次失敗，思想上有了很大的轉變，多次來到我們的齋舍商議以後的革命行動。而克強先生看到戊戌、庚子兩次的失敗，更加堅定了根本推翻清朝政府的意志，決心從事排滿革命，而且深深地感到武裝革命的重要性。

楊篤生和秦力山出亡日本的前夕，克強先生和我在書院齋舍祕密為他們餞行，力勸他們丟掉保皇的幻想，只有革命，才能夠救亡圖存，為南學會死難烈士報仇。楊、秦經痛定思痛，認識了我們主張的正確，表示完全接受。他們當即同參加餞別的人們一致決定以根本推翻滿清，光復中華，建立共和政體為以後革命的奮鬥目標。至於所採取的步驟，決定首先用滿漢不平等的積年界限，宣傳鼓動民族革命，然後進一步推動民權革命。又決定從文化教育事業入手，興學辦報，製造輿論，盡情抨擊清朝政府的腐朽政治，特別著重揭露它喪權辱國的媚外政策，從而喚起全國人民的愛國革命思想。而且通過興學辦報，得以培養革命青年，作為革命運動的前驅。楊、秦到了日本以後，不久便創辦了《新湖南》、《游學譯編》等刊物，積極宣傳鼓動革命。

一九〇一年，克強先生畢業兩湖書院，被選送留學日本，入弘文學院。我本也被選送留學日本士官學校，但因這時湖南一般比較進步的士紳向管學大臣張百熙爭取我回湖南辦學，張百熙注重桑梓教育，欣然允許。克強先生就堅決要我抓住這個機會，回湘辦學，打破湖南的頑固風氣，培養革命青年，為革命創造條件。我當即放棄了赴日留學，毅然決然回到長沙，擔負起積極辦學的事業。而克強先生一抵橫濱，看到了日本維新後的新氣象，回顧祖國，則是外侮頻仍，危如累卵，因此，革命情緒更加激昂，他每次給我來信，都是督促我為革命作好準備。一九〇三年春，克強先生學成歸國，回到長沙，擔任明德學堂博物、圖畫教員，積極進行祕密革命活動。

一九〇三至一九〇四兩年之間，湘籍留日學生紛紛回到湖南，分布全省，開辦了許多學堂。其中華興會會員，都就地設立祕密革命機關，印刷宣傳品，製造炸彈，購置槍械。一方面借學校講壇，向學生傳播革命思想；另一方面聯絡會黨，利用他們的武裝力量，待時發動起義。通過以上活動，也就建立了湖南華興會的骨幹。

當時華興會在湖南的骨幹分布情況如下：宋鈍初（教仁）在常德中學；劉霖生（揆一）在醴陵淥江中學；譚石屏（人鳳）在新化中學；在長沙的則有章行嚴（士釗）、柳聘農、張溥泉、曹亞伯以及一班革命教師和學生。關於具體分工，章行嚴因與江南陸師學堂趙伯先（聲）等有同學關係，便往來長江一帶，擔任聯絡工作；柳聘農擔任各地祕密革命機關的交通聯繫；劉霖生側重聯絡會黨；我則側重聯絡文武學堂的教師和學生；克強先生統籌全局。

一九〇四年初，蔡松坡（鍔）先生畢業日本士官學校，也回到了湖南擔任武備學堂教習，這時他已放棄了康梁的改良主張，積極贊助排滿革命。我在岳麓山高等學堂任教務長，他經常來訪，革命情緒異常激昂，躍躍欲試。我每勸他韜晦蓄勢，目前應該加意培養革命青年，等到掌握了實力再動。但由於他鋒芒太露，不久就被反動學校當局辭退，隨即被調到廣西，訓練新兵，開辦幹部學堂。我當時介紹了部分高等學堂中革命意志堅強的學生，投考幹部學堂，隨蔡去廣西。從此克強先生往來於湘、桂之間，積極進行革命活動。

經過一系列的祕密活動，克強先生認為湖南的軍、學兩界已經聯成一氣，急欲發動。我則認為時機尚未成熟，學生還很幼稚，新軍既未成立，舊軍也沒有完全運動妥貼，如果輕舉失敗，徒然損害了軍、學兩界的革命基礎。但是，這時劉霖生、宋鈍初、譚石屏等，已經分別聯絡好會黨首領馬福益、游得勝，迫不及待。我只得加緊籌措經費，儲備武器，準備起義。

克強先生為了全面指揮革命戰鬥，早於一九〇三年冬以興辦實業作掩護，在長沙南門外開設了一個「華興公司」，表面訂立會章，招集股本，凡屬重要同志，都給以股東名義，以便參與起義機密。

劉霖生和馬福益聯絡了舊軍中的會黨二萬餘人，並聯絡了安源煤礦的工人；其他同志也在各方面作好準備。於是克強先生決定在夏曆十月初十日慈禧太后「萬壽節」那天，乘著省城文武官員齊赴皇殿祝壽的時機，在長沙發動起義。

在起義前一個月，克強先生獨自來到我的住宅密議，商定萬一起義失敗的退步辦法，囑我在起義中隱藏勿露，以便萬一時能夠設法保全革命實力，掩護同志安全撤退。這是因為張之洞、張百熙以及當時的湖南學務總辦張鶴齡，對我都有好感，可能得到一些方便。這次起義失敗後，華興會的骨幹分子，除了曹亞伯有教會作掩護，得以安然無事外，我果然在張鶴齡的極力維護下仍得留在湖南，執行了克強先生事先交代的任務。

起義失敗的原因，是由於馬福益、游得勝等在瀏、醴一帶的舊軍中出入頻繁，人多口雜，以致風聲透露，被反動當局偵悉底蘊。因此，華興會的祕密機關多數被破獲，儲藏的武器也被查抄，忠於清王朝的舊軍更已嚴加戒備，到期無法調集起義軍隊。同時，馬福益部下有一人在醴陵車站被捕，供出一切機密，並說出這次起義的首領是長沙黃堇午老師。於是長沙府、縣衙門開始在省城搜捕革命黨，並懸賞緝捕克強先生和劉霖生、宋鈍初等。游得勝在馳赴長沙的中途被捕死難，馬福益當時在湘潭脫險走廣西，但在翌年仍被捕犧牲了。

克強先生於夏曆九月二十五日才得到搜捕革命黨的消息，當即由紫東園住宅來到龍萸溪（紱瑞）家。我和張溥泉正在龍家午餐，克強先生態度從容地同我們一起吃了飯，才告知這一消息。我馬上回家派兄弟周震勛（華興會會員，高等學堂體操教員）出外打聽，才獲悉馬福益部下被捕的情形，急返龍家報告。克強先生這時才對龍萸溪說：「有一個重要的箱子，放在西長街長沙中學後進的一間房內，所有同志的全部名冊和革命祕密計畫都在裡面。如果被抄去了，全體同志將被一網打盡。」當時情況緊急萬分，萸溪表示願意冒險去取。萸溪事前並未參與機密，也不是華興會會員，這樣見義勇為，令人感佩。第二天清早，萸溪偽裝訪友，坐著轎子前往長沙中學，打開克強先生所指的房間，找到了那個重要箱子，另外還發現房中有幾支步槍，也一並放在轎內帶回家中，交給了克強先生。箱中除了名冊、計畫之外，還有手槍和旗幟等重要物件，另有克強先生祕密通信和發布命令用的小水晶圖章一顆，克強先生特為檢出贈給萸溪，留作紀念。其他重要文物概行燒毀，步槍、手槍則投入了龍宅池塘中。就在這天，克強先生的住宅被搜查了，但沒有查得任何證據。龍宅門外雖有府、縣衙門的捕差巡迴偵探，但因當時的紳權特大，龍萸溪的父親龍湛霖是退職的刑部侍郎，他們沒有確實證據，不敢入內搜捕。因此克強先生得在龍宅安居了三天。這三天裡，曹亞伯和聖公會的黃吉亭牧師為克強先生作好了出走準備。到第四天，克強先生坐一乘轎子，放下轎帘，作為龍宅女眷出外的樣子，張溥泉扮作跟隨，在轎後步行保護，安全地到達了聖公會。克強先生在聖公會隱藏了一個多月，風聲漸平，才由黃吉亭牧師親自護送，偕同張溥泉搭乘日輪沅江丸，經漢口轉輪到上海。

克強先生早在湖北武昌劉敬安同志開辦日知書社的時候，就和我一道由曹亞伯介紹，認識了黃吉亭牧師，並由他介紹我們入教，以作掩護。黃吉亭雖然信仰宗教，充當牧師，但為一個忠於革命的同志。為了掩護祕密革命活動，日知書社最初就設在臙脂山他的教堂中。他到湖南來傳教的另一個任務，是率領十多個通洋務的學生來湖南開辦郵政局，這次營救克強先生脫險，郵局人員也多盡力相助。在「華興公司」沒有設立以前，克強先生曾經假聖公會開過幾次重要的祕密會議，並寄存重要文件。這是因為自從義和團運動以後，清朝政府是不敢干涉教會行動，更不敢擅入教會搜查捕人的。黃吉亭牧師利用教會幫助革命，掩護同志，不遺餘力。同盟會成立時，他也加入了同盟會，兩湖的革命同志，都認為他對於辛亥革命取得勝利所作的貢獻是很大的。

克強先生和張溥泉到了上海以後，卒因萬福華刺王之春案牽涉被捕，但經同志多方營救，復得脫險走日本。這時中山先生經過興中會在惠州起義的失敗以後，游歷歐美東歸，也在日本。於是在中山先生領導下，將興中會、華興會和光復會三個革命團體，合併組成革命同盟會，於一九〇五年八月開成立大會於東京，提出了革命政治綱領，決定團結全國革命同志，共同推翻清朝政府，建立民國。又經過六年時間的艱苦奮鬥，終於取得了辛亥革命的勝利。

（二）辛亥革命後的孫黃關係

一九〇五年革命同盟會成立以後，黃克強先生在孫中山先生的領導下，指揮了欽廉、鎮南關和黃花崗各次的起義，雖然都失敗了，但革命的聲勢震撼了清朝政府，也顯示革命黨人的英勇氣概。此後辛亥武昌首義，獲得了十七省的響應，終於推翻清廷專制，建立了中華民國，選舉了中山先生為臨時大總統。在這一系列艱苦鬥爭的過程中，孫、黃兩先生的關係基本上是好的。但是，辛亥革命以後，在接著進行第二次革命過程中，他們之間卻曾一度發生過意見上的分歧。這主要表現在討袁軍事與整改黨務兩個問題上：尤其關於整改黨務的問題，克強先生所持意見完全與中山先生相反。因此，當時外間對於孫、黃關係多滋猜議，反動派更是乘隙進行挑撥離間，大肆宣揚「孫、黃分家」。其實，在革命主張上，黃克強先生始終服膺中山先生，矢忠民國，直至後來在策劃護國軍雲南起義的時候，也能夠在中山先生領導之下精誠團結無間，在黨務方面，克強先生也終能化除成見，服從中山先生的統一領導。現在就我個人記憶所及，將討袁前後的一段經過事實，談出一鱗半爪，以供了解孫、黃兩先生關係的參考。

一九一二年元旦，中山先生就中華民國臨時大總統職於南京，克強先生任陸軍總長，統轄南方各省的革命軍。南方的革命軍在辛亥起義以後，數量上都有很大的增加。未幾，南北和議達成，溥儀退位，中山先生以公布中華民國臨時約法作為讓出政權的條件，向臨時參議會辭職並薦袁世凱自代，想從此奠定共和民國的基礎。袁世凱原無擁護共和誠意，對於南方革命勢力多所畏忌。他初則借口北方重鎮，不能輕離南來，於同年三月十日在北京就任第二任臨時大總統；繼又借口南方軍隊驟增，糜餉過巨，南北既已統一，國民希望和平，倡議裁兵。克強先生當以既經讓出政權，為了表示和平建設，也同意裁兵倡議，當即通令南方各省革命軍嚴加裁汰。各省多數革命同志，起初對此舉是不願意的，但是，克強先生堅持了他的意見，說是要想訓練精兵，也必須先裁冗兵。各省同志一方面感到兵增餉絀，另方面恐怕加重人民負擔，也就奉命執行了。裁兵之後，克強先生隨即撤銷南京留守府，隨中山先生北上，著手籌劃全國鐵路建設事業。而袁世凱在各省進行裁兵的同時，急圖將北洋勢力伸入南方，於是進一步採取了陰謀措施，首先假軍民分治之名，在各省設立民政長以削督軍之權，繼又增設護軍使，直接受其指揮調遣。

一九一三年三月袁世凱在上海暗殺了宋教仁，孫、黃兩先生電召各省重要同志到上海開會商討對策，我由湖南奉召參加。當時中山先生主張立即興師討袁。他認為宋案的發生，是袁世凱陰謀消滅國民黨革命勢力，以便帝制自為，全黨同志對此極為悲憤，必須乘機立即調集各省兵力，一致聲罪致討；並認為袁世凱就任正式大總統為時不久，對於各方面的陰謀布置還未妥貼，推翻較易，切不可延誤時機。克強先生則認為袁世凱帝制自為的逆迹尚未昭著，南方的革命軍又甫經裁汰，必須加以整備才能作戰，因而主張稍緩用兵，以觀其變。各省領兵同志多同意黃的意見。中山先生格於眾議，只好從緩發動。因此，第一次討袁會議的結果，僅議定進行全面布置的準備工作。

不久，袁世凱舉借二千五百萬鎊的五國大借款，未提經國會參議院通過，就非法成立了。參議院議員多屬國民黨，對此極為憤慨，力促孫、黃兩先生迅即討袁。於是孫、黃兩先生又召集重要同志到上海舉行第二次討袁會議，我又從北京前往參加。這時袁世凱的帝制陰謀已經完全暴露，全國輿論譁然，群情激憤，在此形勢之下，國民黨發動第二次革命，已再不容遲疑猶豫了。於是會議當即決定派出同志分赴各省督促興師討袁。

關於湖北和江西兩省，孫、黃決定派寧調元、熊越山兩同志前往。寧、熊二人本已買好船票，擬赴粵分別就粵漢鐵路督辦和祕書長職務，奉命後臨時將行李搬回，改搭江輪分赴贛、鄂進行討袁活動。我則奉派回湘策劃，得能調集革命軍三旅，待命發動。三省布置粗定，一九一三年七月，李烈鈞就在湖口揭起了討袁義旗，湘軍隨即北上進入鄂境，柏文蔚以淮上軍響應作戰，克強先生親赴南京督師。但是，這次長江用兵，上游方面由於湖北的黎元洪勾結袁世凱暗中作梗，雖有胡漢民、陳炯明、許崇智等在閩、粵，熊克武、楊庶堪等在重慶先後響應，都因交通阻滯，應援不及。北方的陝西和山西又為北洋軍所扼，勢孤不能發動。袁世凱調集北洋重兵馮國璋、段芝貴、李純等沿長江一帶進行包圍。經過兩個月的鏖戰，革命軍不支挫敗，各省取消獨立。黎元洪奉袁旨殺害了寧調元、熊越山兩同志。可是，他並沒有達到保持地盤的目的；袁世凱立派段祺瑞率北洋重兵督鄂，迫使他隻身入京，並派馮國璋率部分布閩浙。一時南方革命實力大部趨於瓦解。

討袁軍事失敗，孫、黃兩先生和各省革命同志只得東渡日本，以圖再舉。中山先生總結失敗經驗，認為宋教仁案發生後本應立即興師討袁，不應等到大借款成立以後方始舉事，以致袁世凱得以從容布置，使革命軍遭到失敗。因此中山先生對於克強先生頗有責難。關於黨務方面，中山先生認為黨內精神渙散，行動極不統一，必須恢復民國以前的精神面目而加以嚴格的整肅，因而決意另行籌建中華革命黨；原來的國民黨黨員，志願參加的，也必須各具誓約，服從黨魁一人之統率，並須在誓約上用中指按上指印，以志矢忠。克強先生則認為當時亡命日本的國民黨黨員，都是參加討袁且被通緝的，不應該在這時對他們嚴加整肅，而主張就原有基礎發展反袁的其他革命分子，以便團結更多的力量共同奮鬥。因此，他不同意中山先生另組中華革命黨，並且表示他個人決不參加。當時兩人的態度都很堅決。中山先生雖然一時不能說服克強先生，但仍積極籌建中華革命黨，而將協理職務仍然虛以待黃。當中山先生成立中華革命黨的時候，各省重要同志二十餘人一方面拒絕參加，另方面又發起成立歐事研究會，其中半數為湘籍。陳英士方面的人早就覬覦協理一席，歐事研究會的出現，更使他們振振有詞了。當時還有少數叛徒已被袁世凱收買充當「袁探」，乘隙進行挑撥離間，尤其大肆宣揚「孫、黃分家」。克強先生因奔走革命多年，已染胃病，亟思易地療養，乃向中山先生表明對革命事業始終不渝的態度，於一九一四年春離日遊美。中山先生對他仍然極表關懷，當電告美洲支部同志曹亞伯等為克強先生照料旅居方便。克強先生在美洲各地發表演說和談話，內容也仍然是宣傳中山先生的三民主義。足見孫、黃兩先生雖然在意見上發生了一時的分歧，而在革命的根本主張上仍然是一致的。

克強先生離日赴美後，歐事研究會同人逐漸認識到革命組織不可以分離。覃振首先加入了中華革命黨，並擔任湖南支部長，主張解散歐事研究會。我原先因為不同意中山先生所要求的填寫入黨誓詞和打指印的做法，拒絕參加中華革命黨，但我是始終反對黨內派別分立的，此刻在覃振同志的力促下，也就按入黨手續參加了。同時，李烈鈞等也陸續辦理了入黨手續。中山先生大為嘉慰。從此一般革命同志皆能蠲除成見，又復團結在中山先生統一領導之下，繼續共同進行艱苦的革命戰鬥。關於孫、黃兩先生間的意見分歧，我曾從中盡力斡旋，為雙方解釋，頗得嘉納。關於黨的名稱問題，在討袁軍事將告結束的時候，我以國民黨在國際國內影響較大，成員較多，也曾向中山先生建議：不如今後改稱國民黨，並為了區別於日本的國民黨（日本的犬養毅等所組的政黨也稱國民黨），可以冠上「中國」二字。當時中山先生亦予默許。

當蔡松坡先生在雲南揭舉護國軍討袁義旗的時候，曾迭電促克強先生回國。迨克強先生由美回國，歸途中在日勾留時，我即托赴日歡迎的同志帶給他一封長信，把我斡旋他和中山先生關係的情形詳告。克強先生得知中山先生對他完全諒解，急回上海。他行裝甫卸，就晉謁中山先生。中山先生旋即回訪克強先生。兩人相見，握手言歡，極為親切快慰。這時袁賊已死，討袁軍事結束，孫、黃兩先生又在上海共同召集革命同志，籌商反對北洋軍閥的策略，並命我赴北京在議會聯絡同志，進行分化北洋軍閥的工作。不幸克強先生病勢沉重，竟於一九一六年十月三十一日齎志以逝。中山先生頓感失去革命臂助，異常悲痛。黨內同志組成了以中山先生為首的治喪委員會，翌年國葬克強先生於湖南岳麓山，典禮隆重。由此也可見孫、黃關係始終是

附錄六
黃興傳記

劉揆一

黃公原名軫，字堇午，因民國紀元前十年，第一次長沙起義失敗，兩湖清吏懸賞通緝，為便於奔走革命計，始改名興，字克強，湖南善化縣學生員。體貌魁偉，沉默寡言，富於膽智，少從瀏陽李永球學烏家拳術，隻手能舉百鈞。當滿清戊戌維新時，公年二十四，肄業兩湖書院，時從院試經史中闡發時事，文似東坡，字工北魏，最為院長梁鼎芬所推許。辛丑冬，鄂督張之洞派公赴日本考察學務，研究中外大勢。洞悉滿清數百年來，純為壓抑漢人政策，非先從事種族革命，必無改變國體政體之可言，遂留學師範於東京弘文學院，以為造就革命人才之計。別延日軍官講授軍略，暇即參觀士官聯隊各地兵操。且每日晨起，必赴神樂坂武術會，演習鎗彈騎射。會中條例，凡鎗能連中靶之紅心六次者，即得銀質獎牌。公射無不中，書案纍纍滿屜者，皆獎牌也。

公為宣傳革命，與楊守仁、樊錐、梁煥鍔，創辦《湖南游學譯編》；又贊助劉成禺、李書城、程明超，創辦《湖北學生界》，所譯著之文字，皆以民族權為依歸。兩湖革命思湖，多發源於二雜誌矣。

壬寅、中卯間，俄人侵佔滿蒙土地。滬上章炳麟在《蘇報》痛詆滿清罪狀，一聲「載湉小丑」，震動天下。公則在東，聯合藍天蔚、蔡鍔、陳天華、鈕永建、劉成禺、楊守仁、湯櫆、李書城、蒯壽樞、張繼、馮自由、汪榮寶、周兆熊、程家檉、馬君武、李自重、黎勇錫、張肇桐、余煥東、經亨頤、周宏業、吳炳樅、劉鴻逵、時功玖、秦毓鎏及揆一等，組織義勇隊，雖曰拒俄，實含排滿革命性質。其後全隊中有與主義不合者，遂攻組為軍國民教育會，此實學界民族革命團體之嚆矢，而公乃被推為歸國實行革命第一人焉。臨行之前，垂詢揆一方略，答言：「種族革命，固非運動軍學界不為功，而欲收發難速效，則宜採用哥老會黨，以彼輩本為反對滿清，而早有團結，且其執法好義，多可贊歎。比如湖南會黨有戴某者，違犯會規，其頭目馬福益，星夜開堂，判處死刑。當其泣送河間自剖胸腹時，路過山阿狹隘處，死者猶回顧馬福益曰：『大哥好走，須防失足跌下坑去。』馬亦嗚咽應而慰之。由此可見其不肯枉法，與視死如歸，足為吾輩革命所取法。」公謂：「聞馬昔遭危難，君曾救濟之，聯絡似較易易，故望君及早歸國，共圖之耳。」遂相約越三月會於長沙。

癸卯夏五月，公歸抵鄂，在兩湖書院，演說滿漢畛域及改革國體政體之理由，與頑固派辯論終日，卒使全場一致嘆服。鄂督張之洞聞而震怒，責成首府兼院長梁鼎芬拿辦。梁已懸示驅逐出境，公猶留連八日，以攜帶鄒容所著之《革命軍》，陳天華所著之《猛回頭》二書，零星贈送軍學各界至因千餘部之多，始登江輪回湘。公在湘主講明德、修業各校，課餘則與張繼、周震鱗、胡元倓諸同志，演說滿清壓抑漢人種種虐政，故湖南革命人物，以出自明德等校為多。

迨十一月，揆一回湘，公乃邀合吳祿貞、陳天華、楊守仁、龍璋、張繼、宋教仁、秦毓鎏、周震鱗、葉瀾、徐佛蘇、翁鞏、章士釗、胡瑛、柳大任、張通典、譚人鳳、王延祉、彭淵恂、蕭翼鯤、柳繼貞、彭邦棟、陳方度、何陶、蕭堃、朱子陶、任震、陳其殷、吳超澂（即吳炳麟）及予弟道一等，創立華興會於省垣連陞街機關部，公被舉為會長。首先提議云：「本會皆實行革命之同志，自當討論發難之地點及方法，以何為適宜。一種為傾覆北京首都，建瓴以臨海內，有如法國大革命，發難於巴黎；英國大革命，發難於倫敦。然英法為市民革命，而非國民革命，市民生殖於本市，身受專制痛苦，奮臂可以集事，故能扼其吭而拊其背。若吾輩革命，既不能藉北京偷安無識之市民，得以撲滅虜廷；又非可與異族之禁衛軍，同謀合作。則是吾人發難，只宜採取雄據一省，與各省紛起之法。今就湘省而論，軍學界革命思想，日見發達，市民亦潛濡默化；且同一排滿宗旨之洪會黨人，久已蔓延固結，惟相顧而莫敢先發，正如炸藥既實，待吾輩引火線而後燃。使能聯絡一體，審勢度時，或由會黨發難，或由軍學界發難，互為聲援，不難取湘省為根據。然使湘省首義，他省無起而應之者，則是以一隅敵天下，仍難直搗幽燕，驅除韃虜。故望諸同志，對於本省外省各界與有機緣者，分途運動，俟有成效，再議發難與應援之策。」於是會眾分門別類，各認職務，以利進行。公思會眾多屬學界分子，恐與洪會接洽，或多隔閡，乃與揆一別創同仇會，專為聯絡洪會機關，並仿日本將佐尉各級軍制，編組其為革命軍旅。

甲辰春初，隨公約會馬福益於湘潭。為避清吏耳目，各自短衣釘鞋，頭頂斗笠，乘雪夜行三十里，與相見於茶園舖礦山上一巖洞中。柴火熊熊，三人席地促坐，各傾肝膽，共謀光復。計以十月十日清西太后七十生辰，全省官吏在皇殿行禮時，預埋彈藥其下，以炸斃之，而乘機起義。省城以武備各校學生聯絡新舊各軍為主，洪會健兒副之，外分五路響應，洪會健兒充隊伍，軍學界人為指揮。馬君即擬派其黨中謝壽祺、郭義庭，組合瀏陽、醴陵軍隊；中蘭生、黃人哲，組合衡州軍隊；游得勝、胡友堂，組合常德軍隊；蕭桂生、王玉堂，組合岳州軍隊；鄧彰楚、譚菊生，組合寶慶軍隊；靜候華興會派遣指揮與監軍，並推公為主帥，揆一與馬君為正副總指揮。是夜山路均有會黨防守，得以暢所欲言。且命其黨徒就巖阿雪地，掘一土坑，埋數鷄其中，上以柴火煨之，香味逾於常烹，各自痛飲狂餐，樂至天曉。故公歸途詩中，有「結義憑杯酒，驅胡等割鷄」之句，以紀其事。

公見本省布置，已有頭緒，乃使宋教仁、胡瑛，設支部於武昌，結納同志，運動武陽夏三鎮新軍。陳天華、姚宏業，游說江西阪營統領廖名縉，屆時響應。周維楨、張榮楣，接洽四川會黨，莨兩湖會黨合作。揚守仁、章士釗，注重寧滬，策應一切。並薦熟悉軍務之會黨如劉月昇、韓飛等數百人，陸續加入湘鄂贛軍隊。公自往來湘鄂，統籌全局。揆一則應醴陵中學監督之聘，藉可調度會黨與湘贛軍隊聯合。初時經費奇絀，公與柳大任、彭淵恂，破產共近萬金，揆一破產並告貸約四千餘金，以供各種費用。後公與龍璋、楊守仁等籌得二萬三千餘金，備購鎗械，即以龍璋創之江輪二艘，為運械之用，計可集長鎗五百桿，手鎗二百枝，以資分配。

時當八月，瀏陽普集市例開牛馬交易大會。公命揆一與陳天華、徐佛蘇、陳福田等軍學界人密會馬福益於該地，授與少將儀式，並給長鎗二十挺，手鎗四十枝，馬四十匹。計議各路軍隊之布置，均已就緒，一俟大批軍械運到，如期舉義。不圖華興會員有武備學校生朱某，誤洩其事於巨紳王先謙，王乃告密於湘撫陸元鼎，迫其逮捕公與揆一。幸而學務處長張鶴齡，富於革命思想者，力為解釋。陸撫乃獎勵巡防營統領趙春廷多方偵緝，其營兵狡黠者，詭與會黨之五路巡查何少卿、郭合卿等交歡，乃得真相而捕其至省。走郵政之會黨顏某，亦同時趕至保甲局巷彭淵恂家向揆一告急，乃即促其轉報馬福益，而自赴小吳門正街東文講習所報告會眾。方甫出巷口，即見數十營兵，前押何、郭二人自大街西來，以目視揆一，故斜走南巷避去。方在講習所與公計議，即聞公之住宅與彭宅均被圍搜，公乃密電湘鄂贛各機關預為防備，並促揆一暫時走避，而邏者已到講習所前門矣，遂各由後門走出。公初隱於龍侍郎湛霖家，後轉匿於吉祥巷聖公會牧師黃吉亭處。揆一與徐佛蘇及隨從之會黨李松林，則出避靖港，猶冀逮捕稍懈，繼續進行。無如省城布滿防兵，並電調鄂兵加入四處防守，蕭桂生、游得勝隨亦被擒，城內搜索，日形緊急。公乃於九月十八日夜，乘二人肩輿，垂下轎簾，張繼、曹亞伯各懷手鎗緊隨其後，混出省城，與揆一等先後抵滬。

十月一日，公又邀集楊守仁、仇亮、陳天華、張繼、黃炎培、章士釗、陳去病、劉季平、徐佛蘇、林螭、趙世暄、楊度、徐敬吾、周素鏗、柳棄疾、趙繚、萬聲揚、余煥東、何靡施、金天翮、彭淵恂、王慕陶、蘇鵬、陶賡熊、仇鰲、陳嘉會、蔡鍔、曾廣軾、蘇元瑛、盛時、盧和生、陳競全、周雲軒、陳家鼎、石潤全、方表、周範九、羅良鐸等，重新集會於英租界新閘新馬路餘慶里，擬即日分途運動大江南北之學界軍隊，起義鄂寧等處；不旬日會勢大振。詎料皖人萬福華，憤前桂撫王之春之主聯俄，欲暗殺之而無手鎗，劉光漢乃假張繼之手鎗授之。萬福華不知其停機紐必先撥開，鎗子始能發出，故於十三日，在四馬路金谷香西菜館鎗擊王之春時，扳機十餘次，不見子彈射出。王則奔竄狂呼，西捕隨入，捕萬而繫之老捕房。越日，章士釗私赴捕房唁慰，亦以嫌疑犯被拘，同人均未預知。而西捕因得識黨人居址，即至餘慶里搜索證據，於是蘇鵬、薛大可、章勤士、周素鏗，皆被捕去。徐佛蘇已逃出矣，後見室空無人，乃乘機入取未曾搜出之違禁物，亦被捕去。張繼、趙世暄，以郭人漳就江西新軍統領之職，路過滬上，邀其入會，中途遇公，張即邀與同一馬車歸餘慶里，故皆被暗探圈禁，而送入捕房。揆一最後歸，見門首有印捕，且違禁物狼藉庭階，遂過門不入，得以脫險。其時湘鄂寧有文電，並公與揆一之照像致滬道，知照租界通緝，故會審時，公詭稱為安徽教員李有慶，西吏猶持公之像片對照，以其服飾與鬚之有無，疑似不定。幸一華人書記（惜不知其姓名），事先詭稱搜出之黨人名冊，為日用小菜賬薄，即時拋棄，無從證實。旋得贛撫夏時來電，為郭人漳解救，公因與同車外來之故，得以隨之先期出獄，與揆一同隱法界湖北留學生招待所，營救同人。而西捕已知出獄者為公，復肆通緝。乃與公避走日本，向商學兩界募款四千餘金，公即派彭淵恂齎回上海，會合林萬里、萬聲揚等營救。適遇龍璋為泰興縣令，由彼向會審公廨保釋，同人因之次第出獄。時予弟道一，亦因營救同人在滬，得與馬福益派來之謝壽祺接洽，謂馬君避走廣西，以為前之失敗，半由該黨人不慎所致，深自愧恨。今欲集洪會各派之精銳於洪江，作孤注一擲之勢，望助餉械，並派人指揮。公與揆一計議，以為洪江地僻山多，進戰退守，足以持久，且可號召各方，次第響應，故甚贊成。

乙巳二月，乃同回湖南。公以前次江輪所運之鎗械，中途聞湖南事敗，埋藏漢陽鸚鵡洲木商人家。洪江不通火輪，故令謝壽祺先歸，僱心腹民船裝運，吾輩潛與守藏者取械，僅得鎗四十三枝，子彈七排而已，亦只得密藏船底，從漢陽運至常德一帶，均幸無事。方抵沅陵，誰知釐卡從前商船中搜出私鹽等違禁物，故在吾舟窮搜苦索，遂被洩露。卡弁直撲公前，公即倒提其人摜落水中，揆一與謝壽祺向他弁格鬥，一被擊倒艙中，餘二弁逃往附近防營告急。予三人各攜鎗登岸走避，而防兵二十餘人，從後鳴鎗追擊，被吾等還擊，死傷數兵。時天已昏黑，防兵不敢窮追，吾等亦棄鎗脫險，路遇同志楊任，邀入其戚家休憩。楊謂風聞馬福益自廣西歸來，徒黨依前所定之路程迎送，不意其折走他徑，三月八日，已在湘鄉境地被清兵捕拿。吾等聞而憂急，奮夜向洪江進發。比及天曉，即有來自洪江之會黨彭茂春，報告馬君實已被擒，洪江黨人多有奔赴營救者。且該地機關，已於前三日被偵緝隊圍捕，在內黨人與之抵抗，互有死傷，力勸勿再前進。公與揆一遂轉走古丈、石門，以出湖北公安，有時負販而假作商賈，有時乘轎而詭稱委員，月餘始達漢口。聞馬福益被逮後，署臬司張鶴齡聞之，猶太息曰，若一解入省垣，無法解救，以清廷正因甲辰革命風潮，命滿人端方巡撫湖南故也。而黨徒之往中途邀劫者，又不幸相左，故爾遇害。同時被捕之譚菊生，因馬福益力白非其黨徒，得免於難。吾等悲憤之下，惟有力圖光復，以報死友而已。

適東京同人來函，稱孫公逸仙有自歐美來日本，圖與公等把晤之說，乃於五月間，隨公重複東渡。由日本民黨宮崎寅藏之介紹，與孫公相會於東京鳳樂園。以革命事關機密，故於七月中旬開籌備會，以赤坂區黑龍會為會場。協議結果，將孫公主宰之興中會與華興會，及留學界深表同情者，合組為同盟會，中分八部職務，而以「驅除韃虜，恢復中華，建立民國，平均地權」為信條。旋開正式會於霞關之阪本金彌家，會眾三百餘人，舉孫公為總理，公為庶務，以攝行會事，馮自由、陳天華、汪兆銘、鄧家彥、謝良牧、宋教仁、曹亞伯、程家檉、馬君武、胡毅生，朱少穆、張繼、何天炯、時功玖、董修武，田桐、張我華、古應芬、梁慕光、黎勇錫、康寶忠、吳春陽、吳玉章、張伯喬、金章、姚栗若及道一弟等，皆被選為書記、交際、會計、執法、評議、各省主盟等職務。並創辦民報雜誌，發揮三民主義，推章太炎、劉光漢、黃侃、汪東、陳去病、但燾、高旭、陳陶公、景定成、湯增壁，以國學鼓吹革命；汪兆銘、胡漢民、陳天華、朱大符、馬君武、田桐、景耀月、劉積學、狄樓海、瞿方書，以政治鼓吹革命。其時在成城士官各校與聯隊之軍人同志，如方聲濤、蔣尊簋、李書城、李烈鈞、程子楷、唐繼堯、蔣作賓、閻錫山、何成濬、尹昌衡、趙恆惕、楊曾蔚、劉基炎、孔庚、程潛、李根源、石陶鈞、葉荃、袁華選、黃郛、曾繼梧、張鳳翽、田應詔、耿覲文、陳強、溫壽泉、唐蟒、歐陽武、梅焯敏、耿毅、張翼鵬、張文通、向瑞琮、葉世中、余欽翼、何子奇、危道豐、劉洪基、楊鴻昌、齊琳等，未便現身黨部者，公乃別設祕密集合機關，時相討論軍事焉。

又設製造彈藥機關於橫濱，聘俄國虛無黨人為教授，喻培倫、熊越山、黃樹中、柳大任、陶鑄、尹侗、王延祉、曠若谷、李剛與秋瑾、方君瑛、陳擷芬、林宗素、唐群英、蔡蕙、吳木蘭諸女士，皆加入練習。

是冬，公潛往國內，視察南北各地，並變名為張守正，親赴桂林巡防營統領郭人漳軍中，說其舉兵反正，。郭以與隨營學堂總辦蔡鍔不睦難之，公與蔡本屬舊交，乃居間調處，並聯絡學堂教員雷飈、岳森、彭新民與郭營之官佐林虎、楊九如、盧子富、楊祖時及學生曾傳範、賀斌、王德潤、胡錕藩、楊銳鋒、劉慕賢等，加入同盟會。

時揆一因老父為予黨禍株連，得釋出獄，省視於上海，接公函示，頗為憂惶。即密電在桂林同志梅蔚南轉公，謂郭之先人郭松林，為滿清擊敗太平天國之功臣，故以蔭生而得顯秩，且外表英明，中實恇怯。公不憶滬上萬福華一案，當彼同出獄時，始詢知為公，即哀求公速遠避，其畏牽累至此，而能捨棄利祿，與吾輩冒險革命耶？久居危地，彼雖不致陷害，恐生他虞，希即離桂，別圖良策。梅亦見公調停蔡郭無效，力勸他往。迨丙午二月初旬，揆一自往敦勸，時公已於前五日離桂，逕赴新加坡，與孫總理籌商方略。尋轉香港，適值湖北日知會代表吳崑至港，與公協商鄂省軍事。梅蔚南亦由桂林來，言郭人漳自公去後，經同人勸責，已允待公匯款，即舉義旗，公皆以籌款未甚得手，囑其歸候時機。而自來上海，與童俊、馬君武、吳超澂、張蓉川，創立廣藝書局於四馬路，以為交通機關。然後東渡，會合幹部同人計議，謂自民報輸入國內以來，各界人士與吾黨表同情者日眾，革命機會，各省皆具端倪，惟須多有負責黨員，聯絡而促進之，乃派宋教仁、白逾桓直赴關東，運動馬俠，以圖韓邊外一帶獨立，為北方革命之根據地。並擬柳大年、瞿方書、洪翼升、劉彥、仇鰲、辜天保、楊勉之、趙繚、田永正、劉馥、余煥東、熊兆周、唐乾一、湯鐵樵多人，投身直奉吉三省之政學各界，宣傳主義，期與北方同志商震、錢拯、張榕、張根仁、吳景濂、張璧、王葆真、王法勤，聯絡一氣，為軍隊之運動。

秋瑾女士自告奮勇，願與浙江光復會之陶成章、竺紹康、王金發，聯絡武義、永康、東陽、嵊縣、仙居之九龍會、雙龍會，共策進行。公以南京新軍官佐趙聲、倪映典、柏文蔚、冷遹、林述慶、揚希說，皆富革命思想，使潛蓄之勢力，擴張穩固，當能大舉。

孫總理已派法國武官同志歐極樂，與山西喬宜齋前往湖北接洽，故復派章梓、陳陶公、楊卓林、權道涵、段澐、鄭子瑜、柳大任、童俊、鄧恢宇、劉震、陽兆鯤、黎兆梅、吳超澂、滕元壽，招致各處同志以助之。謂湖北為全國樞紐，而亦四戰之地，惟須有正式軍隊為主力，取漢陽兵工廠而有之，始足以言戰守。吳崑在港，曾言武漢軍界多有加盟吾黨者，吾黨亦多投入馬砲隊工程等營服務者，未卜近時聯絡至何程度。乃派居正、胡瑛、程克，往與日知會劉家運、周震鱗，馮特民、季雨霖等會商，隨後接濟經費。派予弟道一與蔡紹南、彭邦棟、覃振、成邦傑，運動湘軍，重整會黨。並告以今之倡義，為國民革命，而非古代之英雄革命。洪會中人，猶以推翻滿清，為襲取漢高祖、明太祖、洪天王之故智，而有帝制自為之心，未悉共和真理，將來群雄爭長，互相殘殺，貽害匪淺，望時以民族主義、國民主義，多方指導為宜。

又命揆一時駐申江，以圖湘鄂江浙之聯絡，而公自身，則注重兩廣首義，各省從而響應之。且以四川地險而民富，足資割據，乃囑李肇甫、謝持、張知競、熊成章、尹騫、李為綸，招邀熊克武、但懋辛、余藎臣、張百祥之在會黨有聲勢者，先後東渡，深相結合，授以機宜。其他各省，如山東丁維汾、於洪起、鄧天一，山西谷思慎、王用賓，陝西井勿幕、楊銘源、趙世鈺、焦易堂，河南杜潛、劉基炎、潘祖培，安徽張我華、陳策、凌毅，江西鄧文輝、陳榮恪，福建李恢、宋淵源，廣西鄧家彥、曾彥、龔政、劉玉山，貴州平剛、拓澤濱，雲南呂志伊、張大義、何畏，皆促其歸創同盟分會，務使革命勢力，彌漫全國。

未幾，南京軍學兩界同志，時假珍珠橋趙聲之營部聚會議事，及趙擢任三十九標標統，從之者日眾。又趙一日率兵士詣明太祖陵，演說清初明末歷史，慷慨激昂，軍人紛紛墮淚，乃為江督端方所偵知，將趙等一一撤差查究。同時孫毓筠、楊卓林、權道涵、李發根、段澐，且被拿辦。經種種阻力，江南大舉之經營，乃全摧折矣。而在鄂同志，則因歡迎孫總理所派之法武官與喬宜齋，開會於武昌聖公會；法武官演說革命，異常激昂，軍界同志，到會者甚眾。新軍鎮統張彪，亦改裝雜群眾中刺探消息，密告鄂督張之洞。隨因湘贛接壤之萍鄉、瀏陽、醴陵各縣黨軍大起，遂乘機逮捕劉家運、胡瑛、朱子龍、季雨霖、李亞東、梁鍾漢、孫鴻鈞、吳貢三、殷子衡等，永遠監禁之。而予弟道一，且因萍瀏醴一役，就義於長沙。當其回湘時，會合同志數十人，密議於水麓洲舟中，謂奉黃公克強面囑，革命軍發難，以軍隊與會黨同時並舉為上策，否則亦必會黨發難，軍隊急為響應之，以會黨缺乏餉械，且少軍隊訓練，難於持久故也。且甲辰一役，會黨分為五路，勢遠力渙，遣調不靈，疏忽致敗。今欲規取省城，宜集合會黨於省城附近之萍瀏醴各縣，與運動成熟之軍隊聯合，方可舉事。現時會黨，多潛伏於萍鄉安源諸礦山上，正可利用礦場等處，為組合機關。而軍隊方面，新軍多駐省會，巡防營分駐各府縣，水師分駐湖河上下游。惟新軍兵精械良，官佐皆學生出身，多有與吾輩通聲氣者，運動較為易易。巡防營雖難比肩新軍，然官與兵多洪會中人，以洪會同志游說之，不難歸順。水師則船械甚窳敗，只可臨時收作運輸之用。姑就次策言之，使以會黨萬人，組成整齊軍隊，發難於瀏醴，而直搗長沙，各軍隊能反戈相應，佔據省垣重地，軍裝局既為我有，黨軍得補充而訓練之。並擇精明強幹之會黨，為便衣敢死隊，以手鎗炸彈擾害外來敵軍後方，而黃公及吾兄等，又正在運動鄂贛甯各省，乘時響應，屆時自必歸來，主持一切，可無失敗之虞。於是蔣翊武、劉嶽峙、覃振、劉承烈、成邦傑、易本羲、唐支廈、文斐、向瑞彝、楊熙績、禹瀛、柳繼貞、劉戣、胡典武、黃貞元、荊嗣佑、李雲璬、胡國樑、葛天保，願負運動新軍責任。彭邦棟、蔡紹南、張堯卿、周治華、龔春臺、劉重、周果一、李國柱、劉崧衡、黃人障、江自任、李九、李銳恆、王匡國、凌漢秋、陳顯龍、陳惟一、鄧玉林、瞿光文，分任聯絡防營，布署會黨。一俟軍隊運動成熟，約於十二月清吏封印時舉事。

是歲適遇荒災，萍瀏醴尤甚，該地工人因受米貴減工之痛苦，對於地方官，大為憤恨。會黨蕭克昌、李金奇、姜守旦、龔春臺、王勝諸人，思乘機運動萍鄉鑛工起義。風聲所播，李金奇在萍鄉被清吏追捕，致溺斃於醴陵之白鷺潭，蕭克昌亦被設計誘殺。龔春臺、姜守旦迫不及待，遂於十月十九日，集合會黨鑛工，在瀏陽之金剛頭、萍鄉之高家臺等處，先期發難，攻佔上栗市、案山關、慈化鎮各地；黃圃司贛軍巡防營胡應龍，與戰大敗。於是醴陵防營兵士，亦反戈相應，其他會黨，又在瀏陽文家市、牛石嶺，相繼發難，連佔西鄉、潭塘、大光洞，而蔓延宜春、萬載各縣。清軍統領梁國楨、吳延瑞等，屢為所敗，黨軍集至三萬餘人，聲勢浩大。

贛撫吳重熹，派統領袁坦將兵一萬六千；江督端方，派統制徐紹楨率步兵一聯隊，砲工輜各一隊；鄂督張之洞，派協統王得勝率二十九標、三十二標炮隊二隊，前往救援。而黨軍僅收集各地團防局二三千鎗械，盤踞萍瀏醴，不急思進取省城各地，遂被圍攻，卒致潰敗，死傷甚眾。

其時公與揆一在東，本擬十一月運械回湘。初見外報略載其事，方咎予弟道一不早來函電，使吾輩得事先歸去。誰知道一所發密電，已為鄂省電局扣留。且道一以萍瀏醴先期倉卒發難，各處未有準備，而省城被運動之新軍官佐，多有請假與出差而離省者，一面使同志促其急歸，一面希望黨軍來攻長沙，先籌開城響應之策。日夜忙迫，乃為偵者注目，游擊熊得壽且誤以道一為揆一而逮捕之。湘撫岑春蓂，臬司莊賡良，嚴鞫道一為揆一。道一知必死，不如即冒兄名，清吏以吾兄真死，具考要功，同黨獄可緩，而吾兄亦得展志。遂自承為揆一，即於供詞書寫滿族之殘暴，中國之危亡，古今世界政治改革之要略，至數千字，鞫吏皆為咋舌。又單開數十人名姓，逼令供為同黨，道一堅不承諾，備受酷刑，至身無完膚，血流遍地，惟大呼曰，士可殺，不可辱，死則死耳。清吏無如何，乃並以所佩印章「鋤非」二字，拉雜論罪，十一月十六日，慘殺之瀏陽門外。東西留學界為排滿革命被殺者，自道一始。

公聞萍瀏醴事敗，擊桌愧憤，寢食俱廢。繼聞道一凶耗，與揆一相抱痛哭曰，吾每計議革命，惟伊獨能周詳，且精通英語，辯才無礙，又為將來外交絕好人物，奈好即死是役耶！旋作詩哀之云：「英雄無命哭劉郎，慘澹中原俠骨香；我未吞胡恢漢業，君先懸首看吳荒。啾啾赤子天何意，獵獵黃旗日有光；眼底人才思國士，萬方多難立蒼茫。」

先是公創學習炸彈機關於橫濱時，道一與秋瑾女士，劉佛船、王慕周、侯菊園、馮煥明、黃人障、於琛、成邦傑、李秉章，本有十人團之組織。故秋瑾聞其殉難長沙，悲憤愈甚，急謀於光復會同志徐錫麟。徐亦捐資為道員，充安徽巡警學堂會辦，乃約皖浙同力合作，自與同黨部署金華、紹興各屬之會黨，分編為八部軍隊，冠以「光復漢族大振國權」字號；而使黃人障來東，囑揆一與公商議接濟餉械，躬往督戰之策。時公因得馮自由電，報告郭人漳奉粵督命，軍駐廣東，認為良好機會，已赴香港。揆一以本部庶務，代行總理職務，故獨留東。知公盼郭心切，又將冒險親往肇慶，即以秋瑾來意，密函告公。並謂郭本富人，兵精餉足，欲反正則反正耳，何前言必待匯款而後動耶。即云多款足以鼓勵兵士，則極力籌款以濟之，待其發動而後往，猶為未晚。如不幸而言中，則望急轉滬上，會商皖浙事焉。詎料徐錫麟在皖，運動軍警，恐日久事洩，遂於丁未五月十六日，乘巡警學生畢業之期，邀集皖吏於學堂，為一網打盡之計。徐自舉鎗首先擊斃巡撫恩銘，餘被驚走，乃率學生據軍械局。卒為防兵所圍困，同黨陳伯平戰死，徐與馬宗漢力竭被擒，清吏先剖徐之心而後殺之，馬亦殉難。

秋瑾在紹興，為知府貴福偵獲其所撰檄文兩通，據以告浙撫張曾敭發兵捕之。竺紹康、王金發聞之，未及集合軍隊，已被清吏擊潰。鞫吏迫秋瑾供至再三，僅書「秋雨秋風愁殺人」七字，憤而擲筆。臨刑時，舉目四顧，慷慨就死於軒亭。

而公則因粵吏探悉其潛來香港，備文向港督要求引渡，並多派偵探，窺伺公在松原旅館情狀，有礙祕密進行。既得揆一書，因命胡毅生追隨郭營以運動之，而自來日本，與吾輩籌商購械，接濟皖浙。適逢事敗，知長江各省，一時不足有為，注重兩廣首義，愈益堅定。以郭人漳軍移駐欽州，趙聲亦將兵廉州，希圖趙郭之聯絡，而同時並舉，乃復冒險親至欽州，與郭計議。郭謂如有正式革命軍起，彼必反戈相應，廉州趙聲亦同此表示。公乃赴安南，與孫總理會商。即招集同志，並聘法國退伍軍官多人，擬佔據防域、東興沿海一帶地方，組織正式軍隊，與被運動之欽州各鄉團勇，聯合舉義，以圖趙郭兩軍之響應。而先派萱野長知帶款回日本，會合揆一、何天炯等，籌備軍械。時值本部同人章炳麟、宋教仁、譚人鳳、白逾桓等，因丁未春間，日政府徇清公使楊樞之請求，勸孫總理出境，饋以贐儀五千金，日商鈴木久五郎，亦慨贈萬元，孫總理受之，同人未喻其意，故頗不以為然。及潮州、惠州軍事失利，反對者日眾，欲開大會，改選公為總理；以揆一係庶務代行總理職權，紛紛催逼召集會事。揆一以孫總理受此款時，留給民報社維持費二千元，餘悉以供潮惠黨軍急需，誠非得已。又深知公素以實行革命為務，絕不居此空虛總理之名，且方與孫總理共謀粵東首義，萬一因總理二字而有誤會，使黨軍前途，頓生阻力，非獨陷害孫黃二公，實不啻全體黨員之自殺，故力排眾議。張繼在民報社與揆一互相揪打之下，猛然省悟，大聲認錯；揆一感其磊落，為之淚下。隨思群眾未盡悅服，購械事亦因之而生困難，乃急函在香港之彭邦棟轉告公知。又致書馮自由、胡漢民，引「萬方有罪罪在一人」之譬語，請勸孫總理向東京本部引咎。孫總理覆函，謂黨內糾紛，惟事實足以解決，無引咎之理由可言。公亦來書，言革命為黨眾生死問題，而非個人名位問題。孫總理德高望重，諸君如求革命得有成功，乞勿誤會，而傾心擁護，且免陷興於不義。會眾遂欣然安之。

惟購械未能如期運輸，致黨軍王和順等，於六月下旬，在三那起事。二十八日，已佔領防城，未得軍械接濟，亦只得直逼欽州，希冀郭人漳舉兵響應。時公陰赴欽州，命在郭軍林虎營中之譚人鳳、王德潤、陶表封、曾傳範等，與王和順約期某日夜半，開城延接。而郭因見黨軍勢弱，又恐他軍牽制，不讚許其合作。且欽州道尹王瑚，知有內變，晚間親自督兵巡城，計畫因此失敗。王和順等攻城不克，公乃令其改趨兩粵交界之廉州南寧，如能佔領一二重地，趙聲之軍，當為響應，而郭亦必欣然附和之。黨軍於是進圍靈山，希望趙軍響應。趙見郭軍未至，己亦不敢先發。黨軍勢孤，清吏復調兵來援，遂爾失敗，防城亦為清兵奪回，黨軍乃逐漸潰敗。公亦出走安南河內，又與孫總理計議，擬先取廣西鎮南關為根據地。

鎮南關天然險要，歐人稱為第二之旅順口，今欲取之，非先游說其附近那模村之游勇，使為先鋒不可。因其頭目黃明堂、李佑卿、何伍等，勇敢善戰，屢勝清軍；即敗，亦以熟悉地形，遁藏迅速而無跡，清軍輒為所愚，故反以金帛結好之。又常掠奪滇桂邊境之法屬安南，法兵深苦其擾。孫總理前曾與法總督要約，謂能默許吾黨人至其地，必能代為鎮撫。總督喜而從之。乃遣使往說之曰：「吾等皆漢族子孫，滿清入關，壓吾漢族，永為奴隸。今國中志士，立黨革命，請君等協力相助，不難撲滅滿清。惟懼外國橫生阻力，深望勿擾法境，免起干涉，以圖大功。」黃明堂等聞之感動，立誓不擾法境，故法總督深德之，明知孫黃二公以安南東京為本營，將實行革命，亦置不問。二公乃復派李京等密往聯絡，黃明堂等願為先鋒，遂於十月二十七日，率其眾百餘人，為乘夜襲關之舉。所攜軍器，刀叉而外，僅有小統數十枝，由山後小道匍匐而上，出第三砲臺之後，吶喊猛進，守兵驚惶失措，即棄砲臺而走。黃等從後追擊，第二第一砲臺之守兵，亦均以倉猝不能抵敵，相繼遁逃。約略數小時，三砲臺皆為佔領，而高樹革命軍旗矣。

次日，孫總理與公聞之，即偕胡漢民、盧仲琳、張翼樞、胡毅生、日人池亨吉、法武官狄氏，於三日晨，由同登站取道登山。而附近聞風歸順者，一晝夜間，得眾數百人，聲勢益盛。四日侵曉，陸榮廷率營兵自山下開砲，攻擊砲臺，黨軍亦以大砲還擊之。孫總理與公各持小銃，督率同志，與陸鏖戰一晝夜，敵軍不支，全隊潰走。公初以鎮南關為第一要塞，有砲臺三座，所貯彈械必富。及檢查庫中，既無鎗枝，即彈藥亦不足供數小時之戰，進守皆難。乃商之孫總理，以防務委諸黃明堂，急遽同回河內，向法商籌款，多購鎗彈，以備進取。而清軍龍濟光早已率兵三千人，會合陸榮廷，復來攻關。黃明堂以鎗彈缺乏，力薄難支，不得已率眾退入河內等處。當退兵下至山腰時，軍人有一十三齡之幼童，偶憶砲臺上之革命軍旗，尚隨風飄展，恐落清軍之手，返而取之。時敵軍火線，皆以旗章為的，眾力勸止之。童憤然曰，旗為一軍之靈魂，烏可為敵所有！卒冒險上山，盤旋至竿上，而取還之，竟得無恙，惜事久無由考其姓字焉。

是役失敗後，孫總理赴南洋籌款，而公則急圖自發難於欽州，命揆一與何天炯、宮崎寅藏，籌購鎗械，運赴海防，以供應用。尋得香港馮自由等所購鎗械，先期運到，頗足供用。即召集海內外同志黎仲實、劉梅卿、梁建葵等，與欽州民軍二百餘人，於戊申二月二十五日，從安南邊界，進攻欽州。首先戰敗清軍兩營於小峯。不意該兩營均屬郭人漳部下，公不知為郭軍，故有此衝突。未舉事前，曾與郭有接濟彈藥之約，至是郭以公為有意，遂遣全軍出與為難。三月初二日，兩軍劇戰於馬篤山。公命一部兵士，出繞左道，攻其後方，一部從右攻其側面，自率本部，從正面猛進，擊斃敵兵八十餘人。於是郭軍三營全潰。督帶龍某身受重傷。郭之軍旗與坐馬，均為黨軍所得。公即使人返其軍旗，謂之曰：「君與吾黨主義，本表同情，徒以誤會而致相戰，亦屬不得已之舉。軍旗關係君之責任綦重，故特奉還，聊補缺憾，而申友誼。馬則暫請見賜耳。」

其時欽州各地，雖援師大集，而公有眾六百餘人，轉戰於防城、橫潭村、古梨、長灣、梅嶺、寶屋、新墟、那雷、蓬樓墟、農寧一帶，兩月之久，所向克捷。清軍疲於奔命，無不聞而生畏，公之威名，震懾兩廣。卒以河內香港之後方運輸，不能靈便，彈盡援絕，始遣所部歸三那及十萬大山，自返安南。而郭人漳失敗後，遂大與黨人為仇，懸賞三萬金購公；即揆一後方策應之人，亦標萬金賞格矣。當公轉戰欽廉時，潛伏雲南河口之黃明堂等，集合黨員二百餘人，多裝苦工，散居附近鐵路沿線一帶，商通河口巡警中之內應者，於三月二十九日之夜，先斬巡警首以示意，並多發鎗聲，使之擾亂。黃明堂率眾乘勢進攻，邊防督辦王玉藩部下之一營統帶黃元貞，已暗約為內應，至是即反戈相助，敵兵潰敗，遂得佔領河口。越日，王玉藩乞降。黨眾恐有詐謀，使王槐庭往察情狀，果為詐降，詰責之下，為王玉藩所殺，從卒二人亦被鎗斃。王部將有熊通者，亦先許為內應，聞鎗聲連發，往見其狀，即舉鎗斃王，而率其眾以降。尋佔沿鐵路之南溪、古林箐各地。乃因將卒多初次聯合，統帥實難其人，致軍行遲鈍。河內機關部深以為憂。適值公自欽州還，孫總理在新加坡聞之，即電促公以國民軍總司令名義，前往河口督師。公急首途，方抵法境之老街，法國官兵疑為日本人，遂截留而送回河內。後知其為革命軍首領，深致歉意。然又為清吏探悉，與法政府交涉，乃依照國際法，遣送出境。公於是遄赴新加坡。而河口因之坐失機宜，而歸失敗。經此一役，軍事實行，雖暫停頓，公仍注重訓練黨員之軍事學識。以揆一前與孫武、李根源、焦達峯、趙伸、陶鑄、潘鼎新等在大森組織之體育會，黨軍中已見其效力，乃來日本，復聘日軍官多人，重組體育會於該地。且河口一役，黨人被逐至河內香港者至眾，各機關不敷容留，故多招致來東，加入練習。公亦自為教授，每遇演習行軍戰鬥，則分學員百七十人為二軍，公與日教員各領一軍，以相對壘。其於夜襲與拂曉攻擊等作戰計畫，時操勝算，日教員皆為欽服。時黨員因屢次倡義，中途失敗，多持暗殺主義，而私自覓師學習炸藥者。公恐其未能深造有得，徒自喪其身，而無效果，乃召集諸學者於東京市外，設祕密場所而試驗之。謂銀爆藥之普通製法，史堅如嘗學之以用於廣州，卒未得達其目的。蓋藥料以英人智利所製為善，彈式以俄國虛無黨所造為精，藥之種類甚多，惟流質爆藥傾出藥瓶後，與養氣化合，有逾十五分鐘發爆者，更有延至五十分鐘者。其他如取銀汞牛乳鷄卵諸原料所製便於能收藏之炸藥，與製彈殼、安電線諸法，無不詳為教授。且謂：「吾本不欲諸君採個人犧牲之主義，如志願所在，必欲出此，以諸君血誠，不患膽不大，而患心不細，是則全視自己修養力如何耳。」聞者多感慨泣下。

記公離香港時，曾使倪映典運動廣州新軍，故己酉年常備軍由倪介紹入黨者甚眾。冬間，倪至香港，向支部胡漢民、馮自由等報告，新軍已運動成熟，約期反正，請即電促公來，主持粵事。公得電赴港，與倪等計議，擬於次年正月某日首義，俟倪先回廣州，布置就緒，公即與趙聲等同往發難焉。迨倪到廣州，適值己酉除夕，第二標營兵以細故與巡警互歐，巡尉朱某受傷，警兵將新軍二人拘去，營兵全往詰責，勒令釋回。然以巡警為有意欺侮，庚戌元旦，復集眾人入城，拆局毆警，粵督袁樹勳派官吏勸散。而第一標標統劉雨沛，將初二三日假期，改為運動會，以杜兵士出營滋事。兵士二三百人不從，洶擁出營，旋復折回，揚言巡警派大隊攻營。全營震動，皆束裝防禦，劉雨沛出阻，被目兵鎗傷倒地。倪映典入營，見事機迫切，遂臨時舉旗發難。以鎗缺扳機，炮無子彈，即分一隊向北校場橫枝崗，進奪講武堂槍械機柄，一隊走東校場茶亭附近。時袁督與水師提督李準等，已調動大兵，關閉四城，運砲上城，轟擊佔據錢局後各山之新軍，新軍乃暫時退據燕塘。公在香港，夜間得報，急欲喬裝與趙聲前往督戰，以廣九路局聞變，火車不肯開行，只得另覓他途，然已緩不濟急。三日侵晨，防營統領吳宗禹，率兵二千人，與新軍千人相遇於茶亭，吳至軍前勸降。指揮倪映典鼓勵其眾，不表降意，新軍首領王占魁馳馬而出，轉勸吳軍歸降。吳乃一面使人言和，一面飭所部在牛王廟一帶，分佔四山，以步隊遮其前，以退管炮密排其後。布置既定，全師俱伏山上，而新軍伏在牛王廟前之小山腳者，則吳軍別有一隊，從楊箕村進至黃崗，以包其後。迨至開戰，倪映典親率一軍進至橫枝崗，為敵截住，倪乃大呼躍馬衝鋒，不幸中流彈倒斃。王占魁則於未戰前，易服至清軍，運動其倒戈，為吳窺破而被擒。斯時新軍傷亡枕藉，又因無主，遂大潰敗。公知武裝同志多被傷亡，且精密機關已破，便利地盤已失，為之悲憤而懊喪不已。

未幾，乃與趙聲同赴南洋籌款，擬棄粵而圖滇。孫總理故於冬間約公與趙聲、胡漢民、鄧澤如等，集議於檳榔嶼。謂雲南遼遠，足資控守，而不利於進取。以言地勢，究不若廣東之可戰可守。且經營滇事，皆須草創，運輸軍械，甚感困難，亦不若廣東之有屢次經驗，而可駕輕就熟。公以為然。又知謝良牧、馮自由等，已在南洋籌得巨款，乃決計圖粵。即與同人重返香港，依照軍政府之組織，設統籌部總攬一切計畫，舉公為部長，趙聲副之，並兼交通科長，胡漢民為祕書科長，姚雨平為調度科長，胡毅生為儲備科長，陳炯明為編制科長，李海雲為出納科長，洪承點為總務科長，羅熾揚為調查科長。其他黨員，各自分科任事。公之初步計畫，以姚雨平、林樹巍、何進等運動廣州新軍及防營，以朱大符、胡毅生運動各地民軍。又擬攻取廣州後，分為三軍：一軍出湖南，向湖北前進，公自統之；一軍出江西，向南京前進，由趙聲統之；一軍留粵為後援，俟南京武昌克服，即會師北伐。故命熊越山來日本，囑揆一等經營各省響應，傾全力為最後之奮鬥。在東本部黨員，被派赴香港與各省，幾為之一空。揆一亦駐上海，與宋教仁、陳其美、于右任、譚人鳳等商，以湖南新軍四十九標、五十標官佐兵士，與吾黨表示同情者，已佔多數；江西協標吳介璋等，亦受吾黨薰陶，而有革命思想；今使各機關為進一步之聯絡，臨期自能響應。預計公於廣州出兵，必從韶州進發郴州、桂陽，再由衡州以規取長沙。當先組織民團，步步協助，故推譚人鳳回湘，使彭邦棟、李國柱、周正群、劉重、雷洪、劉季平、彭遂良、陳琢章、唐健、江自任等，組織臨武、宜章、興甯、永興各縣。劉嶽峙、馮天柱、李漢丞、胡典武、李寬、何晏、鄭人康、雷鑄寰、谷英、劉道衡、蔣萃農等，組織耒陽、常寧、衡陽、衡山各縣。焦達峯、王延祉、蕭翼鯤、劉文錦、曾傑、劉白、鄒永成、李錡、謝介僧、彭世鈞、周達夫、吳超澂、龍毓峻、譚心休、劉毅夫等，組織湘鄉、寶慶、湘潭、瀏陽、醴陵各縣。遇有防營及新來軍隊，歸順革命軍者聯絡之，反抗者則施以側擊，或擾害其後方。趙聲一軍，從南雄出發南安、贛州，再由臨江、袁州以規取南昌者，亦使王賡言、鄧文輝、俞應麓、文群、彭程萬、王有蘭、曾貞、王乃昌、蔡復靈等，在贛南各地，組織民團協助，務使我軍前進成破竹之勢。至湖北新軍，已由居正、孫武、胡瑛、田桐、白逾桓、吳崑、楊時傑、魯魚等運動成熟。南京新軍，則多屬趙聲舊部，由陳其美、鈕永建、冷遹、林述慶、章梓、陳陶公、黃漢湘等，互通聯絡焉。公以廣州新軍同志因庚戌一役，子彈皆為清吏收繳，有鎗無彈，等於徒手，必先組織敢死隊，破壞各行政機關，奪其軍械子彈，開城以延入新軍，始可為完全佔領省會之計。乃選黨中死士八百人，分為十隊，一、攻兩廣總督署，公自統之。二、攻水師提督署，趙聲統之。三、攻督練公所，徐維揚統之。四、堵截駐防旗營界，兼佔大北、歸德兩城門，胡毅生、陳炯明分統之。五、襲擊巡警道中廣協署，並防守大南門，梁起、黃俠毅分統之。六、攻佔飛來廟軍械局，兼破小北門延入新軍，姚雨平統之。計各率領百人。李文甫入旗界佔石馬槽軍械局，張祿材佔龍王廟高地，洪承點破西槐二巷砲隊營，羅則軍破壞電局，則各率領五十人。所用暗號，皆以白毛巾為標識。炸藥鎗彈，多由女同志運輸。在廣各機關，多標名公館，或利華工業研究所，或學員寄宿舍，布署甚為周密。

至辛亥三月二十四日，黨眾大半進省，統籌部同人，恐省城機關無主，因請公於二十五日晚間入城。省機關原定二十八日舉事，因有一幫軍械，二十九日始能運到分配，而新軍又有於四月初旬退伍之說，乃密電香港趙聲等，決定三月三十日舉義。不意奸細向粵督張鳴岐告密，張謀於水師提督李準，即於二十六日飛調防勇二營回省，以三哨保守龍王廟高地，令旗兵運砲上城，並加發警察鎗彈，且擬收繳新軍鎗械。因此胡毅生主張展期，陳炯明、姚雨平、及趙聲之代表宋建侯和之。公乃提出三理由：一謂吾黨萃全力而謀此舉，稍存畏葸，何以謀事。二則軍火既已入城，難再運出，經濟部同人若不諒苦衷，謂吾輩欺詐，必致斷送革命軍餉源。三則黨眾既奉司令部命令，不戰而退，何以示威信於後來。故吾願己身一死，與李準輩相拚，亦與清軍戰於高第街，因珠光里一部黨人，先期遣散，前後無援而失敗，致使水師先鋒隊得以衝過，援救督署。已至轅門外，林時爽向前招撫，高呼：「同胞！我等皆漢人，當同心協力，共除異族，恢復漢土，不當自相殘殺。」一聲未畢，已為鎗彈中腦仆地。黨軍與戰，公正舉鎗對準敵人射擊，忽一敵彈逕直飛來，中公鎗上之鐵機柄，擊斷公右手扳機之中食二指第一節而轉落於地，公即用指之第二節扳機射擊。敵軍四面合圍，公乃令黨軍分三路衝出，徐維揚、何克夫、鄭崑、周之貞等一路四十餘人，欲出小北門，延接新軍，與敵軍劇戰，陣亡及被擒者近三十人。喻培倫、熊克武等一路七十人，進攻督練公所，途與清軍接觸，喻當先拋擲炸彈，敵眾頗為披靡，終以奮勇遇害。而公自率之一路，僅方聲洞等十人，欲出大南門，與巡防營相接，遇於雙門底。黨軍見無相應符號，直前擊斃其哨弁，敵彈如雨，聲洞戰死，餘則人自為戰，且戰且卻，僅剩公自身一人。公以肩撞開一小店之門，入而掩之，從內發鎗，擊斃敵兵七八人，敵為退卻。公乃帶傷易服，出覓其他黨軍，以圖共同殺敵，不果。遂出大南門，至河南機關部中，包裹指傷，而謀救濟之策。至攻旗界一隊，雖得預伏在內之黨人，放火接應，以眾寡懸殊而潰敗。攻東警區一隊，聞督署鎗聲，不俟取齊，即行進攻，為警兵力敵而退。往攻軍械局一隊，未至飛來廟，即為清軍截擊，退守東嶽廟側，欲與攻督署一隊會合。清軍不知虛實，亦不敢進逼。延至翌晨，清兵集者逾眾，黨軍乃由廟側闖入狀元橋某米店，疊米包作壘，與清軍相持，拋擲炸彈，營兵不敢近。張鳴岐下令焚燒，惟羅隱一人逃出。

是役除朱大符，何克夫、熊克武、王以通、嚴驥、鄭坤、劉梅卿、周之貞、楊光漢、陳方度、熊越山、柳大任等，多有負傷而得脫險外，其餘殉難而死者，四川喻培倫、秦炳、饒國樑，安徽程良、石德寬、宋玉琳，福建林時塽、方聲洞、陳更新、林覺民、胡應昇、陳發炎、劉元棟、卓秋元、黃忠炳、馮超驤、陳與燊、林尹文、劉六昇、陳清疇、王燦登、陳可鈞、魏金龍、羅乃琳、林西惠，廣西韋榮初、李德山、韋統鈴、韋樹模、林盛初、韋統淮，廣東馬侶、徐明禮、郭繼枚、徐松根、李文楷、曾日全、徐進炤、余東雄、黃鶴鳴、徐茂燎、饒輔廷、江繼復、徐容九、勞培、徐廣滔、周華、徐日培、李文甫、徐滿凌、徐焰成、陳湖、李雁南、徐保生、羅坤、林修明、徐佩旒、周增、李晚、李炳輝、徐昭良、游壽、杜鳳書、徐應安、陳春、龐雄、徐廉輝、羅仲霖、徐培添、陳文褒、徐林端、張學齡，共七十二人。後由同志潘達微聯合廣仁善堂善董，收諸烈士遺骸，悉葬之黃花崗。公於四月二日出走香港，悲痛吾黨殉國之慘，犧牲之大，即欲俟傷癒後，躬自暗殺最為仇敵之人，以報死難諸友，而激厲吾黨於將來，乃為左右同志多方阻止，一時不得逕行其願。繼聞楊守仁悲憤黨軍失敗，在倫敦投海死，復欲步伍其後，更為同黨所防閒。且經孫總理與海內外黨人之勸慰，謂公之一身，關係全黨存亡，若遂輕生，為他黨所藉口；即華僑籌款之路，亦為斷絕，非愛國愛黨者所宜出此。公祇得忍死待時，以圖再舉。

而在兩湖謀為粵援之黨團，見粵事失敗，已由被動而急轉為主動之勢。湖北居正、孫武、張振武、方維、胡瑛、劉公、熊秉坤、蔡濟民、黃申薌、楊時傑、吳崑等運動新軍之聯絡方法，以同志之官佐下士等二十人為一排，以五排為一隊，中設排長隊長以管領之。平時親如兄弟，互相救助，成一最有集合力之團體。至五六月間，約達二千餘人，多屬官佐下士與兵卒之程度較高者。其餘兵卒，臨發難時，由官佐下士號召，與最良之兵相操縱，未有不附合者焉。湖南則揆一與譚人鳳等議分三路，焦達峯為中路機關部長，西路屬之楊任，南路由彭邦棟主持之。其聯絡軍隊與會黨，悉仿湖北辦法，亦著成效。適值清廷假鐵路國有名義，向英法德美日五國借款，以收回商辦之川粵漢鐵路。川鄂湘粵四省人民，以此路前由清廷售與美商合興公司，竭四省人民之血資，收回自辦，今又奪四省人民之生命財產，以授之外人，遂紛紛設保路同志會，以反抗清廷，川省尤為激烈。清廷命端方調兵入川，會合川督趙爾豐，對反抗者格殺勿論，人心尤為忿激。武漢同志，乃思乘機起義，推居正代表到滬，與各省同人接洽，並要請公回鄂省主持軍務。

八月初旬，公方向舊金山各處籌集發難餉項，而鄂督瑞澂得外務部密電，謂公已來武漢，聚黨起事。乃令第八鎮統制張彪，分布軍隊，守衛督署，嚴防四城。協統黎元洪駐兵漢陽兵工廠，巡警道黃祖徽派警查察武漢各碼頭，並調長江楚謙等八軍艦停泊江面，以備非常。十八日午後三時，漢口俄界寶善里有炸彈爆裂聲，俄捕隨聲而至，捕去黨人劉耀章、龔霞初。至晚八時，巡防統領陳得龍，在英界捕去劉汝夔、邱和商。十一時張彪接得探報，即率領衛兵至小朝街，捕去憲兵隊什長彭楚藩、與劉復基、楊宏勝等三十二人，先後皆被鎗殺。黨人孫武、劉公等，初擬公抵鄂後，始為發動，茲已事洩，迫不及待。遂於十九日晚間九時，由工程第八營左隊熊秉坤首先發難，掣下肩章，各擊白巾於臂，改稱民軍。步隊二十九、三十兩標，同時響應。猛攻楚望臺，旗兵多被殺散，即趨火藥庫，劫取子彈。十五協兵士，已同時齊集大操場，與工程輜重各營聯合，悉運子彈至蛇山下諮議局旁。蔡濟民、黃申薌等，率眾開砲，轟擊督署，與衛隊馬隊互擊一小時，馬隊不支，亦與民軍合。遂分兵三處，一駐鳳凰山，一駐蛇山，一駐楚望臺，各架砲轟擊督署。瑞澂、張彪及各屬吏皆逃。時民軍張振武、方維等，以公遠莫能至，主帥急須有人，乃推協統黎元洪出為都督，稱中華民國軍政府，頒布軍律，安撫人民。部署既定，二十三、四兩日，陸續遣師渡江，佔領漢口、漢陽及兵工鐵工諸廠，招練新軍備戰。並照會各國領事，所有外人生命財產一律由軍政府負責保護。領事團知為文明舉動，乃承認革命軍為獨立團體，宣告中立。二十一日，清廷命陸軍大臣廕昌率近畿陸軍兩鎮，海軍提督薩鎮冰率楚有、建安、建威、江元、楚豫、楚泰、楚謙、湖隼，湖鷹各砲艦，及辰宿各雷艇，會攻武漢。二十六日，均已陸續開到。二十七日，革命軍一鎮，與清軍及張彪、陳得龍之殘兵約一鎮，拂曉開戰。革命軍奮勇進攻，清軍避入火車退去；革命軍追之，被清軍就車中還擊，頗受損傷。時鐵路工人在山上見狀，乃乘清軍去遠，折斷路軌十餘丈，清軍隨又乘車駛來，致全覆於路軌斷處。革命軍乘勢力擊，清軍死近千人。午後四時，繼續開戰，清軍艦開砲相應，革命軍還炮多命中，軍艦乃駛退下游。陸上清軍亦敗退三十里。二十八日晨，黎都督率敢死隊千五百人渡江，逕至劉家廟，聯合陣地軍隊，向敵猛攻，清軍敗退至三道橋。江中軍艦，仍被武漢兩面砲擊，駛退下游。二十九日，敗清軍於七里河。三十日，復戰於三道橋一帶，革命軍敢死隊伏堤下，發彈皆命中。清軍陣於山上，發彈多落堤後水中，遂敗退至灄口以北。九月初三日，戰於朱家廟。初四日，戰於七里河，皆無勝負。初五日，清援軍大至，進攻江岸車站，革命軍復擊退之。初六日，駐屯灄口之清軍進攻二道橋，砲隊發彈甚準，故被攻入一道橋，革命軍敗退。清軍進佔江岸及戴家山一帶，以砲轟車站，軍艦亦上駛，發砲夾擊，而革命軍所發之砲多難命中，遂沿鐵路退至大智門。清軍以野砲向大智門轟擊，更於鐵路線上，排列機關鎗掃射，革命軍一隊出跑馬場，一隊出日租界後，併力進攻。清軍亦分兩路抵抗，雖受損傷，而其砲隊由鐵路線轟發，以助大隊進行。劇戰二時許，革命軍不支，又舍大智門而退。初七日，清軍由大智門進攻，革命軍據歆生路之附近為根據地，交戰數次，相持不下。延至初八日，因大敗，退出火車站。十五日，公下令由鳳凰山發砲攻大智門，清軍死亡甚眾，降者約五百人。十六日，清廷任命之湖廣總督袁世凱，派使言和，公與黎都督暫為接洽。實因兵士疲勞，得稍休憩；調度各軍，亦得時日；且因兵少，急須湖南應援。而湖南焦達峯忽於初十日遇害，譚延闓繼任都督，焦黨多欲舉兵復仇。又恐後方有變，貽誤前敵，故命揆一回湘，消除內爭，請兵援鄂。十七日，公與黎都督以袁世凱主張君主立憲，拒絕和議。十八日復開戰，武陽夏三鎮均以大砲互擊，清軍因受兩面劇烈之砲攻，遂又敗退，捨大智門車站而去。十九日，清軍兩千，攜大砲五尊，由馬路進至礄口作戰。公令龜山發砲攻之，擊散其步隊，清軍亦以砲還擊。公復命武昌、漢陽兩處，同用砲擊漢口之清軍，遂將其所據砲臺，悉數毀壞。二十日，清軍回攻漢陽，公命四面還擊，傍晚，清軍退去。二十一日，公見清軍在招商局碼頭躉船上，槍擊渡江難民，浮屍滿江，慘無人道，乃命發砲猛擊躉船上之清軍，死傷頗眾。嗣後兩軍對敵，互用砲擊，俱無多大損傷。二十四日，揆一所請之湖南援軍王隆中率四十九標抵鄂。公因偵知清軍鬧餉內鬨，乃乘勢分兵三路，渡江攻擊，清軍大敗，退據歆生路。二十七日，公命分兵兩路攻漢口，一軍由黑山潛渡漢水，一軍由孝感包圍，而清軍之在招商局躉船者，又為鳳凰山之砲擊沉，清軍不支。午時，革命軍佔守跑馬場，六時清軍退據大智門，其劉家廟大營聞警，復出大隊抵抗，革命軍乃退回漢陽。是日奪獲機關砲數尊，野戰砲一尊，子彈無算。二十八日，黎明，公命軍分三路攻清軍，會合於礄口，午時，互相攻戰。公見未能制勝，乃設計令以空渡船五六艘，繫之以繩，由漢陽沿江直放下游。至招商局，清軍見有渡船沿岸而來，恐革命軍乘夜暗襲，將礄口之兵，沿岸列陣，一時機關砲野戰砲紛向該渡船亂擊。而此類渡船，仍時時出沒於江面，以故清軍鎗砲之聲，徹夜不絕。公又命漢陽砲臺之大砲，亦發之甚急。至天將破曉，始令將空無軍隊之渡船收回。並先令礄口之軍，乘勢進攻，將礄口之清軍圍住。清軍因子彈已盡，更無抵抗能力，遂下令停戰。二十九日，革命軍均駐於後湖一帶，包圍漢口成一弧形線。三十日，兩軍交戰，純用開花砲攻擊，武昌砲臺擊壞招商局碼頭躉船一艘，並一面克復灰麵廠。十月初一日，清軍以大砲攻漢陽兵工廠，公命還砲擊退，而派攻美娘山之軍，且獲大勝。清軍土擋糧臺，亦為鳳凰山砲擊毀。夜半，三眼橋之戰，清軍千人，革命軍不及半數，為敵所輕視，公命佯敗以退。迨清軍猛進至三眼橋之市中，乃令伏砲齊發，敵軍得脫逃者，僅數十人。初二日，革命軍攻克梅子山。午時，清軍携野砲潛伏三眼橋附近，為梅子山革命軍砲擊，死傷過半。漢陽清軍，亦被追至蔡甸以外。蓋是日之戰，公命軍由三路進攻，清軍乃陷於死地，首尾不能相顧。自九月三十日至今，兩軍劇戰，已歷三晝夜之久矣。初三日，漢口清軍三千，由孝感對岸之新溝安設布橋，私渡漢水，服裝如革命軍，手持白旗，與由蔡甸來之清軍會合，以佔雨淋山、美娘山。革命軍五千人迎擊，戰於美娘山，各死千餘人。初四日，漢口清軍一鎮，於午前盡赴雨淋山，將以全力爭漢陽。守雨淋山之革命軍潰退，清軍遂佔領之。午後，公出軍奪回雨淋山，並奪獲機關砲二尊，逐清軍於距漢陽二十里外之十里舖。初五日，公自督師，與清軍戰於十里舖，清軍敗北。詎料革命軍中有砲隊管帶張振臣潛通敵，使駐城頭山之清軍得猛力撲攻，遂佔扁擔山，公隨率敢死隊擊退之。是夜公派軍一千五百人，由黃林磯往蔡甸，攻北軍之後路。初六日，因臺官張振臣為敵內應，故龜山黑山之砲皆不發，地雷火線亦被割斷，清軍奮力進攻，復佔龜山、黑山、四平山、梅子山等地，漢陽遂不能守。是夜公一面引咎電辭總司令職，一面作城亡與亡之戰鬥。李書城等乃向公力勸曰：「軍家勝負無常，今二十餘省之響應而獨立者，已三分有二，必能指日推倒滿清，建立民國。故漢陽城暫時之得失，似已無足深憂。而公之一身，則關係大局，較漢陽尤重，萬望留以有待。」於是同人不聽公之答辯，而環擁公退出漢陽。當江輪渡至中流時，公目睹漢陽城，忽急走船弦，縱身投水，使非副官長曾昭文與揆一追隨左右，合力抱持之，恐即與波臣為伍矣。初七日，清軍佔領漢陽。而武昌方面，自歸黎都督主持，連日雖有戰事，亦惟隔江彼此開砲遙擊而已。

其時淞滬蘇杭獨立之聯軍，已攻破江寧。清廷知大勢已去，命內閣總理袁世凱停戰議和。公則被江浙聯軍連電催赴下游，策劃援鄂與北伐事宜。而獨立各省之都督府代表至鄂，初擬組織臨時政府於武昌，繼因武漢軍情緊急，南京既已克復，乃議定將臨時政府改設南京。十一月初二日，開代表大會於上海，定組織大綱二十一條，舉公為大元帥，黎都督為副元帥，指揮北伐及援鄂各軍，俾號令有所統一。公乃一再推讓黎都督，而以北伐自任。且知孫總理已由美國不日來滬，擬請代表會廢除元帥名義，舉孫總理為大總統。時江浙聯軍推林述慶等代表至滬，並以軍隊自鎮江排隊直至下關，人民亦沿路預備鞭砲，歡迎公至南京就大元帥之職。一連三日，公不肯行。各方以軍務孔急相督責。公不得已，權以元帥名義，令淮揚革命軍徐寶山、林述慶等，征討湖北方面之敵軍；安徽都督柏文蔚率第三軍出皖北以略河南；光復軍司令李燮和會合滬軍都督陳其美所派遣之北伐軍劉基炎等由海道攻佔烟台；再與派遣之烟台都督胡瑛共圖北上。別令陝西都督張鳳翽，從潼關出兵圍陝，進窺河洛，與嵩陽革命軍王天縱側擊清軍；山西都督閻錫山、副都督溫壽泉所部之姚以价各軍，從太行出井陘，以拊燕京之背；關東都督藍天蔚襲取山海關，會合灤州革命軍張紹曾等直擣京師。海軍北伐艦隊，則令湯薌銘為總司令。延至初六日，孫總理始抵上海。公與會商後，即於初八日至寧，與各方接洽選舉總統事宜。初十日，十七省軍政府代表假南京舊諮議局開會，舉孫總理為臨時大總統，黎都督為副總統，而廢除元帥名義。孫大總統遂定中華民國元年一月一日（即舊曆十一月十三日，以後均改用陽曆）就職於南京。組織內閣為陸軍、海軍、司法、財政、外交、內務、教育、實業、交通九部，以公總長陸軍。其時，清廷袁世凱所派之議和代表唐紹儀，與民國議和代表伍廷芳，會議於上海南京路市政廳。伍代表提出條件：一、廢除滿洲政府；二、建立共和政府；三、優給清帝退位歲俸；四、優卹年老貧苦之滿人。唐代表與清廷往復電商，對於共和政府，不遽承諾。公則初因和議，令各處按兵不動，至是見清廷無誠意言和，乃復定作戰方略。以鄂湘為第一軍，由京漢路前進；寧皖為第二軍，向河南前進，與第一軍會合於開封鄭州之間；淮揚為第三軍，烟台為第四軍，向山東前進，會於濟南；秦皇島合關外之軍為第五軍，山陝為第六軍，向北京前進。第一、二、三、四軍既達第一步目的後，再與第五、六軍會合，共搗虜廷。各軍受命，乃秣馬厲兵，向前進發。清廷袁世凱見大勢無可違抗，且因孫大總統就職時，曾有民國南北統一，即行辭職之宣言，遂亦令北方將領，逼清帝溥儀退位，以便乘機握得大總統職權。於是第一軍統制段祺瑞，首先通電贊成共和，聯同各軍電達清廷。清廷不得已，乃以決大計之權，授之袁世凱。和議遂爾繼續告成，革命各軍，故不再進。

二月十二日，清帝溥儀宣告退位。十三日，孫大總統即提出辭職書於參議院（院係一月二十八日，各省都督依照臨時約法，派參議員組織成立）。並推袁世凱為繼任人物。十五日，參議院選舉袁世凱為第二任臨時大總統。臨時政府遂遣專使蔡元培、汪兆銘赴北京，歡迎袁世凱至南京就職。袁思憑藉北洋勢力，不欲南行。適值曹錕所部之兵，於二月二十九日晚，在北京譁變，焚燒東安門外，及正陽門大街一帶，搶掠達旦。天津保定之駐軍，亦相繼而起，袁乃藉口北方不得不賴一己之坐鎮。蔡、汪兩專使亦電南京，為之解說。於是參議院議允袁在北京就職。而南京方面軍隊眾多，則特任公為南京留守，總轄南方各軍，以資鎮懾。公為中央軍政統一計，命留守府李書城、蔣作賓、何成濬、張孝準、楊源濬、石陶鈞、楊廷溥、耿覲文諸人，積極編遣各軍就緒。未滿四月，即行解職，退隱滬濱。

袁世凱則於三月十日在北京就職後，依約法規定之內閣制，任唐紹儀為國務總理。同盟會得任國務員者，乃其美、宋教仁、蔡元培、王寵惠四人。其時同盟會已在南京改作政黨，舉孫大總統為總理，公與黎副總統為協理，汪兆銘、胡漢民、宋教仁、馬君武、張繼、居正、平剛、李肇甫、田桐及揆一為十幹事。以政府、參議院皆移北京，故同盟本部亦隨之北遷。而他派之共和黨、統一共和黨等，相繼成立，大率依重袁氏，袁氏亦利用之，以與同盟會抗衡。

未幾，唐紹儀見袁專政日橫，內閣漸同虛設，遂於六月中旬，棄職出京。同盟會乃宣言欲組政黨內閣，以裁抑袁。袁為把持政權計，與吾黨反對頗烈。孫總理與公在滬聞之，以為辛亥之役，方告結束，人民困於兵燹，黨義尚待宣揚，若吾黨主持過激，輕啟兵爭，恐授人口實，反失內外之同情。宜先設法開導袁世凱輩，使就政治正軌。揆一奉命至京，與幹事宋教仁等，密商於農事試驗場之豳風堂，欲變更黨略，而組織不純粹之政黨內閣，以為漸進之方。無如黨中四總長已相率辭職，難於轉圜。適袁世凱力挽揆一出任工商總長，宋教仁乃與公電商，勸揆一先自乘機為之。且揚言脫黨，以與袁相周旋。於是聯合教育總長范源濂，與袁之祕書長梁士詒，日以利害勸袁，欲統一南北，宜讓內閣政權於同盟會。袁允以閣揆界宋教仁矣，忽得孫總理與公北來觀察大局消息，袁謂欲以組閣事留待孫總理與公薦人，以為結好地步。九月中旬，孫總理與公先後至京，袁乃向之徵求組閣人物，孫總理即推舉公，公則轉薦宋教仁及沈秉堃等。袁以沈較為易與，乃獨讚許其組閣。同盟會眾對沈之意見不一致，會議結果，遂完全推讓袁之親信趙秉鈞，以觀其後。惟附帶條件，全體閣員加入國民黨而已（時同盟會方改為國民黨）宋教仁以趙秉鈞既為我黨推出，當受我黨指導，而趙由此忌宋日深。其後宋教仁南下，在沿江各省，演說袁政府政治之非，更為袁所詬病。

二年二月二十日，宋教仁滬上遇刺。袁與趙陰為主謀。揆一恐其亦將不利於己，遂以弔喪為名，即日去職。方抵滬上，公謂二次革命，為期不遠，惟戰費浩繁，以揆一曾有實業借款之進行，即命仍回京師，速籌借款，以為暫時戰費之通融。乃復冒險入京，與美商雪弗重修草約，尅期成立。不圖京中亞細亞各報，宣布揆一借款資助民黨，袁派議員一日提出彈劾案至五件之多，揆一不得已，棄職潛出京師。而袁世凱所借二千五百萬鎊之外債，不經參議院同意，反告成立。由是購軍械，增軍隊，收買南方海陸軍，布置已定，袁乃於六月九日下令免去民黨之江西都督李烈鈞，廣東都督胡漢民，安徽都督柏文蔚本職。又命第六師長李純，率駐鄂北軍開抵九江；第一軍長段芝貴，第二軍長馮國璋，亦將南下；以武力壓迫民黨之反抗。孫總理與公早命南方各省預備舉兵討袁，公且擬親至南京，居中策馭。而南京第三師長陳懋修，惟都督程德全之命是從；第八師長陳之驥，則派參謀長袁華選至滬，向公陳述黃愷元之十五旅，合王允恭之第八旅，亦僅六營可以作戰，工騎砲兵等且不完全，刻在補充訓練中，須延期數月而後可。李烈鈞恐南京一時難於首義，乃即回贛，招集舊部，於七月十二日扼湖口要隘，佔領砲臺，宣布獨立，派林虎進攻屯駐沙河鎮之李純軍隊。時孫總理見寧方軍界審慎觀望，欲命黨員中之任各軍官佐者，舉兵應贛。公乃於十四日親至南京，召集軍界會議於李相府。翌晨，陳之驥、章梓、袁華選、黃愷元、王允恭、洪承點，率兵一連，至都督府，請程德全通電各省，宣布獨立。程以勢近威脅，乃拍胸自請鎗斃。陳之驥遂屈膝拔所佩刀奉程，以表善意之要求，程遂允許獨立，並推公為總司令。公即令袁華選赴徐州，命駐徐第九師長冷遹同時獨立。一面分兵扼守臨淮關，以握南北險塞。十六日，徐州討袁軍向韓莊之袁軍第五師攻擊。次日繼續開戰，敵方得兗州派兵來援，致討袁軍為之敗退。幸公前派劉建藩率張華輔、劉峯立等一混成支隊，會合第九師反攻制勝，追逐敵軍退至淮河以北。惟防線過長，左右缺兵掩護。袁世凱乃令倪嗣冲、劉之潔各軍抄襲後路，張勳率軍二十二日攻佔徐州，又命段芝貴與湯薌銘約會海陸軍夾攻九江。二十五日，湖口砲臺司令陳廷訓叛降袁軍，遂失湖口要塞，李烈鈞敗走。而上海海陸軍，已被袁氏收為己助，故討袁軍陳其美等，數次攻取兵工廠，均歸失敗。於是潛往上海之江蘇都督程德全、民政長應德閎，通電聲明，南京獨立，非其本意。公在南京，聲援已絕，餉械不支，馮國璋、張勳，又率大隊南下，且寧垣憲兵營與第三師之第一團，均有欲為變亂之謠。故第八師之前旅長陳裕時，以兵力單薄，又多不可恃，勸公即離南京。公意即使兵賸一營，亦願與敵死戰。陳謂公明知不可而為之，不過以一死塞責，究於國事無補，力勸公去，以圖將來。李書城、何成濬、石陶鈞、張孝準、耿覲文、楊源濬等以陳在第八師素有聲勢，轉生疑慮，勸公從之。公亦默察南方全局，一時不能有為，只得命陳之驥、章梓、劉建藩、王允恭、袁華選諸人力維寧垣秩序，而自往上海。經此一役，革命軍所植於國內之勢力，多被摧殘。九月初旬，孫總理與公俱赴日本，黨人亦紛紛相繼東渡。

孫總理欲恢復民國以前革命黨之面目，乃組織中華革命黨，即固有國民黨員，亦加以嚴格之入黨手續。公意袁派勢力，日加擴張，吾黨似不必過事取締，而收容各派，以為獎勸與發展之計，故未立即贊同。孫總理於是以中華革命黨協理一職，虛以待公。而覬覦此職者，乃日相離間。適值歐戰發生，公逆知日本必以英日同盟為口實，而窺伺膠澳；日得膠澳，則囊括華北之勢成，而吾國危矣。乃本國民一致對外之義，主張國內軍事當局，乘日本大隈內閣遲徊觀望之時，及早自動，以武力收回青島。而國民黨員紐永建、程子楷、熊克武、覃振、冷遹、白逾桓、程潛、胡瑛、李根源、章士釗、趙正平、林虎、彭允彝、楊時傑，陳強、鍾才宏、殷汝驪、張孝準、歐陽駿聲、章梓等，忽有歐事研究會之組織，故讒間孫黃二公者，更以顯分黨派相詆諆。

公向孫總理表明心迹，（覃振、白逾桓，後亦主張解散研究會。）遂於民國三年二月，往遊美洲。隨行者李書城、石陶鈞、唐月池、徐申甫四人。孫總理先為電告美洲同志。舟抵舊金山，少年中國報記者曹亞伯，偕美國移民局員上船招待，中外人士鵠立埠頭歡迎者萬餘人。公在各歡迎會演講，表示美國在民國二年，以六國銀行團有干涉內政之嫌，而能毅然脫離銀團之善意故為抵制英在中國南部、日在北部之勢力計，中美有親善之必要。又謂：「德皇威廉欲以武力統一歐洲，袁世凱欲以武力統一中國，必歸失敗。蓋操勝算之權，不在兵精，而恃公理。且國軍非一人所得而私，今後吾國軍旅，當與農工相輔而行，相互為用；外交則宜政府治其標，國民治其本，以實力啟發列強權勢階級之反省，以群力轉移列強民眾之思潮。至建國方策，不出孫總理所主張。治國精神，全恃民黨之努力。」中外人士聞之，歡欣鼓舞，美總統威爾遜亦深為欽服。（上述政見，存稿過多，擬另編為黃公政書。）公後以肝病咯血，避居美東費城之鄉村靜養，藉習英文以自遣。

民國四年秋冬間，袁世凱稱帝之逆謀昭著，蔡鍔自北京潛至日本，期與公共策西南各省舉兵討袁，以公養痾北美，不得已獨自先赴雲南。而張繼、李根源等，欲向外國富商借款二百萬元，以供西南起義之用。富商所敬仰者惟公，聲明必公簽名而後可。張繼電告公知，公乃電商於孫總理，而囑張孝準為之代表簽名。又電促李烈鈞、周震鱗、柏文蔚等，在南洋籌款，以資接濟。故五年正月，雲南首義，西南各省起而響應，賴公潛籌默運之力居多。時揆一在天津，與劉少少、楊勉之、瞿方書、禹瀛、葉苣蘭、張俊、向乃祺、余懷清、劉梁丞，創辦《公民日報》，反對帝制。公命聯合居正、孫岳、耿毅、劉基炎、袁英、吳大洲、彭邦棟、劉積學、劉洪基、侯育才、夏紹虞、曾昭星等，圖謀直魯革命，以響應南方。而護國軍總司令蔡鍔，則以一己之任重力弱，屢囑何成濬電促公歸。公於五年六月三日，方自美洲抵日本，旋即歸國，而袁世凱即於六月六日，病歿於北京之新華宮。黎元洪遵依約法繼任為大總統，各省取消獨立。公歸國遂居滬上。全國各界人士與函電來商國計者，日加繁夥。公以積勞之故，十月十日，舊病復發，延至三十一日，遂致不起，享年四十有四。中外震悼，下半旗誌哀，參眾兩院會議，通過國葬典禮。六年春三月，奉葬於湖南長沙岳麓山之陽，會葬者十餘萬人，為古今所罕見。

公之先人筱村公，為吾湘名諸生，家本中人產，迨公毀家倡義，生計時虞不給。即民國成立以來，依然寒素。公有子五人，長曰一歐，次曰一美，均能繼承父志，努力革命，餘三子尚幼。

維公畢生事蹟，多湮沒不彰，揆一未能向各方同志徵求聞見，姑就所知者，略述梗概。至公之人格與其勳業，天下後世，自有定論，無俟揆一贅辭矣。（民國十八年刊本）

血歷史169　PC0841

新銳文創
INDEPENDENT & UNIQUE

八指將軍與辛亥革命
——黃興評傳

原　　著	左舜生
主　　編	蔡登山
責任編輯	鄭夏華
圖文排版	周妤靜
封面設計	劉肇昇

出版策劃	新銳文創
發 行 人	宋政坤
法律顧問	毛國樑　律師
製作發行	秀威資訊科技股份有限公司 114 台北市內湖區瑞光路76巷65號1樓 電話：+886-2-2796-3638　傳真：+886-2-2796-1377 服務信箱：service@showwe.com.tw http://www.showwe.com.tw
郵政劃撥	19563868　戶名：秀威資訊科技股份有限公司
展售門市	國家書店【松江門市】 104 台北市中山區松江路209號1樓 電話：+886-2-2518-0207　傳真：+886-2-2518-0778
網路訂購	秀威網路書店：https://store.showwe.tw 國家網路書店：https://www.govbooks.com.tw

出版日期	2020年1月　BOD一版
定　　價	420元

Printed in Taiwan

國家圖書館出版品預行編目

八指將軍與辛亥革命：黃興評傳 / 左舜生原著；
蔡登山主編. -- 一版. -- 臺北市：新銳文創,
2020.01
面；　公分. -- (血歷史；169)
BOD版
ISBN 978-957-8924-80-2(平裝)

1.黃興 2.傳記

782.882　　　　　　　　　　108021370

讀者回函卡

感謝您購買本書，為提升服務品質，請填妥以下資料，將讀者回函卡直接寄回或傳真本公司，收到您的寶貴意見後，我們會收藏記錄及檢討，謝謝！

如您需要了解本公司最新出版書目、購書優惠或企劃活動，歡迎您上網查詢或下載相關資料：http:// www.showwe.com.tw

您購買的書名：______________________________

出生日期：________年________月________日

學歷：□高中（含）以下　□大專　□研究所（含）以上

職業：□製造業　□金融業　□資訊業　□軍警　□傳播業　□自由業

□服務業　□公務員　□教職　□學生　□家管　□其它_____

購書地點：□網路書店　□實體書店　□書展　□郵購　□贈閱　□其他

您從何得知本書的消息？

□網路書店　□實體書店　□網路搜尋　□電子報　□書訊　□雜誌

□傳播媒體　□親友推薦　□網站推薦　□部落格　□其他__________

您對本書的評價：（請填代號　1.非常滿意　2.滿意　3.尚可　4.再改進）

封面設計____　版面編排____　內容____　文／譯筆____　價格____

讀完書後您覺得：

□很有收穫　□有收穫　□收穫不多　□沒收穫

對我們的建議：______________________________

____

____

____

請貼
郵票

11466
台北市內湖區瑞光路 76 巷 65 號 1 樓

秀威資訊科技股份有限公司 收

BOD 數位出版事業部

....

（請沿線對折寄回，謝謝！）

姓　　名：＿＿＿＿＿＿＿＿＿　年齡：＿＿＿＿　性別：□女　□男

郵遞區號：□□□□□

地　　址：＿＿＿＿＿＿＿＿＿＿＿＿＿＿＿＿＿＿＿＿＿＿

聯絡電話：(日)＿＿＿＿＿＿＿＿＿＿＿(夜)＿＿＿＿＿＿＿＿＿＿＿

E-mail：＿＿＿＿＿＿＿＿＿＿＿＿＿＿＿＿＿＿＿＿＿＿＿